THE II
WORLD
WAR

『十二五』国家重点出版物出版规划项目

第二次世界大战战场丛书

钱乘旦　庞绍堂/主编

陈晓律 张子恺 ◎ 著

北非战场

华夏出版社

图书在版编目（CIP）数据

北非战场 / 陈晓律，张子恺著. —北京：华夏出版社，2015.1
（第二次世界大战战场丛书）
ISBN 978-7-5080-8290-5

Ⅰ.①北… Ⅱ.①陈… ②张… Ⅲ.①第二次世界大战－史料－北非 Ⅳ.①K152

中国版本图书馆 CIP 数据核字(2014)第 265954 号

北非战场

作　　者	陈晓律　张子恺
责任编辑	罗　庆

出版发行	华夏出版社
经　　销	新华书店
印　　刷	三河市兴达印务有限公司
装　　订	三河市兴达印务有限公司
版　　次	2015 年 1 月北京第 1 版 2015 年 1 月北京第 1 次印刷
开　　本	670×970　1/16 开
印　　张	19.25
字　　数	214 千字
定　　价	39.00 元

华夏出版社　地址：北京市东直门外香河园北里 4 号　邮编：100028
网址：www.hxph.com.cn　电话：(010)64663331（转）
若发现本版图书有印装质量问题，请与我社营销中心联系调换。

总　　序

钱乘旦

二十年之前,《第二次世界大战战场丛书》全套八册在当时任职中国青年出版社的潘平先生的支持下撰写完成,并收入由中国青少年基金会发起的公益项目希望书库中,由中国青年出版社和中国少年儿童出版社出版印行,由中国青少年发展基金会作为希望小学的课外阅读书籍与贫困地区的小学生们见面了。二十年之后的今天,原稿经过修改和补充即将由华夏出版社出版,作为对第二次世界大战结束七十周年的一束纪念。

二十年前我为这套书写了一篇序,时至今日再看此文,其中的基本判断居然都没有过时。首先,世界又维持了二十年的和平,而这二十年确确实实是以和平与发展为主题的;但人们未曾料到,战后的发展主要是新兴国家的发展,世界力量的平衡由此发生变化,五百年的西方优势正一点点消退,非西方国家经历着群体的复兴。如何面对新的世界格局,关系到战争与和平的重大问题;只有对各国的发展都"乐见其成",将其视为全人类的共同福音,才能对世界变化有正确的认识,而不致将人性中阴暗的一面付之于行动。

其次,苏联解体、两极世界瓦解后,这个世界不是更太平、而是更危险了,一个超级大国恣意妄为、随便改变现状的做法只使得这个世界狼烟四起,比任何时候都更接近于战争的边缘。和平维持了太长的时间，战争的记忆似乎已经遥远，年轻人只是在电脑游戏中接触战争场面，而那些游戏又确实把战争当成儿戏。这种时尚的"现代文化"隐藏着太多的隐患，人们需要尽早反思，不要让它泛滥成灾，而能够给人们带来真实的战争记忆、回想起第二次世界大战的巨大伤痛的，恰恰是真实地写出战争的历史，并永远记住它留下的历史教训。

第三，第二次世界大战是一场用正义战争打败非正义战争的大战，为打赢这场战争，世界人民付出了五千万人牺牲的代价，财产的损失不计其数。正气本应该长存，但出于偏见或意识形态，现在有些人却有意无意地抹杀二战的正义性质，混淆是非，把正义者说成邪恶，为邪恶者涂脂抹粉。人们对这场战争的记忆本来就在冲淡，而有意的歪曲和故意掩盖事实，无论出自何种动机，都只会助长邪恶。

作为"世界"大战，第二次世界大战在大半个地球激烈进行，其中一个主战场在中国。但长期以来英美话语控制了战争的诠释权，中国战场成了陪衬甚至消失在记忆中。我们这套书有意识地纠正了这种偏见，八册中有两册是专写中国战场的，一册写中国正面战场，另一册写中国敌后战场，两册合在一起，全面表现了波澜壮阔的中国抗日战争。二十年前还有人故意回避正面战场，今天我们都知道抗日战争是全中国人民的共同战争，是中华民族走向复兴的伟大胜利。中国抗日战争为世界反法西斯战争做出了重要贡献，这是永远不可忘记的。

所以说，二十年前的这些说法仍然有意义，因此在丛书正式出版时我将它全文刊出，作为全书的总序。

"希望书库"版序言

钱乘旦　庞绍堂

第二次世界大战硝烟弥散，到现在已经五十年了。五十年前出生的那些人，如今也已经"知天命"，要年逾半百了。五十年来，尽管世界上狼烟未止，大大小小的战争始终不断，但全球性的大战总算没有打起来，出现了五十年难得的和平时期。五十年中，世界发展很快，物质生产的能力成倍增加，财富之增长居然破天荒第一次使居住在这个世界上的人不仅少数特殊人物可以享受优裕的生活，而且数量相当可观的普通人也能够分享其富裕了。许多地区已经习惯于和平与安宁，几代人都不知道战争是什么样；即使曾亲身经历过战争的人，战争也已成为遥远的过去。和平与发展是当代世界的主题，人们祈望着和平能世世代代维持下去，永无止境。

人们渴望和平，因为和平与幸福总是连在一起；人们痛恨战争，因为战争与苦难是同义语。很少有人不希望和平，而想要战争的；然而，战争又似乎是人类永远摆脱不掉的命运之阴云，笼罩着由希望之火点燃的历史之光。战争陪伴着人类的历史，乃至在官修的史书上，没有战争似乎就显示不出君王的伟大，没有征伐似乎就表现不了统治的英明。可悲的是，历史似乎也果真如此，还在我们的先民与巨野洪荒作斗争的时代，人类就被战争的梦魇时时纠缠，尽管豺狼虎豹凶狠地威胁着人类的生存，但人的不同族群之间却免不了要彼此厮杀，人的同类相斗充满了血腥气。文明降临之后，战争与历史一起进入文明，而且越来越自觉地利用文明的进步所造成的结果，从古希腊的青铜剑，到20世纪的激光导弹，哪一个历史阶段，不见证着武器的发展与完善，人类的多少智慧，被消耗在战争这门艺术上！当后人歌颂帝王的宏业、将军的伟绩时，似乎已经忘记了战争的残酷；有些人说，战争是文明发展的杠杆，没有战争，社会也就停止不前了。对此我们虽然不敢苟同，但同时又不得不承认：社会的发展有时的确需要战争来推动，比如：当新社会需要诞生、旧社会又不肯退去时，战争会帮助消灭旧社会；当邪恶势力张牙舞爪、剥夺千百万无辜人的生命与自由时，战争会帮助伸张正义，消灭邪恶；即使在并无正义与非正义之分，战争只是不开化人群的相互残杀或贪婪帝王们的争疆夺土时，它也会起到沟通文明、交流文化的作用，因为在工业化以前的时代里，地区间的联系极稀少，人们生活在封闭的地域里，很少有交流的机会，于是，战争作为一种残酷的沟通手段，居然也可以成为文明的载体！

但战争无论如何都是人性中丑陋一面的暴露。不管存在不存在正义的一方，战争都是由邪恶势力造成的。非正义的战争自不消说，它体现着统治者的贪婪、权欲和凶狠残暴；即使是正义的战争，也必然是在邪恶势力登峰造极、正义的力量不用战争作手段便不可铲除恶势力的前提下发生的。一场战争要么无正义与非正义可言，实际上双方都是非正义；要么一方是正义，另一方是非正义，于是战争首先由非正义一方挑起，正义一方为反抗、为生存，不得不奋起反击，拿起武器，向邪恶势力开战。

第二次世界大战就是一场典型的用正义战争打败非正义战争的大战，为打赢这场战争，全世界人民付出了五千万人牺牲的代价，战争的财产损失，估计达到四万亿美元。人类作出如此巨大的牺牲，仅仅是为了消灭人类历史上最邪恶的势力之一——法西斯主义。痛定思痛，人们不禁会默然深思：难道一定要在热血和泪水中才能伸张永恒的正义吗？为什么不能在邪恶势力毒苗初露的时候就将它铲除，而一定要等它作恶多端、危害匪浅时才动员更大的人力和物力，去和它作本来可以轻易得多的斗争？第二次世界大战留给后人去深思的最深沉的，也许就是这个问题。

　　人类是不是还需要不断地经受战争的苦难？是不是只有用鲜血和生命才能捍卫真理和正义？也许正是带着这种迷茫，世界才走完了五十年艰难的和平历程。在纪念世界反法西斯战争胜利五十周年之际，我们却不可忘记：当上一次大战奠定的世界体系瓦解之后，我们这个世界又变得动荡不安了，两极控制世界的平衡状态已经被打破，新的战争根源有可能在混乱中产生。我们能否阻止新的战争？我们能否化解各种冲突？能不能在邪恶势力刚刚抬头的时候就遏止它、消灭它？这是摆在全世界人民面前的严峻考验。我们渴望和平，我们希望永远不再有战争，至少不再有全球性的世界大战。我们希望人类的理智已经成熟到这个程度，即人们将永远清醒地认识到：现代科学已经使人类具备了消灭自己的能力，世界的核武库可以把地球炸翻好几次。然而我们却不得不痛心地承认：战争曾一直与历史同在，我们不能保证人类的私欲永远不再助长邪恶势力的抬头，使之再次成为引发世界战争的根源。但即使如此，我们仍然深信：

正义会在战争中凯旋，因为人类在其本性中，天生就追求真理与正义！

　　第二次世界大战是波澜壮阔的，它高奏着振人心弦的英雄乐章，它为作家艺术家储藏了取之不尽的创作灵感，它为一代代后世人留下了长久永存的崇敬与深思，它为历史家提供了永不磨灭的史绩。然而，我们仍然希望它是人类历史上最后一次大战，铺设在人类脚下的，应该是永远的绿色和平之路。

　　让我们真诚地祝福和平永存。

1994年10月于南京

目 录

一　埃塞俄比亚的序曲 / 1

二　地中海的波涛 / 9

三　意大利的挫折 / 19

四　闪击巴尔干 / 33

五　克里特之战 / 49

六　隆美尔出现在非洲 / 71

七　"沙漠之狐" / 93

八　需要胜利 / 135

九　阿拉曼之战 / 183

十　巴顿与"火炬"作战计划 / 225

十一　永别了，非洲 / 243

十二　进军西西里 / 267

十三　尾声 / 283

地中海与北非战场大事记 / 291
主要参考书目 / 295

一
埃塞俄比亚的序曲

历史不仅是吊诡的，同时也是相似的。那场后来发展为人类史上规模最大战争的第二次世界大战，其局部战争恰恰开始于当时世界中心的边缘地带。无论是1931年就已开始的中国人民局部抗日战争，还是30年代意大利对非洲的入侵，它们的主战场都并不在当时世界的核心区域。虽然非洲并不是第二次世界大战的主战场，但是战争的烽火在非洲古老大陆的升腾，却早于欧洲本土。

说起来，意大利侵略埃塞俄比亚（原名为阿比西尼亚①）并不算一件十分令人震惊的事，自19世纪下半叶意大利逐步完成统一以来，其对外进行殖民扩张的趋势便日益明显。然而，当后发的意大利开始积极向外扩张时，却发现这个世界早已不是那个"空的世界"。经历了19世纪末各帝国主义瓜分世界的狂潮以后，意大利能

---

① 13世纪时在埃塞俄比亚境内兴起了阿比西尼亚（Abyssinia）王国，该王国至19世纪已分裂成若干小型国家。后来的埃塞俄比亚王国是在旧的阿比西尼亚王国基础上形成的，故而当时也用旧称来指代埃塞俄比亚。

够去开拓的空间已经极为有限，因而在这个愈发饱和甚或逼仄的餐盘中分得自己的一杯羹，势必要以牺牲其他殖民国家利益为代价。而由于国力有限，意大利暂时无法直接向英法等传统强国挑战，它开始将目光转向了埃塞俄比亚。

意大利想吞并埃塞俄比亚的企图可以追溯到很久以前。早在1889年，一个由意大利人支持的本地酋长，为了当上埃塞俄比亚的皇帝而与意大利人签订了一项让步条约，此后意大利人已开始习惯于以埃塞俄比亚的保护人自居了。1890年意大利人擅自宣布将埃塞俄比亚北方的部分领土与意属厄立特里亚合并，从而引发了埃塞俄比亚与意大利之间的武装冲突，进而发展成为第一次埃塞俄比亚抗意战争。埃塞俄比亚人于1896年在阿杜瓦战役中将意军击溃，经此一役，意大利出征的1.7万军队中，死伤1.1万人，被俘4000人。而埃塞俄比亚军死亡人数在4000—5000人之间，受伤6000—10000人。意大利的战力之差，由此开始显露出来。当时德国政治家俾斯麦对此曾讽刺说：“他们（指意大利人——引者注）带着满嘴蛀牙和极大的胃口，来到非洲大陆。”

但奇怪的是，意大利人似乎并没有接受应有的教训，想直接控制埃塞俄比亚的意图和欲望反而越来越强。由于得到三大协约国的支持，埃塞俄比亚于1923年被接纳为国际联盟的成员，这意味着意大利想直接控制埃塞俄比亚的企图落空了。于是，意大利只好改变策略。1928年，墨索里尼同埃塞俄比亚签订了一项条约，根据这项条约，埃塞俄比亚在意大利控制的阿萨布港（Asab，阿萨布位于厄立特里亚东南部，是濒临红海的港口城市。）获得一个自由区，而意大利则获取了修筑某些公路的特许权。意大利希望通过这个条约，逐渐把埃塞俄比亚纳入自己的势力范围，但未能如愿以偿。1916年以来，一直在埃塞俄比亚摄政的海尔·塞拉西（Haile Selassie）于1928年10月7日成为国王，并于1930年称帝。这位皇帝此后成为20世纪全世界最后一位握有实权的皇帝。他开始实行一系列范围广泛的改革计划。在许多受聘提供技术援助的专家中，只有一个意大利人，因为皇帝的头脑是清醒的，他明白意大利人是醉翁之意不在酒。

于是，意大利人在经历了一种拍肩膀交朋友的过程后，真正的面目逐渐显露出来。和当年其他帝国主义者一样，它为自己入侵埃塞俄比亚找到了最高尚的动机。这种借口之一，就是埃塞俄比亚未能废除奴隶制，而它在加入国联时，曾许诺要废除这一野蛮的制度。这时，意大利人开始行动了，它准备举着文明的火炬，给埃塞俄比亚带来和平并结束它的奴隶制。瓦尔瓦尔（Walwal）事件就是这种行动的第一个标志。

1934年12月5日，在英属索马里与意属索马里之间的瓦尔瓦尔绿洲，埃塞俄比亚护卫队和意大利军队发生了一次冲突。埃塞俄比亚声称这个绿洲位于埃塞俄比亚境内60多英里处，一直被意大利人非法占领；意大利人则声称，他们占领这个绿洲已经多年，而且埃塞俄比亚也曾承认隶属于意大利的部落所占用的土地应归意大利人所有。虽然边界从未正式划定，但很多地图上却表明这一地区应该属于埃塞俄比亚。应该指出，在世界各国走向现代化的过程之中，领土与边界问题是历史地形成的，在传统社会中并不存在着现代意义上的明确的国境线概念。而只是在近代欧洲的民族国家形成以后，国与国之间的边界的地位与作用变得日益明显。从很大程度上来说，明确的国境线只是一种欧洲概念，并不适用于那些尚未进入现代世界的民族。然而意大利人在埃塞俄比亚的行动，实际上就是以一种先进的政治文明来压迫政治经济发展较为落后的国家，以使其在政治上屈服就范。埃塞俄比亚在现代国境线问题上的落后观念，也使这种非对称沟通成为意大利发动入侵的幌子。结果，在这次冲突中，埃方死了100多人，而意大利的殖民军也有30多人被打死。

意大利人立即要求埃塞俄比亚政府道歉，赔偿20万埃塞俄比亚塔勒并惩罚负有责任的埃塞俄比亚军官。埃塞俄比亚当然拒绝这些要求，建议进行和解或根据1928年签订的友好条约进行仲裁。可以料想得到的是，意大利人当然反对这种态度。埃塞俄比亚人认识到了问题的严重性，于1935年1月3日向国际联盟提出了申诉。国际联盟理事会经过努力，在1月份做到了促使意大利和埃塞俄比亚双方把瓦尔瓦尔事件交付仲裁。然而，这并不合意大利的胃口，它在拖延委派仲裁员的同时，继续将给养和军队运往东非殖民地，这迫使埃塞俄比亚重新提出抗议。仲裁员们的活动时断时续，拖了好几个月，结果达成了一个不痛不痒的所谓"一致裁决"，即认为双方都不是侵略者，至于绿洲属于谁这个关键问题，却避而不答，以免招来更多的麻烦。

就在此时，国际形势的演变显示出希特勒领导的德国对世界和平的巨大威胁，而意大利在世界事务中更显示出一种微妙的作用，所以英法两国的政治家都急切地要与它保持友好关系。英法两国的这种表现，是其一直奉行的"绥靖政策"的必然结果。作为第一次世界大战的最大战胜国，英国和法国为了维持其巨大的既得利益，自然希望能在最大限度上维持一战以后的凡尔赛—华盛顿体系。对于德国和意大利在欧洲的小动作，作为英法的政治家，其首先的反应就是牺牲局部利益来换取总体格局的稳定，在这种情况之下，实际上由英法主导的国际联盟对世界事务的协调处理，也就不可避免地显露出很多绥靖的色彩。

意大利人充分利用了这一有利的国际形势，决心以武力征服埃塞俄比亚，动手的日期定在埃塞俄比亚雨季结束之后。英国的国联事务大臣安东尼·艾登为了阻止这场战争，于6月访问了罗马，结果是徒劳而归。后来，法、意、英三国代表在巴黎举行了一次三方会议，试图为意大利对非洲的要求找出一个直接的解决办法，可以预料的是，这个企图最后也归于失败了。

1935年10月3日，意大利不宣而战，向埃塞俄比亚发动了它蓄谋已久的进攻。从厄立特里亚出动的意大利军队，迅速攻克了阿杜瓦，为意大利军人在1896年的失败出了一口怨气。另一支从意属索马里北上的意军作战状况不甚理想，但也推进了相当的距离。直到这时，国联才好像从冬眠中醒了过来。10月7日，理事会宣布意大利为侵略者，四天以后，又决定对意大利实行经济制裁。罗斯福总统已使美国的中立法生效，并列举了限制的项目，主要是武器和弹药，后来国联又加上了几条，但对意大利致命的石油和煤却不包括在这个项目之内，其效果当然不会显著。加上瑞士、德国、奥地利、阿尔巴尼亚等国不参加制裁，因而国联的决定对意大利几乎没有造成什么大的压力。如上所述，国联的这种做法仍然是英法等国政策的具体表现。

对制裁意大利最积极的当然是英国，正是英国的舰队在地中海神气地开来开去，给意大利人带来了不愉快。当然，更令意大利人不快的是，英国外交部与法国、西班牙、南斯拉夫、希腊、土耳其等国议定了一系列协定，商定一旦发生战争就相互支援，这种明显

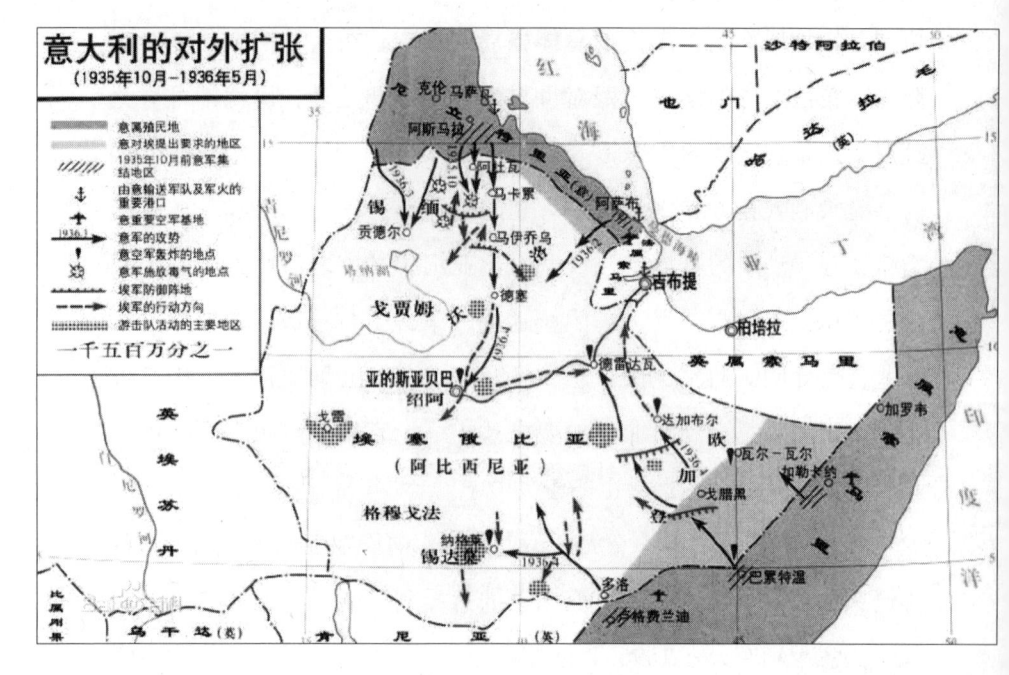

意大利入侵埃塞俄比亚

针对意大利的地中海集团使墨索里尼暴跳如雷，但也无可奈何。当然，英国人想进一步制裁意大利的行动也落了空，英国外交大臣霍尔曾建议对意大利进行石油禁运，如果真能付诸实行，对意大利这个资源贫乏的国家来说肯定是致命的一击。可惜这个计划在法国的阻挠及美国的冷漠下，未能得以执行。

与此同时，意大利军队在战场上继续取得稳步的进展。它的军队在现代化机械装备和空军方面都占优势，并且毫不顾忌地使用毒气。在人类的战争中，毒气的使用还是相对比较晚近的事情。毒气首次被用于战争是在第一次世界大战中，当时德军对法国战壕实施猛烈炮击，使用了500筒共计168吨的Cl_2。其结果是毁灭性的：它造成了15000人伤亡，使法国人在长4英里、纵深8英里的阵地上停止了一切抵抗。后来英国与法国以牙还牙，使用了比Cl_2还要毒的光气（$ClCOCl$）进行回击。可以想见，1935年时的埃塞俄比亚军队无论在哪一方面都处在劣势，如果不是因为糟糕的天气，意大利人可能早就结束了战斗。1936年5月5日，从厄立特里亚出发的意军终于占领了埃塞俄比亚的首都亚的斯亚贝巴。海尔·塞拉西皇帝在意军到来之前几天已经逃走，于是意大利政府在5月9日正式宣布吞并埃塞俄比亚，意大利国王维克托·埃曼努埃尔三世被拥立为埃塞俄比亚皇帝。一个月左右，意大利在东非的殖民地埃塞俄比亚、厄立特里亚和索马里被合并起来，组成意属东非[①]，巴多格里奥元帅

[①] 由于意属索马里在埃塞俄比亚东南方，而意属厄立特里亚则位于埃塞俄比亚正北方，因而意大利的这两块殖民地不得不被埃塞俄比亚和英属、法属索马里给分隔开来。埃塞俄比亚被意大利吞并，使得上述两大殖民地得以连接起来，从而将意大利在非洲东部的殖民地连成一片。

被宣布为总督。软弱的国联似乎完全丧失了判断是非的标准，竟然默认这个事实，并于7月15日取消了对意大利的制裁。

意大利举国欢庆胜利，既庆祝自己在军事上的胜利，也庆祝自己在政治上的胜利。国联的制裁显得如此软弱无力，愈发显得侵略者是可以为所欲为的。这一事实本身助长了侵略者的气焰，鼓励他们采取更加大胆的行动。尽管意大利的军队并没有显示出什么高超的军事技能，在战略方面也没有什么创新，但胜利本身是一剂兴奋剂，它足够使意大利人过高地估计了自己的力量，从而挑起了一次根本无法收场的战争，并最终给自己造成了许多难以吞咽的苦果。

埃塞俄比亚的危机以意大利人的狂欢而结束，与四年之后的大规模战争相比，这场危机只是一个小小的序曲，也许它在军事史上的地位微不足道，然而它确实预示着，一场前所未有的战争风暴就将袭击这片古老的大陆了。

二
地中海的波涛

意大利人在整个第二次世界大战中的特点就是贪婪、软弱、狡猾和虚张声势,在参战问题上这些特点一下子暴露无遗。当希特勒闪击波兰时,墨索里尼十分恼怒,因为这位元首不打招呼就一下子将自己拖下了水,结果,墨索里尼发明了一个词,声称自己是"非交战国"。而当希特勒连连得手,眼看要将法国打败时,墨索里尼才跳了出来,摩拳擦掌准备打死老虎了。

此前,1940年5月29日,美国总统罗斯福还向墨索里尼呼吁,希望他保持地中海的和平,而可怜的法国大使弗朗索瓦-蓬塞也表示向意大利作相当大的让步,认为什么都可以讨论,只要意大利保持中立。然而,什么也不能阻止墨索里尼打死老虎的决心。1940年6月,当北部防线被德军突破后,法国政府于10日逃离首都巴黎。此时墨索里尼见法国大势已去,决定落井下石给法国最后的一击,于是就在当日正式向法国宣战,并在此之前通知了希特勒,他将以70个师发动进攻。直到6月18日,意大利的大约32个师已经进行了一周的"战斗"。他们在阿尔卑斯山前线和南方的海岸一带,竟没能迫使力量单薄的六个法国师后退一步，尽管此时守卫在法意边境的法国师正遭受到德军从背后攻击的威胁，意大利在二战中的"战斗力"水平由此可见一端。希特勒对这位盟友的打算是很清楚的：他打定主意要等到战争快收场时，才干一点非干不可的事情，然后就准备大模大样地坐在胜利的宴席席位上，等着从战败国那里分到一份战利品。然而，不论怎么讲，墨索里尼的这一行动还是在一定程度上改变了战争的态势，并由此产生了地中海和北非的战场。

地中海从来是英国海军的天下，强大而经验丰富的英国舰队牢牢地控制着地中海的制海权。然而，随着军事技术的进步，随着飞机、潜艇、水雷的出现，任何地中海的国家都能对英国舰队构成威胁，所以英国将领不得不承认，地中海简直变成一个内海了。随着法国的战败，英国在地中海的地位更加虚弱。对于法国沦陷后的地中海形势，丘吉尔在其二战回忆录中曾分析认为，过去由英法舰队共同控制的地中海，现在由于法国的退出，意大利进入了地中海。当时数量上声势浩大的意大利舰队拥有战列舰6艘，其中包括最新式的"利特里奥"号，配备有十五英寸口径的大炮。此外它还拥有现代化的巡洋舰19艘，其中7艘装有八英寸口径大炮，另外有驱逐舰和鱼雷艇120艘，潜艇在100艘以上。由此可见，英国独力掌控地中海局势的压力骤然上升了。

这时，意大利参战的作用就显示出来了：它在地中海占有最重要的战略地位，处于地中海的中央，并在西西里岛和潘特莱里亚岛有前进基地。意大利唯一的不足是，它还未把突尼斯抓在手里，否则它就可以完全截断英帝国在地中海的交通了。遗憾的是，希特勒未能满足他这位盟友的愿望，而他本来是可以做到这一点的。在希特勒看来，这是个无关紧要的战区，因为他没有办法不让英国在那里占优势，德国所能做的，只能是消耗战，所以要尽可能节约地使用兵力。这也许是希特勒所犯的重要战略错误之一，如同后来德军在苏联被拖入了持久的消耗战而无法接续后方补给链那样，希特勒也未能在南部战场将地中海上的亚平宁半岛—西西里岛—马耳他岛—突尼斯这一链条完全连接起来，从而使后来隆美尔的非洲军，始终无法解除盟军对其后续补给通道的威胁。否则隆美尔很可能会将自己的胜利扩大成为具有战略影响的行动。

不过，墨索里尼对希特勒同意地中海是意大利独占地区这一点，还是十分满意的。因为意大利十分渴望将英国赶出地中海。如果将英国对地中海的控制，比作是一张由东至西铺展开的巨型网，那么意大利只有从中间将这巨网拦腰撕断，才能实现其光复古罗马帝国的美梦。墨索里尼就常常念叨，说意大利是地中海的囚犯，只有砸开直布罗陀和亚历山大港这两把牢锁，意大利才能获得自由。1940年7月11日，这位法西斯领袖以极为坚决的语气发布命令，要求军队砸碎这两把锁，但仅仅过了两天，他就戏剧性地收回了成命。原因很简单，意大利海军根本不是英国海军的对手，要去搜寻和消灭英国舰队，所起的作用可能不是去消灭敌人，而是被敌人所消灭。

考虑到上述丘吉尔对意大利海军规模的介绍，看上去力量似乎不弱，但是仔细分析一下就会发现这支舰队有很多弱点，它根本不能有效地投入战斗。原因首先在于，意大利的地中海舰队缺少航空母舰的护航，陆基飞机也不能为其提供有效的掩护，第二次世界大

墨索里尼

战的年代，单纯的海军作战已经演化成了海空协同式的立体化作战模式。如果舰队没有空中力量进行掩护，那么规模再大也是无法实现战争效能的。由于意大利处于地中海正中央的有利地形，它完全具备优势为军舰配置相当规模的空中掩护力量，而事实却是意大利的地中海舰队几乎得不到陆基飞机的掩护。这种令人难以理解的疏忽，或许只能用意大利统帅部缺乏战略素养来解释。当然，希特勒也忽视了航空母舰的建造，等他意识到海军飞机的重要性时，已为时过晚。其次，意大利军舰没有装备雷达，而它的对手英国人却是这种先进设备的发明者。结果，意大利舰队不仅在数量上的优势发挥不出来，在作战的质量上也处于劣势。它的舰队既瞎又聋，敌人能侦察到它，它自己在受到进攻时对敌情却是一无所知。一旦遇上英国海军的袭击，整个舰队便阵脚全乱、慌作一团，在海上直打转。再加上它的水雷效能差，后勤工作混乱，燃料供应又紧张，因而无论它的总吨位有多大，也只能是一支二流舰队。在有强大盟军的支持时还能起一些作用，如果让它独当一面，就没有能力实施任何独立的、大规模的主动行动。

北非战场需要意大利本国的支援，意大利舰队于是成了一支专职的护航舰队，因为运输船队的安全必须得到优先考虑。同时，意大利最高司令部和海军司令部，都像守财奴一样，把意大利的军舰看成一笔非常宝贵的财产而舍不得使用，十分类似于中国北洋舰队当家人的做法，这也就从主观上使这支数量不少的海军丧失了主动性，也不可能指望它在战争中创造什么奇迹了。这就是意大利海军地中海舰队在二战中的基本定位，它不仅无法实现预想中的与北非军队协同作战的效能，而且还成为地中海上英军的一个显眼目标，在以后的几次战役中它反而成为拖累整体战局的因素。在意大利这样一个具备悠久航海商业史的半岛国家，其海军的主政者竟然如此缺乏海权眼光，也同样令人费解。

反观英国的舰队，它也未必强大到不可战胜。在一连串的失败面前，英国舰队也显得软弱和恐惧。它主动撤出了马耳他，将自己的舰队一分为二，分别以直布罗陀港和亚历山大港为基地。但是，英国人的舰队仍然具有意大利海军所缺乏的优势，每一支英国分舰队都有战列舰和航空母舰配套，由巡洋舰和鱼雷艇护航的战列舰为航空母舰提供防空支援，而航空母舰的战斗机又提供全面的空中掩护，这就形成了一支难以对付的战斗力量。在这个意义上，英国海军的立体式协同作战素质，突显出它作为老牌海洋霸主的雄厚内力。但尽管如此，有时英国舰队为了支援其他的战场，也曾在数日内就减少到了十分危险的地步。对于他们来说，万幸的是，意大利海军从未打算利用敌手的弱点有所建树。如同意大利足球的"钢筋混凝土式"防守，在意大利海军部看来，只要在战争中防护自己的舰只不受什么损失，就已经是胜利了。而在以后的意大利陆军作战中，同样的风格再次出现。

在整个地中海的海军力量部署中，马耳他岛是个战略要点。它刚好处于地中海中央，距意大利的西西里岛只有60海里。意大利要保障对北非作战部队的供应，就必须确保马耳他的英军不至为害。因此，战争一开始，意大利空军便开始猛轰马耳他岛，而英军认为该岛迟早都无法据守，便在1940年6月撤出了自己的地面部队、潜艇和飞机。于是，意大利人确实太平了好几个月，能够安安稳稳地将自己的运输船队开往利比亚了。不过，好景不长，英国人很快了解到，意大利的空军并不可怕，便在1940年11月把大批兵力调回马耳他，将它重新作为一艘航空母舰使用。使军事专家们疑惑不解的是，在这五个月，马耳他几乎是一座不设防的城市，意大利人竟然没有想到去占领它，实在是不可思议。也许，意大利军事当局中有人也想到过这一点，但却迟迟未采取任何行动，等到准备行动时，已经太晚了。意大利军事机器的效能，由此可见一斑。

英军重返马耳他，便意味着意大利海军太平日子的结束，意大利的运输船队不断地受到袭击，损失日益增加。意大利人所能采取的对策，只能是部署一百架飞机轰炸马耳他，这对英国人几乎构不成什么威胁。但是在12月，德国人调来了一个纵队，约400架飞机，这次他们将西西里岛也作为一个巨型航空母舰，从1941年1月开始行动，不断地猛轰马耳他的英军，包括它的空军和港口设施。德国人的行动很快产生了效果，以马耳他为基地的英军暂时停止了活动。此外，还有一艘英国航空母舰被严重炸毁。看起来，意大利在它的盟友支持下，似乎可以重新取得这一战场的优势了。

问题在于，希特勒对地中海地区的看法始终没有变，即认为它只是一个次要战区，他只愿做一些救火的事，却没有打算去扩大战果，这就使英军得到了喘息的机会。在不列颠群岛，希特勒进攻英国的"海狮"计划已经受挫，此后，整个西欧战场上的态势就形成了脆弱的平衡，德国在短期内无法迫使英军退出西欧战场，而希特勒却已在计划对苏联的入侵。另一方面，英国成为西方自由世界最后的桥头堡（当时美国尚未直接参战），在德国空军的狂轰滥炸之下独力苦撑，决不投降。这时，丘吉尔以他政治家和战略家的敏锐眼光，看到了地中海战场的重要性：由于德军的节节胜利，地中海已是自己唯一可能取胜的前线，通过重创意大利这个最弱的对手，可以减轻轴心国对英国的威胁。于是，他要求英国在地中海的武装力量积极行动起来，力争在较短的时期内给意大利这个对手一个沉重的打击，遏制轴心国的气焰。

当英国舰队再次开始恢复主动行动后，意大利人又一次显出了自己的无能。早在1940年7月9日，意大利海军就在卡拉布里亚（Calabria）① 南面的斯蒂利奥角（Punto Stilio）与英国舰队发生了一场遭遇战，结果是意大利的一艘战列舰和一艘巡洋舰被击中，而当意大利的轰炸机终于赶到时，英军早已退出了战斗。此时意大利的轰炸机却不分敌我，将一些炸弹扔到了自己舰队头上，引得海军将士大为愤怒。7月19日，在克里特岛的斯巴达角，意大利海军又与英国海军发生冲突，结果是又一艘意大利巡洋舰被击沉。这样的成绩似乎表明，意大利的军舰只能充当别人的靶子，根本不能对对手形成什么威胁。唯一给意大利人一点安慰的，是他们的空军这次的表现还算好，意大利的空军及时赶到了战斗地点，袭击了正在搭救幸存官兵的英国军舰。

还在德军部署轰炸机到西西里岛之前，英国人就采取过一次大胆的行动。1940年11月11日，一支规模很大的英国海军部队悄悄驶过了地中海中部而未被意大利人发觉。于是，英国的"辉煌"号航空母舰在50英里的近距离内，用舰载机轰炸了停泊在塔兰托港（Taranto）外的意大利战列舰，重创3艘，还有2艘巡洋舰也被炸得失去了战斗力。英国舰队同时还袭击了奥特朗托海峡（Canale

---

① 卡拉布里亚是意大利南部的一个大行政区，其范围大致包含那不勒斯以南像"鞋尖"的意大利半岛部分。

d'Otranto）的意大利商船。使人不解的是，英国海军这样大规模的行动，意大利人却一直未能觉察或侦察到。

虽然德国空军的到来给了意大利人一个机会，似乎他们可以重新占据这一战区的优势，然而，意大利人的自信心已经完全丧失，他们所干的事，是急忙将剩余的舰只调回那不勒斯，并且不敢再到东地中海活动，只能在自己的领海附近转悠了。

塔兰托的胜利提高了英国的士气，而且也的确使意大利的海军一蹶不振。希特勒的空军可以使马耳他的英军停止活动，却不能帮助意大利海军消灭英国舰队。英国在地中海东部以亚历山大港为基地的分舰队，和在地中海西部以直布罗陀为基地的分舰队，在丘吉尔的指示下，仍然非常活跃。虽然以马耳他为基地的英军在德军飞机的轰炸下暂停活动，但这两支分舰队的行动却足以弥补这方面的损失。就在1941年1月德军对马耳他狂轰滥炸后不久，12月6日，一支英国分舰队由直布罗陀出发，佯装开往大西洋，之后却在不引人注意的情况下悄悄调过头来，直向意大利本土驶去。9日清晨，它神不知鬼不觉地出现在意大利热那亚附近，并以舰上重炮猛轰热那亚港口和工业区。意大利人在震天的炮声中被惊醒，还不知灾祸从何而来，待到惊魂甫定，再派出200架飞机去搜寻敌踪时，哪里还能看得见英国人的影子？意大利人吃了这记闷棒，除了增加对神秘莫测的英国舰队的恐惧之外，的确没有任何收获。

地中海的这场不到一年的交手，总的来说以英国人略占上风而结束。意大利人的唯一成功之处是使用潜艇向利比亚运送武器弹药而未遭到损失。与四处主动寻敌进攻的德国潜艇相比，意大利潜艇只能作为一支运输船队使用，的确应该感到惭愧。不过，比起毫无建树的水面舰只而言，潜艇部队也总算干了一点事，似乎也没有理由去责怪它。如果没有德国人的卷入，地中海的战事也许会就这样不死不活地继续拖下去了。

三
意大利的挫折

意大利于1940年在地中海与英国开战后,它同时在非洲也与英国展开了军事行动。但是意大利在地中海战场和在非洲战场的战略处境却大相径庭。由于意大利是地中海国家,无论它在海军对抗中如何处于英国下风,至少还能守住自己的本土——亚平宁半岛;而在非洲,意大利的原有势力范围有限,控制力也相当薄弱。何况它新近征服的埃塞俄比亚还是在英军处于劣势的情况下得手的。因而只要在非洲的英军稍加休整与增援,便会很快实现反扑。至少在东非各殖民地,意大利的所谓"征服"似乎并不是真正意义上的战争,反倒像是对英国既有利益的"搅局"。长久以来意大利缺乏海外扩张的传统与实力,这就注定它在非洲的扩张后劲不足。

而在意大利的盟友德国看来,它在非洲寻求扩张几乎就是节外生枝。如果说当意大利在地中海被英国压制时,德国还愿意履行盟友的义务出手相救。那么到了北非乃至更远的东非地区,希特勒则颇感鞭长莫及。因而他对墨索里尼的这种行动采取了非常冷静乃至克制的态度,这也在情理之中,因为希特勒的战略重心在东攻苏联,从未动摇。按理说,德意轴心联盟之形成,远远早于同盟国的形成,德意两国较之同盟国在战场上本应更具协同作战的优势。然而令人费解的是,虽然希特勒和墨索里尼向来宣称合作无间,而实际上他们很少见面会谈。由此而来,两国的参谋本部之间也无联合战略计划,两国政府更无共同外交政策。两位领袖表面上互相标榜、彼此捧场,实际上则是钩心斗角,互相猜疑。他们各自的作战行动也不互相知会,两军之间的互不信任尤甚。早在战前,德国就流行一个笑话,说假使战争爆发,意大利最好能守中立,这样它或许能牵制敌方10个师。如果它投入对方,则德国只需用五个师就可将其击溃。但如果它加入德国作战,则德军反而要用20个师保护它。这一预言不幸言中,后来意大利在战争中的表现印证了这则笑话。

从意大利最初在整个非洲的军力部署来看,它是占据明显优势的。意大利在非洲总共集结了两个集团军的兵力:其中的东非集团军30万人,配备800多门大炮、60辆坦克和150架战斗机。而北非集团军的数量亦达到23.6万人,拥有1800多门大炮和315架战斗机。与之相对应的,英国在东非和北非的军力部属则相当薄弱,分别仅有3.3万人和6.6万人。意大利原本的战略意图也相应分为两个方向,即在东非占据红海南部的出海口,在北非则是取代英国对苏伊士运河的控制。因为从地图上可以看到,意大利军队能够从利比亚和埃塞俄比亚两地,发动钳形攻势来夺取埃及和苏丹,把这两块英属殖民地抓到自己手里,由此切断英国通过地中海与远东的联系,也使以亚历山大港为基地的英国分舰队无家可归。

在这样的有利形势下,1940年8月意大利军队毫无困难地占领了并未设防的英属索马里,随后又侵入了苏丹和肯尼亚。具体部署在埃塞俄比亚的意大利军队约七万人，这在非洲战场上，是个不小的数字。但这支由奥斯塔公爵（Duca d'Aosta）指挥的军队，装备却十分陈旧，飞机一共才30多架，而且都是当时技术已不十分先进的卡普罗尼式（Caproni）战斗机；不仅反坦克武器和军用油料不足，而且地面部队的防空火力也弱，这些都制约着意大利军队优势的发挥。意大利人虽然在当地招募了几支土著部队，但这些部队不仅装备更为落后，而且忠诚也成问题。1941年，逃亡的埃塞俄比亚皇帝海尔·塞拉西回到了自己的祖国。这位皇帝在被迫流亡国外以后，很长一段时间并不受英、法等西方国家政客的待见。在大战尚未全面爆发之前，英、法等国都避免在埃塞俄比亚问题上与意大利产生直接冲突，可想而知这位"流亡皇帝"在欧洲的尴尬处境，时任英国财政大臣的内维尔·张伯伦就曾认为海尔·塞拉西已"完全无法恢复皇帝的统治"。但是随着1940年6月以后意大利对英法宣战，原先的绥靖政策破产，英国政界对这位皇帝的看法也逐渐转变。

早在埃塞俄比亚被吞并、塞拉西流亡之初，他就曾指定其亲信担任"皇帝代表"，负责领导埃塞俄比亚境内的抵抗运动。同时他与那些流亡巴勒斯坦、苏丹、吉布提和英属索马里的爱国者保持密切联系，并给予援助。借由埃塞俄比亚国境内的反法西斯力量，英国也对其提供大量军事援助，在此期间海尔·塞拉西从英国返回非洲。由于英国人的煽动，原属意军控制的土著人大批倒戈，加入了皇帝领导的"爱国者"队伍，大批民众也支持他们的游击战，凡此种种都给意大利人带来大麻烦，意军尚未与英国正规军交手，便已经面临危险。

如前所述，意大利军队在非洲所面临的第一个险境在于，他们与本土的联系已被完全切断。意大利在非洲的两块殖民地——利比亚和意属东非——虽然都较为广阔且地处要冲，但是一来这两大属地之间并不相连，二来意大利分处两地的军事渗透也很乏力。它们中间由英国控制的埃及和苏丹隔开，战端一启，意大利的这两块属地就被自然割开，东非的这部分就成了孤岛。在整个战争中，东非的意大利军队只收到过一船大米和燃油，这对军事来说几乎没有什么意义。以此看来，我们又不得不佩服英国人的战略眼光，早在19世纪后半期，英国的塞西尔·罗得斯就提出了"二 C 计划"（即"开罗—开普敦计划"），意欲在非洲大陆建立从埃及开罗到南非开普敦的纵向殖民帝国，以实现非洲各英属殖民地的南北贯通。这项计划此后为英国官方所接受并付诸实践。时至二战期间，英国此前在非洲长久经营的战略意义和全球眼光逐渐彰显出来。

意大利军队的第二个危险似乎是本质性的，即他们的作战意志相当缺乏。原本意大利征服埃塞俄比亚就是在敌方处于绝对劣势的情形下实现的，现在当英国放弃了绥靖政策，转而与意大利全面开战之时，对东非的军事力量自然有所加强。而英国人的干涉和海尔·塞拉西的个人影响，增强了本地民众的敌对情绪，几乎在战火开始时，已可以预见到意大利人在东非的失败了，虽然它在一开始还气势汹汹地占领了一些地区。

具体来看，意大利军队的末日到来得甚至比人们预料的还快。1941年3月，在苏丹负指挥全责的英军将领普拉特少将率军渗入厄立特里亚境内，并在克伦（Kayin）轻而易举地击溃了意大利的抵抗，占领了阿斯马拉（Asmara）和马萨瓦（Massaw）[①]，俘虏1.5万

[①] 克伦是位于厄立特里亚北部高原的城镇，阿斯马拉是后来厄立特里亚的首都，马萨瓦是厄立特里亚北部港口城市，濒临红海。

人。在南面战线，英军由坎宁安中将率领，攻入了意属索马里，向西北斜线推进。2月份，英军顺利地突破了意大利人的防线，俘虏了2万多人，并乘胜进军，在4月就占领了亚的斯亚贝巴。海尔·塞拉西皇帝重新登上了王位，立即签订了与英国建立密切联系的条约。意大利残余军队在奥斯塔公爵的带领下，逃往安巴—阿拉吉高原（Amba Alagi），但是意大利军队缺乏长期作战的决心和毅力，很快就在5月份向英国人投降了。

该如何解释意军在战争中如此糟糕的表现呢？任何类似的问题似乎都可以归结为其民族性使然，但除此之外仍有许多具体的、现实的原因促成这种状况。作为意大利在战争中的盟友，德国的空军元帅凯塞林在其回忆录中曾有解释，他认为首先意大利举国上下都不曾以认真态度来对待战争。这当然是与其民族性有关，意大利人向来无甚紧迫感，也不讲究效率，说话出尔反尔。他们倒很擅长于政治"作秀"，在很大程度上，将战争看作儿戏。其次，作为意大利的"领袖"，墨索里尼本人似乎更具"作秀"潜质，他那些政绩往往徒有其表，难经考验。意大利的陆海空军往往战斗力极差，反而很像供表演之用的道具。而从德国人眼光来看，他认为其实意大利并不缺乏勇士，但对胜负起关键作用的不仅仅是个人英雄主义，全军的组织和精神状态尤为重要。第三，意大利当局对战争抱有投机心理，使其无法将战争潜力充分发挥出来，即便有较完备的人力物力，也都因动员机构的低效能而被内耗掉了。最后，问题出在意大利军官身上，他们多属缺乏职业精神的不务正业之徒，长期与士兵生活脱节。官兵上下级之间待遇差别太大，从而使军队缺少内在凝聚力，此般军队又如何能指望其获胜？

收复东非失地的这场行动,英国从动手至结束不到四个月,就把意大利人的势力完全消灭,是交战双方都始料未及的。但在沿地中海一线的利比亚,情况却要复杂得多。我们在本章开头所说的意大利的劣势,在地中海一侧开始消退,其优势逐渐显现出来。

之所以说地中海沿线北非的情况复杂,是因为对整个大英帝国来说具有"咽喉"般重要性的埃及。不仅对英国如此,埃及自身在中东的地位也是至关重要:任何控制了埃及的强国,不仅可以左右阿拉伯世界的舆论,而且掌握了石油资源的通道。石油对现代战争的重要性则是不言而喻的。由于意大利控制的利比亚与埃及接壤,而法国的败亡又使墨索里尼在北非可以无后顾之忧。①诚如丘吉尔所说,"他用不着防御在突尼斯的法国人,就可以再进一步加强他为进攻埃及而集结的大军。"因此,意大利和英国都十分清楚埃及在这一战区的分量。意大利当然希望通过埃及而获得石油资源。而英国此时也正处于最危急的时刻:全世界的目光都聚焦于英伦三岛的命运,希特勒的"海狮"计划旨在争夺英国的制空权。用丘吉尔的话说,当时许多国家都以为英国"只剩下最后一口气了"。但即便是如此千钧一发的时刻,战时内阁仍然决定从本土的人力物力中节省出相当的部分用于加强在埃及的防御。考虑到此时德意空军在地中海的空袭,英国的军需运输船根本无法安全通过地中海,因而他们必须绕过好望角从印度洋和红海上面将援助送往埃及。当时很多人曾顾忌,

---

① 埃及以西的北非旧称马格里布(Maghrib),北非战役前这一地区的突尼斯、阿尔及利亚和部分摩洛哥是法国的传统势力范围,1940年6月法国败降后,其所控制的这一地区也转入轴心国(主要是德国通过贝当政府间接地)控制之下。

这将是一次既有害于不列颠之战而又无益于埃及之战的行动。令丘吉尔颇为兴奋的是，相关决策者对此均表示镇定和愉快，尽管他后来回想时还会后怕。当时他们还将从敦刻尔克抢救出来的坦克分出了三分之一运送到埃及去。

前面曾指出，6月份意大利宣战时，它在北非的集团军总数约23.6万人。他们的大致分布是，在的黎波里塔尼亚（Tripolitania）①有6个正规师和2个民兵师，在昔兰尼加（Cyrenaica）②有两个正规师和两个民兵师。另外有三个师的边防部队，共计15个师。英国此时部署在埃及的兵力是由英联邦各国组成的联合部队：英国的第七装甲师（The British 7th Armored Division）、第四印度师的三分之二、新西兰师的三分之一，外加14个英国营和2个皇家炮兵团。而到1941年1月初，英国将军韦维尔也已将在埃及的军队扩充到15万人。

墨索里尼虽在东非遭到挫败，但在北非却不甘示弱，他命令驻扎在利比亚的巴尔博元帅率领他的17.5万人的军队向埃及发动进攻。但这位元帅却缺乏热情，他抱怨摩托化的运输工具不足，以及只配备机枪的意大利坦克和配备了火炮的英国坦克相比处于劣势。意大利的盟友德国显然有充分的物资来弥补这种缺陷。墨索里尼也清楚这一点，但他最不愿为此向希特勒求助，而德军统帅部当然也不会主动提供这些物资装备。意大利人明显地把这一地区看成是自

---

① 的黎波里塔尼亚，是指现利比亚首都的黎波里附近的广大腹地，位于利比亚西北部地区，约占全国总面积的20%。
② 昔兰尼加，指利比亚东部临近埃及的地区，约占全国面积的48%。其首要城市是班加西，后来北非战役的一系列重要军事行动都发生在这一地区。

己应该采摘的果实，生怕德国人在这里插上一只脚，而德国人也正陶醉于自己在欧洲大陆的胜利，并不介意墨索里尼的这种小心眼。事实上，里宾特洛甫在1940年11月15日的德意军事会议后，还发表了一项声明，说德国并不想在阿拉伯世界谋求政治上的利益，在以后的九个月的时间内，德军也未采取任何行动去主动地打击英国，结果是听凭意大利这个盟友去证明自己的软弱无能，让英国这个疲惫的对手恢复了过来。

阿拉伯人在第二次世界大战开始后，出于对殖民主义的愤恨，密谋武装起来袭击英国这个老牌的殖民者。他们策划在外约旦和巴勒斯坦举行一次暴动。这个消息使意大利人兴奋了起来，因为这有利于他们打击英国人。为了激励阿拉伯人，意大利人必须取得某些胜利，结果在1940年9月，意大利军队终于开始行动了。格拉齐亚尼将军率军进攻埃及，但是他一出发就发现面临着很多麻烦。他的增援部队必须穿过大草原似的半沙漠地带，并且只有这一条路，沿岸只有一个城市居民点，如果不能保证后勤供应，不消说与对手交战，军队自己就会溃散。这位意大利将军看来对这种沙漠地带的作战有一种本能的恐惧感，因此他只是缓慢地、谨慎而极有节制地向前推进。

因而，他在占领了塞卢姆（Sollum）① 和西迪拜拉尼（Sidi Barrani）② 后，就在那里停下来不动，修筑防御工事和一条输水管道。结果，这位谨慎的将军在这里居然逗留了三个多月，从军事角度来

---

① 塞卢姆，是埃及西北部的港口，靠近利比亚边界。
② 西迪拜拉尼，埃及北部沿地中海的城镇，位于马特鲁港和塞卢姆港之间的滨海公路上。

看这是不能原谅的错误。结果，英国人在12月份以一支3万人的摩托化小部队发动了进攻。人数上占优势的意大利人完全没有准备，被打了个措手不及，他们有三个师被消灭，一共10个师都丧失了作战能力，空军也从天空消失了。英军顺势将意大利人向西赶了500英里，在1941年1月将意军赶回了班加西（Benghazi）港①。然而，这次行动却过度地消耗了英国的资源，因此英国人无法巩固自己的战果，只能被迫撤回到埃及。

于是，沙漠地区现代战争的规律首次在这一军事行动中显示了出来。首先，摩托化的部队在战争中充当了主角，步兵离开了装甲部队和摩托部队的支持几乎不能有什么作为。其次，供应决定着战争的进程：在某一时刻，一支军队必须停止它的胜利推进，因为供应跟不上；另一方面，失败的一方则由于供应线越来越短而重新获得了力量。这就是为什么在北非的沙漠中双方总会处于脆弱的平衡之中，而又无法在短期内决胜的原因。双方都不可能通过一次军事行动取得决定性的胜利。另外，北非战场同样显示出防御和进攻两者间关系的复杂。在第一次世界大战及其之前的战争中，防御对于进攻来说是占据着优势的，在传统的冷兵器时代，出征军队的供应链受制于技术手段和水平，这就决定了主动进攻的一方往往要承担很大的风险。可是到了第二次世界大战时，过去防御和进攻之态势几乎完全逆转过来。1939年9月闪击波兰以后，似乎证明了快速装甲部队发动攻击的优越性，几乎是攻无不克、战无不胜，进攻被看作是占优势的一方。然而，这种经验放到北非的具体自然环境中来

---

① 班加西，现为利比亚第二大城市和重要海港，历来就是从地中海通向非洲内陆的重要贸易通道和集散中心。

看，又显得不合时宜了。因为在沙漠这种较为开放的地区中，只要能够了解现代工具的性质，则仍可通过巧妙地运用防御来发挥极大的效力。往后的历次战役也日益显示出，通过较为机动化的防御仍能再造一战时的辉煌。除非拥有巨大的兵力优势或高度的技巧，否则攻击方是很难规避这种优势的。

　　再次回到战场。意大利在北非的受挫，并未改变墨索里尼头脑中原来的计划。他并不打算增援北非，继续与英国人斗，反而在1940年10月28日入侵希腊。东南欧在经济上的重要性与德国的军事计划，使德国对保障东南欧的和平安全十分关切，意大利对此应该是心领神会的。可是，墨索里尼不仅在北非陷入困境时不去全力对付英国人，反而转向希腊，这实在令德国人大为震惊。因为德国人的态度，意大利原本肯定是相当明确的。早在同年7月，希特勒与意大利外交大臣齐亚诺会谈时，就曾告诉过他说德国希望全力粉碎英国的顽抗，不想在中欧或南欧另辟战场。齐亚诺本人在7月16日的日记中还曾写道，希特勒致领袖（指墨索里尼）一封长信，明言攻打英国之事已定，婉言谢绝了派遣意大利远征军的提议。希特勒对此的解释是，同时供应两支大军会造成后勤困难。德空军总司令戈林也认为，意大利空军在地中海的任务很重要，不宜分兵其他地区。

　　由此来看，墨索里尼此举的动机，看来主要是妒忌希特勒的胜利。齐亚诺当时对墨索里尼的反应这样描述："领袖对这一拒绝感到万分恼火，好在他从他一个星期前指使报纸使劲宣扬的海战中找到了安慰。"从客观上来说，征服希腊的那几座秃山，对意大利人口过剩或经济匮乏的问题都于事无补。而在主观上看来，墨索里尼是急于想同希特勒一样凭主观能动性获得政治和军事的成就，使他摆脱被动的配角地位。据齐亚诺等人的看法，此前墨索里尼的一切计划都毫无例外地连遭失败，使他内心充满了病态的耻辱感，由此产生了一种长期沮丧的情绪。特别使墨索里尼愤恨的是，德国在罗马尼亚这块他认为是拉丁人的地区居于统治地位，实在欺人太甚。这种妒忌心理又因墨索里尼对自己与希特勒的类似"师生"关系，而更趋激烈。当墨索里尼在1922年就已是法西斯党领袖和意大利王国首相时，希特勒还在因"啤酒馆暴动"而锒铛入狱，在德国远不成气候。因而从资历上来说，希特勒在墨索里尼面前似乎有点自卑，多少视其为前辈，对他相当尊敬，甚至到他最后穷途末路时还多次搭救。这就可以看出墨索里尼本来对希特勒还多少有着优越感，可是1940年以来意大利的军事败绩，几乎将这种优越感一扫而光，眼看学生在欧陆所向披靡，也难怪他"万分恼火"。

齐亚诺等人经过分析，认为在希腊作战可以迅速取胜。于是，墨索里尼发动了这场战争，以期在一场与希特勒平行的战争中获取荣誉。但是，这次军事行动的准备工作，其糟糕程度是无以复加的。巴多格里奥元帅曾提出保留意见，他认为计划投入的兵力是不够的，时间也显得过于匆忙，但墨索里尼坚持立即行动。海军也抱怨自己的运输成问题，很多物资积压在一起，无法送往前线，可是谁也不敢反驳领袖。

意大利人在第一次进攻中投入了11个师，后来又增至16个师，随之又增加到25个师。希腊人开始只能用第一线的兵力大约四个师抵抗他们，因此不得不往后撤。到10月底，意大利侵略军赢得一些初期的胜利，但由于公路路面狭窄、数量又少，而且秋雨毁坏了路面，所以他们很快就停止了前进。希腊人这时表现出一种同仇敌忾的气势，全体老百姓都团结在自己政府的周围，山地村民，无论男女，都用粮食供养他们自己的军队。于是，希腊人的战线稳定了下来。到11月中，由于土耳其人发表了决不参战的声明，希腊免去了腹背受敌的危险，希腊人便集中兵力在前线发动全面反攻，迫使意大利人全线退却。只不过10天的工夫，侵略者就被推回到了他们的起跑线。意大利人为了挽回自己的面子，居然说希腊人阻止意大利人撤退的企图正遭到失败。这一谎言使得整个欧洲都捧腹大笑，比如法国人就在意法边境朝着意大利方向竖起一块块标语牌，上面写着十分幽默的话："希腊人，请就此止步，这里已是法国"。

12月4日，希腊军队源源而至，压向意占殖民地阿尔巴尼亚主要港口之一发罗拉（Vlore）①。结果，巴多格里奥元帅成了替罪羊，由乌戈·卡瓦莱罗（Ugo Cavallero）接替，但这并未使形势有所改变。英国潜艇甚至渗透到意大利港口附近去击沉意大利船只，阿尔巴尼亚人也准备反抗意大利这个虚弱的占领者，于是，帕帕戈斯将军（General Papagos）在1941年1月间竭力劝说意大利军事当局将自己的军队撤回本国。意军既在伊庇鲁斯（Ipiros）受挫，又在利比亚败北，墨索里尼这时只得放下架子，吞下一口闷气，很不情愿地向希特勒求助，因为这把火虽是由他固执地点燃的，但是现在他却无法独自扑灭它。

1941年1月10日，墨索里尼与希特勒会晤，虽然他曾幻想可以戴着胜利的桂冠去会见他的"学生"，但这一希望终于落空了。他曾

---

① 发罗拉，位于阿尔巴尼亚西南部的发罗拉湾，是重要的军港城市。

墨索里尼和希特勒

对齐亚诺说,"见到他的时候,实在是难为情。"这相当真实地反映了这位领袖的沮丧心情。但希特勒对此似乎并不在意,他以同情的语调安慰着自己的盟友,他的谈话居然真正地激发了墨索里尼,这的确是他事先未曾料想到的。在分手后,墨索里尼又恢复了元气,派遣他的大臣们和高级法西斯党徒前往希腊作战。十分明显的是,由于意大利在地中海战区的一连串挫折,德国的介入已势不可免,否则,这个柔软的腹部一旦出了乱子,希特勒的整个战略计划,尤其是对苏联的进攻便要大受影响了。

四

闪击巴尔干

德国闪击巴尔干半岛，初看起来似乎是因墨索里尼在希腊的任意胡为而起，希特勒为了避免节外生枝，不得不为墨索里尼的冲动而埋单。从巴尔干半岛与地中海以及北非的战略联系来看，德国总体上在此地保持积极防守姿态，而没有主动向南突进，以实现对北非的跨海作战，似乎是重大的战略失策。后来的西方战略家常常指责希特勒不了解海权，或者忽视地中海的战略重要性。然而实际上，希特勒对于巴尔干乃至地中海的重要性是有清醒认识的，问题在于他一直以来确定的战略目标是进攻苏联。而在这一主要目标之外的其他战场，皆属次要。

对于德国来说，它真正缺乏的是在大战略领域内的有力集中指导，对其盟国的轻举妄动没有约束力。意大利在巴尔干的参战，对于德国来说几乎是有百害而无一利，因为这将牵制希特勒为进攻苏联所精心部署的军事格局。但是德国又不能容忍意大利在巴尔干越陷越深而坐视不管，因为如果意大利在希腊的行动完全被英军压垮，那么它在北非的领地就很有可能灰飞烟灭，那样脆弱的意大利很有可能退出战争。更糟糕的是,意大利的崩溃将使英国从爱琴海自南往北压到南斯拉夫边境上来,对于德军的部署将形成严重威胁。这是希特勒无论如何都不能容忍的态势。因此,虽然希特勒在巴尔干和东地中海战场上分散了过多的时间、兵力和精力,但是他又不得不勉力维持墨索里尼的政权。除了前述的那种学生对前辈的心态,很大程度上也是取决于德国总体战略的实现。因而,德军在巴尔干的军事行动,在具体战略上或许作用不大,但是从宏观大战略来看却具有意义,即它促使德国将军事前线推进到东地中海沿线,从而为进攻苏联确保了一个安定的侧翼。

当意大利在希腊被打得节节败退之际,希特勒认为,无论是为了轴心国的团结,还是为了他和墨索里尼的友谊,或是为了德国的战略利益,他都不可能坐视不管了。事实上,希特勒预见到意大利在希腊的冬季作战将会遇到重重困难,也意识到这将给英国在大陆上重新获得立足点提供机会。于是,早在意大利受挫之前,希特勒就指示陆军总司令勃劳希奇做好准备,"如有必要,便从保加利亚向希腊进攻,占领其爱琴海以北的领土。这样,便可为德国空军提供有效的作战基地,特别是可以对付威胁罗马尼亚油田的那些英国空军基地"。希特勒也考虑到了土耳其的重要位置,所以他要求准备约10个师的兵力来达到这一目的。戈林奉命在罗马尼亚加强空军的军事机构,准备在巴尔干东南部部署德国空军部队,还将在保加利亚南部边境建立一个空军情报站。1940年11月中旬,意军在阿尔巴尼亚已被迫采取守势,而且很难守住阵地。德国人的首次援助是提供一支空运大队,但这种援助显然是不够的。1940年12月13日,希特勒签署了元首第20号指令,说明了德国准备进攻希腊的作战要点。指令指出，阿尔巴尼亚的局势日益危险，德国应当采取行动，以阻止英国以巴尔干战线为掩护在那里建立空军基地，因为这些基地一旦建成就会威胁意大利，威胁罗马尼亚油田。德国进攻的首要目标是爱琴海沿岸地区和萨洛尼卡①盆地，也有可能经拉里萨②与科林斯地峡③发动进攻，进而占领整个希腊。在进攻的全部目的达到后，参战部队将撤退，以准备对付苏联的进攻。

德国最高统帅部作出一个计划，要把山地作战部队和装甲兵总共一个军开到意希前线，协助意大利人固守阵地，并发动反攻。而后如有必要，这支部队将支援第十二集团军从保加利亚方向往希腊的进攻。但前往检查准备工作的保卢斯将军认为，部队要到2月中旬以后才能做好准备。战线变动不定，山地的不便，都排除了运动战的可能，而将需要正面强攻，这在人力和装备方面都将付出巨大的代价，希特勒为此也感到犹豫不决，最后他终于取消了这个计划。

当德国准备在希腊采取行动时，英国首相丘吉尔也同样在考虑这个问题。因为希腊人的斗争此时已具有了国际意义，在此情况下要抛弃这个英勇的小国，无论在政治上和道义上都是行不通的。希腊在反意大利斗争中显示出来的顽强精神，给各被占领国人民以极大的鼓舞，甚至获得以罗斯福总统为首的美国人民的钦佩。当然，从战略角度来看，丘吉尔希望援助希腊也有着重要的意义。他希望借此能够建立一个包括南斯拉夫、希腊和土耳其在内的巴尔干阵线，

---

① 萨洛尼卡，即塞萨洛尼基（或译帖撒罗尼卡，希腊文 Θεσσαλονικη），是欧洲重要的历史名城，也是希腊的第二大城市和马其顿地区的首府。
② 拉里萨为希腊中东部城市，位于色萨利平原中部，濒临皮尼奥斯河。
③ 科林斯地峡位于希腊南部，是希腊大陆和伯罗奔尼撒半岛之间的狭窄地峡，宽度仅有6.5公里，它将科林斯湾与萨罗尼卡湾隔断。

以抵御德国即将发动的进攻。他们原本的想法是,通过引领南斯拉夫、希腊和土耳其的统一行动,使得希特勒进退维谷:要么将巴尔干各国暂时搁在一边,要么与联合阵线长期苦战胶着在巴尔干,总之要阻止德国在这一地区的速胜。虽然当时英国尚不知晓希特勒将对苏联采取大规模行动,但这一努力确实延缓了进攻苏联的脚步。

同样是从战略角度来考虑,从北非地区分兵前去巴尔干的设想也有着较大阻力。陆军大臣艾登等人反对丘吉尔援助希腊的计划,他们认为保卫埃及才是最重要的,不应把保卫非洲前线的部队转移到希腊去。因为此前英军在埃及的行动,已经将意大利人往西逼退了几百英里,原本可以乘胜追击、一鼓作气完全廓清非洲的意军,现在却要分兵别处,不能不说是功亏一篑。著名军事思想家和战争史学家李德·哈特(Basil Liddell Hart)也认为,此时的"丘吉尔先生幻想又在追逐另外一只野兔子。一方面是追逐其在第一次世界大战时的旧梦,另一方面是看到希腊能奋起抵抗意大利而大感兴奋,丘吉尔幻想创立一个强大同盟对抗德国的可能"。

无论是出于道义上对希腊人的同情,还是出于政治上的国际观感,抑或是出于战略上无法忽视的意义,丘吉尔的冲动和喜欢冒险的精神,使他坚持了自己的意见,在3月7日有三军参谋长列席的内阁会议上,做出了援助希腊人的决定。从1941年2月8日希腊人向英国人求援算起,不到一个月英国人就开始了行动。从3月4日,每周都有两个运输船队,从利比亚前线或埃及的后备军中把6.8万人安全地运到希腊。这支英国远征军是一支临时拼凑的部队,装备也不完整。当然,此时英国已在北非大获进展,2月8日,北非英军已占领了大流沙地带边缘的阿盖拉(Aguera),俘虏了13万意军,从而结束了征服昔兰尼加的作战。因此，尽管英军放弃了乘胜追击意军的机会未免可惜，但总算是可以腾出手来在希腊行动了。

3月下旬，长期闭门不出的意大利海军，终于根据意大利最高统帅部的指示，向一支由埃及驶往希腊的英国运输船队发起了攻击。这一次，长期倒霉的意大利海军似乎还表现得不错，3月26日，一支由驱逐舰掩护的6艘爆破艇，向苏达湾（Suda Bay）实施了一次大胆的袭击，击沉了英国的约克号巡洋舰和2艘运输船。翌日，意大利人乘胜出击。一支由1艘战列舰、6艘重型巡洋舰、2艘轻型巡洋舰，以及由13艘驱逐舰组成的意大利作战舰队，在亚基诺海军上将的指挥下出海作战。他们准备向被认为是集结在克里特岛以南的英国运输船队发起攻击。德国空军与意大利空军配合，对该舰队提供空中掩护，并在东地中海进行侦察。但由于指挥上的差错与技术信号方面的问题，舰艇与飞机协同不力。结果，这支意大利海军舰队的出现很快便被英国的空军部队发现，但亚基诺海军上将自己对此却全然无知，也就不可能摆脱英国人的监视，这是一个致命的错误，从而把战斗的主动权交给了对方。英国人自3月25日以来，就一直希望出现这样的有利局面。于是，他们改变了运输船队的航线，并不动声色地派遣坎宁安上将指挥的地中海舰队去偷袭意大利舰队。英国的地中海舰队包括3艘战列舰、1艘航母、4艘轻型巡洋舰和13艘驱逐舰，其整体实力远远超过了意大利舰队，再加上意大利舰队失去了空军的配合，基本上已处于一种被动挨打的地位。

3月28日，英国人巧妙地使用了"可畏"号航母的舰载机和从克里特岛起飞的陆基飞机，配合自己的舰队向意大利人发动了猛烈的攻击。当英国舰队已推进到离意大利舰队不足两英里半的时候，意大利人居然尚未察觉。意大利的大炮还未开炮就被英国人轰得粉碎，英国飞机扔下的鱼雷首先击中了意大利的"维多利奥·威尼托"号战列舰，接着又击中了"波拉"号巡洋舰。这两艘军舰虽未沉没，但大大降低了航速。坎宁安将军后来写道："你可以看到，整座炮塔以及大块的金属飞上了天空，船只很快都成了熊熊的火炬。"

意大利受创的3.5万吨级的战列舰"维多利奥·威尼托"号没有发出一弹就开始逃跑，并总算摆脱了英国舰只的追击，但英国舰队却追上了"波拉"号巡洋舰。在伯罗奔尼撒半岛西南部的马塔潘角附近的水域里，"波拉"号巡洋舰与前来救援的"扎拉"号与"阜姆"号巡洋舰以及两艘驱逐舰均被英舰击中起火。虽然其时天色已晚，但英国人第一次在夜战中使用海军雷达，使他们得以发现意大利人的舰位。最后，英国驱逐舰在近距离发射鱼雷，全部击沉了这些意大利舰只。在这次战斗中，意大利共有3艘巡洋舰和2艘驱逐舰被击沉，1艘战列舰被重创。十分明显的是，意大利海军又遭到了一次沉重的打击，在可以预见的将来，它已不可能有什么作为了。因为它在这场战斗中，几乎没有给对手造成什么损失，这对意大利人刚刚恢复起来的自信心，无疑是致命的一击。

英国人在对意大利人的斗争中虽占上风，但并未改变在整个战略形势上的不利局面。因此，在整个希腊他们要做的一件非常重要的事是：避免使德国人卷入希腊。直接与这个欧洲最强大的对手交手，英国及其盟友尚看不到军事上取胜的可能性，所以英军只能留在希腊中部。同时，英国外交大臣艾登开始活动，试图贯彻丘吉尔此前的设想，将南斯拉夫、土耳其和希腊拉进来组成一个联盟，以便在东南欧真正形成一个防御德国的战线。但这项工作成效不大，土耳其人含糊其辞，南斯拉夫的摄政保罗亲王（Prince Paul）又不肯吞食英国人放在他面前的诱饵，即让南斯拉夫获得伊斯特里亚（Istria）。就在英国与南斯拉夫推推拉拉之际，希特勒被惊动了，于是他毫不客气地要求南斯拉夫加入自己的阵营，成为三国公约的一个签字国。

在希特勒的压力之下，南斯拉夫人先求助于英国，但艾登在雅典会见了南斯拉夫的代表后，却未能答应立即给他们以任何援助。南斯拉夫传给苏联的会谈要求也没有回音：苏联驻贝尔格莱德大使带着南斯拉夫所要求的装备清单去了莫斯科，但却一去不复返，很明显斯大林不愿过早地触怒希特勒德国。南斯拉夫人也考虑过占领萨洛尼卡之后他们就开始运送粮食和弹药去援助希腊，但由于种种顾虑始终未敢动手。但希特勒此时却不能容忍这种含混不清的局面，从1940年下半年起，巴尔干若干地区已成为德国的范围，很多国家实际上已经成为德国的附庸，德军已进占这些国家，希特勒不愿看见一个不听使唤的南斯拉夫横在中间。

罗马尼亚是德军进占的第一个目标。1940年9月5日，在希特勒的扶持下，安东尼斯库就任总理，夺取了罗马尼亚的政权。11月23日，安东尼斯库政府加入了德意日三国的《柏林协定》。12月4日，德军7万人进驻罗马尼亚，并迅速布置到保加利亚边境。

匈牙利的霍尔蒂政府早就与希特勒眉来眼去，因此，匈牙利政府几乎没有费希特勒多少口舌，就在1940年11月24日加入了《柏林协定》，12月4日，四个师的德军进驻匈牙利，并直抵南斯拉夫边境。德军进驻匈牙利没有引起外界的惊奇，但进驻罗马尼亚却使墨索里尼大为不满，如前所述，因为他认定这是拉丁人的势力范围，所以在冲动之下就开始了对希腊的战争。

1941年3月，保加利亚也加入了《柏林协定》，由此南斯拉夫事实上已处于德国的两面包围之中。希特勒不能容忍这样一个"例外"，坚持要南斯拉夫尽快签署三国公约。1941年3月25日，保罗亲王以及茨维特科维奇和马尔科维奇的政府屈服了，同意签署三国公约。作为交换，德国和意大利保证不派军队通过南斯拉夫领土，并在一项秘密条款中，许诺把萨洛尼卡划归南斯拉夫。签署参加三国公约的消息在贝尔格莱德引起了普遍的愤慨，这即便不是英美特工人员一手造成的，也是他们所煽动起来的。一个明显的证据是，英国外交大臣艾登没有返回伦敦，而是在南斯拉夫等待局势的变化。果然，仅仅过了两天，3月27日，一次军事政变推翻了摄政王保罗和他的政府，年轻的国王彼得宣布自己业已成年，并由西莫维奇将军任首相，组成了新政府。4月5日，南斯拉夫新政府与苏联签订了《友好与互不侵犯条约》。可想而知，这一行动大大地激怒了希特勒，他曾打算尽可能不在巴尔干采取军事行动，以免分散对苏作战的兵力，现在他决定彻底解决巴尔干的纷扰，立即命令30万德军发动对南斯拉夫的闪电战。4月6日清晨，德军出动了800架飞机狂轰滥炸贝尔格莱德和南斯拉夫各主要交通中心。接着，德军从北面，意大利军队从西面入侵南斯拉夫。从保加利亚出动的德军迅速将南斯拉夫与希腊切断。南斯拉夫甚至还没有动员完毕，德军就于4月7日占领了斯科普里（Skopje），11日又占领了萨格勒布。此时，意大利人、匈牙利人和保加利亚人全都蜂拥而来参加这场屠杀，仅仅过了6天，4月12日，南斯拉夫首都贝尔格莱德就沦陷了。南斯拉夫的失陷速度之快，又一次使英国感到震惊。因为之前德国发动对欧洲国家的闪击战时，无论是波兰所在的东欧大平原，还是法国北部的平原以及低地国家的三角洲地带，其地形都非常有利于大规模立体化部队的突击和纵深，因为一旦先头部队通过突破口后，各纵队即成扇形展开，沿着若干向前延伸的平行道路向前分散推进，以避免交通壅塞现象发生。面对敌人时，如无须作战时则尽量避免，选择绕开，尽可能采取迂回渗透的手段，只有在没有办法的情况下才实施战斗。至于绕过的敌人则由后续部队赶上肃清之。由于持续不断的运动，战斗时将以机动炮兵或申请战术空军火力支援攻击。显而易见的是，南斯拉夫这样多山地丘陵的国家，各地海拔相差较大，非常不利于德国的装甲摩托化部队迅速推进。而由于南斯拉夫并不直接与德国接壤，虽然德国在匈牙利和保加利亚驻有部队，但是本身数量和供给都有限，对前方孤军深入的军队支援有限。但是由于配备有大量空中打击力量，德国的战机仍能在极短的时间内将南斯拉夫的重要军事目标和通讯基地打击瘫痪，从而赢得闪电战的胜利。由于这样一来，闪电战似乎已突破了地形对其限制，因而这种战术对英国来说形成了更大的心理威慑。

4月17日，南斯拉夫王国政府最高统帅部正式签字投降，在南斯拉夫的军事行动就此结束。但是，这次对南斯拉夫的军事行动，在整个纳粹德国的战略计划中起了何等作用，一直是一个争论不休的问题。德国陆军元帅克莱斯特说得十分坦率，他认为"用在巴尔干的兵力，比起我们的总兵力来，的确不大，但是，用在那里的坦克比例却很高。为了准备在波兰南部向俄国前线发动进攻，拨归我指挥的坦克，大部分都参加过对巴尔干的进攻战，如今全部需要检修了，坦克兵员也需要休息"。而伦德施泰德元帅也持相同的观点。

对巴尔干的作战,尤其是入侵希腊,是早在希特勒的计划之中的,但南斯拉夫3月27日政变对希特勒是个意外,使他在火冒三丈的情况下,投入了远远超过希腊战役所使用的部队,这种突发性事件导致元首暂时失去了理智,急于以雷霆万钧之势压服南斯拉夫,从而影响了对苏联发动的进攻。从后来德军对苏联发动进攻的时间来看,这一延误被证明对德军的莫斯科战役是非常不利的。

当然,就战役本身而言,德军在南斯拉夫的战争是非常成功的。虽然有着客观地理形势的局限,但是闪电战的两只拳头,即俯冲轰炸机和装甲兵配合得非常默契。当大队装甲兵隆隆向前推进时,轰炸机成群地在天空中发出凄厉的呼啸,并用准确的机枪和炸弹火力猛攻敌军,敌军往往还没有从轰炸中清醒过来,就发现对方的坦克已经开过来了。南斯拉夫凭借其有利的地形,一直是入侵者很难啃的一块硬骨头,但这次开战仅6天就宣告首都已陷落,不仅南斯拉夫人自己很难相信这一事实,英国人也目瞪口呆。丘吉尔只来得及命令部队搭救南斯拉夫国王彼得和南斯拉夫政府的部分官员,把他们带到了英国,使他们成为在伦敦的若干二战流亡政府中的新的成员。

胜利者们开始分赃,希特勒决定单独处理斯洛文尼亚,暂时将它搁置一边。匈牙利人占领了巴纳特的一部分,意大利人分到了达尔马提亚和一些岛屿,克罗地亚和门的内哥罗被宣布独立,南斯拉夫被缩小到只有塞尔维亚的一小块土地,被置于德国的直接控制之下。事实似乎表明,小国要反对纳粹德国是很不明智的,因为同样的灾难随之降临到了希腊的头上。

我们在篇首就曾分析过,希特勒之所以进军希腊,固然由于意大利在希腊的军事失利，但是也应该看到德国本身对希腊的战略设想，即进军希腊本身只是一种手段，其目的在于为挥师东进做准备。德国将军队开进希腊，倒不是因为有英国军队登陆，而是担心英军登陆以后在巴尔干造成的人心浮动，因为他担心自己的南方集团军群入侵俄国时会有后顾之忧。但是仔细来看，英军在希腊的登陆，其实力和表现相当令人失望。这反而使希特勒放心了，促使他尽快将希腊问题"解决"。

虽然早在1月初，丘吉尔就已未雨绸缪，想说服希腊人接受英国援助，允许一批英国的坦克和炮兵部队在萨洛尼卡登陆，同时他还命令韦维尔从北非分出部分兵力去希腊。但是首相先生的这种热心与责任感并未赢得相应的感激。当时的希腊政府首脑梅塔克萨斯将军却并不领情，他认为英国提供的兵力作用非常尴尬：既不够使希腊的实际抵御能力增强，其数量反而会引起德军的猜疑和挑衅，这反而加剧了希腊现实的危险。希腊总司令帕帕戈斯的想法倒是与艾登等人相一致，即英国人应该先集中精力完成肃清非洲的任务，再来从事任何新的意图。然而不管怎么说，英国在巴尔干的军事行动终于还是渐渐展开了，在意大利与希腊战线上，英国只出动了50架飞机到阿尔巴尼亚去作战。希腊人甚至抱怨说，连这50架飞机也未充分使用。但是英国人也有自己的解释，他们认为由于希腊多山临海的地形，可用的战机降落场地相当缺乏，加上当地联络信号欠佳，这些都极大地阻滞了英军在希腊的行动。

因而，他们才只推进到拉里萨，就止步不前了。看起来，英—希同盟的前景还是不明朗的。英国人考虑的是只建立一个桥头堡，为有利时机的到来做准备；他们希望避免太大地惊动德国人，以免德国人在他们站稳脚跟之前就进攻他们，他们甚至还鼓励已有15个师军队的希腊人退回他们原来的阵地上。但希腊人不愿不经战斗便放弃色雷斯和马其顿，他们也下不了决心从阿尔巴尼亚前线撤退，因为他们在那里正打着胜仗，并希望能同南斯拉夫人会合。而英国人却已经决定，如果德军进攻，他们就一直后退到塞莫皮莱。在这样的形势下，英希两军的任何联合行动也都无从谈起。

4月6日，即德军进攻南斯拉夫的同一天，他们也开始了对希腊的进攻。奉命进攻南斯拉夫和希腊的同为德国第十二集团军，它拥有15个师，包括4个装甲师。集团军中分出5个师负责向南进攻雅典的任务，4个装甲师中的3个都被分配到这一方向上来。已在希腊登陆的英军与希腊军队的联系尚且不够紧密，他们与南斯拉夫军方之间的联系就更稀少。由于德军的迅雷不及掩耳之势，南斯拉夫一方面无法及时反应，组织有效抵抗；另一方面它与英国和希腊军队间的接触则更少，英希两军根本就不知道南斯拉夫参谋部的防御计划和准备程度，因此就影响到了希腊这一侧的军事调动和部署。

由于德军早已在保加利亚完成集结，所以希腊军主要是在通往保加利亚的各条山路上布防驻守，但无论是英军还是希腊人，他们都未能觉察德军一个比较迂回曲折的行动。包括1个装甲师的德国军队，从斯特鲁马河（Struma River）转而向西，顺着与南—希国境线平行的斯特鲁米察地区行进，越过山口进入瓦达河（Vardar River）流域的南斯拉夫一端。这样他们就突破了希腊军和南斯拉夫军的联络点，像个楔子一样钉入到两军接合部中间，切断了大部分色雷斯希腊驻军的退路，而驻守在阿尔巴尼亚的希腊军迟至9日才想到撤退，显然已为时过晚。德军在首次突袭得手后，并不是直接从萨洛尼卡经英军布防的奥林匹斯山向南进军，而是再一次迂回作战，打通更西面的莫纳斯提尔山口（Monastir）。德军利用这次向希腊西海岸的进攻，把阿尔巴尼亚境内的几个希腊师切断，从侧翼包抄英军。由于德军随时可能调过头来包抄希腊军的残部，因此，希腊人的斗志已经瓦解。希腊人的部队一个接一个地被击溃，几乎没有组织起有效的抵抗。

逃到山区的希腊部队被领导人命令分散开来。4月20日，希腊军统帅帕帕戈斯将军向德国人请求停战。而直到这时，意大利军队的进攻也还没有越过希腊—阿尔巴尼亚的边境，而希腊的后卫部队在撤退时，也还不时对这个依仗德国人气势进攻的老对手进行局部反击。但是这些小胜对希腊的命运已起不了什么作用了。一周以后，即4月27日，雅典被占领了，纳粹德国的旗帜在雅典卫城上升起。在这样一个被视为西方文明之源的建筑上，升起法西斯的旗帜，似乎标志着整个西方文明都在劫难逃。然而灾难并没有结束，继希腊国王乔治和他的政府逃往开罗之后，大部分希腊海军和商船队避到亚历山大港。直到此时，英国人几乎还未与德军打过一仗，他们只能忙于自己艰难的逃命。

事已至此，英国人甚至没有想过有可能组织起有效的反抗，他们所能庆幸的，是又一次成功地进行了敦刻尔克式的大撤退——丢掉了所有的装备，但军队和人员总算被救出来了。即使在和平年代，用这么短的时间从希腊有组织地撤出5万余人，也几乎是不可能的事，但是在皇家海军和空军的勉力维持下，这一奇迹终得实现。使这一行动更显伟大的是，与敦刻尔克撤退时相比，英军的优势已完全转变成劣势：1940年英法联军从西欧撤退时，制空权尚在英国手中。而在希腊,却是德国人完全地、绝对地控制着天空,因此他们可以连续对港口和撤退中的军队狂轰滥炸。这一切都更加突显出这"第二次的敦刻尔克撤退"所彰显伟大。

表1 1941年4月从希腊最后撤退的英联邦陆军人数

军 队	当敌人进攻时英联邦军驻在希腊的人数	撤至克里特岛的人数	先撤至克里特岛再撤至埃及的人数	直接撤至埃及的人数
联合王国军队	19,206	5,299	3,200	4,101
澳大利亚军队	17,125	6,451	2,500	5,206
新西兰军队	16,720	7,100	1,300	6,054
总数	53,051	18,850	7,000	15,361

表2 1941年4月间在希腊损失的英联邦军队人数

军 队	损失人数	在损失总数中所占百分比(%)
联合王国军队	6,606	55.8
澳大利亚军队	2,968	25.1
新西兰军队	2,266	19.1
总数	11,840	100

然而回过头来,我们不禁会再次考量,丘吉尔当初援助希腊的决策是否是战略误判?德国陆军炮兵上将瓦尔特·瓦利蒙特是希特勒统帅部的高级人员之一,他也曾透露过德国最高统帅部对英国此次行动的某些看法,他们表示很不了解为什么英国不利用意大利人在昔兰尼加的困难,乘胜追击直扑的黎波里。因为没有任何东西将能阻挡他们的前进。留在当地的少量意大利部队已经是惊慌失措,毫无斗志,随时都在担心英国坦克的出现。这种来自对手的看法,似乎也印证了早先艾登等人对丘吉尔的反对是不无道理的。而著名

的军事史家钮先钟先生更是严厉地指出，丘吉尔头脑僵化，他一心沉醉于巴尔干的战略幻想之中，他将军队从北非调走从而断送了英军在北非初期的胜利。若不是如此，则英军早就可以一举攻占的黎波里，廓清北非的意军，那样就根本不会再有北非战场的存在了。

然而，丘吉尔毕竟是20世纪最伟大的政治家和战略家，虽然政治和战争从不给人以"试错"的机会，但是能够从惨痛的打击中恢复过来并重整旗鼓，乃是政治家必备的个人素质。在1941年5月3日的广播演说中，丘吉尔表达了整个英语世界对于战争的心声，虽然在欧洲和非洲发生的事情让大家都忧心忡忡，然而西方世界每次也都能从这种沉重打击中恢复过来。可以预见的是，在将来几年中，类似的打击还将不断在欧洲、非洲和亚洲出现。他借用了罗斯福总统早先写给他的诗句，来表达对共同命运的信念。这诗句出自美国著名诗人朗费罗：

当那疲乏无力的浪花向岸边空自冲击，
仿佛是寸步难进的时候，
远远地，通过小河小湾的流灌，
已静静地汇成一片汪洋。

当晨光初照人间，
那光芒岂止透过东窗；
太阳在前面缓缓地上升，多么缓慢啊！
但是请看西边，大地已是一片辉煌。

韦维尔将军：该相片是塞西尔·比顿（Cecil Beaton）在二战期间就职于英国情报部门时拍摄的，照片中正伏案工作的韦维尔将军此时已经调任印度最高军事长官

五
克里特之战

英国人从希腊本土向外的撤退行动，是以克里特岛的空战而最终完结的。从当时人的评论来看，克里特之战似乎本应是可以避免的。这种意见主要来自两方面，首先是英国军界的批判性意见，我们在前文中也屡次提到，即认为英国分兵支援希腊是重大失误。后来成为蒙哥马利元帅参谋长的著名将领德甘冈，甚至都不承认英国干涉希腊对于拖延德军进攻苏联的意义，他谴责这次冒险实为一次政治赌博，从战略意义来看几乎不值一提。其次的批评则是在克里特空战以后，有军事史家指出，在二战中这一最引人瞩目也最惊人大胆的表演中，英国人充当了表演中的牺牲品。因为事先英国人对于德军实现跨海夺岛的可能性预估不足，而正是这种奇袭导致了英国在这次作战中的失利。

自从德军以闪击战迅速占领南斯拉夫和希腊以后，英国在希腊全境所能控制的区域只剩下克里特岛。即便这种控制，也是非常微弱和有限的。但是，克里特岛不仅是希腊国土的一部分，同时它对于英国人在整个地中海的各项事务来说，也具有极大的战略重要性。

英国海军希望能以克里特岛的苏达湾作为补给港，这样便能够对马耳他岛提供有效的掩护。如果英国海军在克里特岛的防空设施足够巩固，那么这对于击退任何自海路进犯的敌军也大有裨益。问题在于，克里特岛距离罗德岛实在太近——仅有100英里之遥。而意大利在罗德岛上则建有要塞，其机场设施也相当巩固。虽然早在1941年初，英军就试图夺取该岛以解除威胁，同时英国也将海军的基地机动保卫队调至中东，为夺取该岛做准备。但是由于希腊本土的事态发展，便拖延了这一行动。现在德国在巴尔干地区的迅速进展，不仅使夺取罗德岛的计划无从谈起，连克里特岛还能否守得住都成问题。

再来看克里特岛本身的具体情况。它是地中海上的第五大岛屿，也是爱琴海最大的岛，这里是古希腊文明的发祥地之一。它西边邻近西西里岛和马耳他岛，东边是塞浦路斯岛，越过塞浦路斯岛就是叙利亚。往东北方向，不过100多英里便是土耳其。向南，到埃及的亚历山大港不到350英里，其战略位置的重要性，当然是不言而喻。克里特岛本身的地形决定了英军所采用的防御措施的性质和防御地域的选择，也直接或间接地决定了在该岛作战的条件。克里特岛东西长160英里左右，平均宽度20英里，最宽处也不过37英里。岛上有四条山脉，全都光秃陡峭，南部沿岸地带狭窄，不仅入海坡度大而且没有良好的舰船锚泊地。岛上的大部分河流急湍而下，穿过深谷而北流入海，对部队实施东西的横向运动构成严重障碍。在北部，陆地平缓地延伸入海，在首府干尼亚附近有狭长的平原。岛上最好的港口与舰船锚泊地都在北岸，苏达湾是岛上最重要的锚泊地，在其南岸只有几个渔村而根本没有港口。

这种地势对岛上的战事显然十分重要。南部沿岸缺少航运设施，这意味着驻克里特岛的英军只有通过北部沿岸的港口提供补给物资，而这些地方却最容易遭受德国的空中袭击。同时，这也延缓了英国海军抵达港口的时间，它们必须在海上行驶更多的路程，也就更容易遭到攻击。英国军队在岛的北面修了一些机场和防御工事，因而部队也只能在北部布防。当然德军也只能从北面进攻。但克里特岛的初夏常常是晴空万里、阳光普照，这种能见度极高的气候对享有制空权的德军非常有利，却对守岛的英军十分不利，因为他们的一举一动都被隔海的德国人观察得清清楚楚。丘吉尔也分析道，克里特岛的地理形势的确使防御甚感困难。它唯一的公路在北部海岸，岛上所有易受攻击的据点都在公路沿线，每个据点的防守必须依靠各自的力量。一旦这条公路被敌军切断并由重兵把守，英国人完全无法将后备部队调至受威胁的据点。这些都使得英军在克里特岛的形势不容乐观。

当大部英国和希腊军队从半岛撤退出来时，原本应作为海军基地的克里特岛，瞬间成了直面战线的最后据点，此时仅有2.2万名英联邦军队防守该地。韦维尔将军所能办到的，只是增派1个山炮连，6个重高炮连，3个轻高炮连，并向岛上运送两个月的补给物资。这种局势表明，在希腊战败的英军必须再次投入克里特岛的保卫战。当他们撤到该岛时，岛上的形势发展得如此之快，以至无法投入更多的部队守卫该岛。英国人只好尽人事，听天命了。即便如此，丘吉尔首相仍雄心勃勃地盼望在克里特能够挫败德军，创造一个奇迹。他在4月28日致英国中东总司令韦维尔的电报中曾表示，这是消灭德国伞兵部队的大好机会，并希望他能够坚守克里特。然而，负指挥作战之责的韦维尔将军却没有这种心情，他在给首相及参谋长委员会的复电中，列举了该岛的地形限制和防御态势，以及德军在此地享有的制空权，认为坚守该岛面临巨大困难。尽管他前不久在北非挫败了意大利的军队，但是北非战场的经历使韦维尔将军体会到飞机在现代战争中的威力，而克里特岛上不仅机场设备不全，战备不充分，而且还没有使用这些机场的飞机，这就是说他们只能干瞪着眼等待德国人的空中袭击。

除了空运撤走的部队外，英国海军在4月底5月初又从希腊本土撤走了50732人。由于到亚历山大的路途较远，所以大部分部队被送往了克里特岛，由于英国当局将拯救人员置于首位，所以除了步枪和机枪外，所有的武器装备都只能放弃掉了。结果，这些撤到岛上的部队由于缺乏武器装备，在夺岛战役开始后不仅未能发挥战斗效能，反而成为克里特保卫战的额外负担，延缓了英军在岛上的作战进程。

英国当局原来的计划是把这些疲惫不堪的人员转运至埃及，但目前看来这个计划是行不通了。此时驻岛英军不得不尽量利用现有部队，匆忙地堵塞克里特岛防御上的最大缺口。4月28日，一支新西兰远征军在弗赖伯格将军率领下来到克里特岛。弗赖伯格本以为他的部队只不过暂时在此落脚，马上要中转去埃及。谁知两天后，韦维尔将军到岛上视察防御设施后，宣布了新的决定，任命弗赖伯格为岛上守军的总司令。此前，丘吉尔曾向帝国参谋长建议任命弗赖伯格为克里特岛守军司令，因为他与后者结识多年并且充分了解他自一战以来的卓著战绩。这项建议得到了韦维尔将军的同意，于是弗赖伯格就成为这个岛上频繁更换的指挥官中的第七位，也是最后一任司令官了。显然，这位将军有坚强的意志和决心，来完成这个艰巨的任务，但新西兰政府却大为不满，因为这支军队——其编制为一个师——原本是要部署在埃及地区的，那样他们至少还处于第二线作战。而现在英国的要求却是将新西兰军队放在了抵抗德军入侵的第一线，这自然会引起恐慌和信任危机。后来丘吉尔亲自致信新西兰总理并从中斡旋，这支部队坚守克里特岛的事才算最终敲定。

早在4月27日，英军中东部队司令就获悉了德军在希腊本土备战的情报，表明德军将同时从海上和空中进攻克里特岛。对于能否真正守住该岛，很多英军将领并没有把握，而5月1日坎宁安海军上将作为地中海部队总司令，对形势作的估计加强了英军保卫克里特岛的决心。根据他的观点，必须尽量阻止德国占领该岛，阻止的时间越长越好。其理由是，如果德军占领该岛，岛上的机场就会使德国空军轻而易举地对马耳他岛施加压力，这将给英国向该岛运送物资造成困难。而且德国空军还将能在北非沿海海域投入更大的兵力作战。当然，德国人还可由此轻而易举地进攻塞浦路斯岛。因此，无论有何种困难，坚守克里特岛都是应该的。

迄今为止，英军已在克里特岛集结了足够的兵力，所短缺的主要是各种装备和物资。弗赖伯格将军在5月5日曾向丘吉尔报告，他认为大可不必神经紧张，对于空降部队的攻击更是不必忧虑。他当时并没有预料到德国空降部队的进攻规模将会是那么巨大，他主要的担心还是敌军有组织地从海上大举进攻。因而，只要给他足够的火炮和战斗机，他就有信心用他的部队粉碎德军的空降突袭，守住该岛。但是丘吉尔却不似他那么乐观，他对于空中的威胁仍然感到很忧虑,克里特岛的既有防御体系的严重弱点是,缺乏空中支援以应对德军的俯冲轰炸机,也没有能力拦截对方的空降部队,就连高射炮这种装备都是相当缺乏。由于前一阶段英国皇家飞机的损失严重,而生产的飞机数量又有限,所以直到5月13日,弗赖伯格将军手下也才只有6架"飓风"式飞机可以作战。随着德军压力的增大,为防止这些飞机还没有作战就被摧毁,只好把它们转移到埃及去。当时丘吉尔用来增强防御的办法只能是,加送一些"步兵"坦克去增援。因此,当德军开始发动袭击时,岛上的守军连一架飞机也没有了。当然,这从另一个角度讲,德军的作战意图已是路人皆知,所以在战略上根本不存在突然袭击的问题。

具体来看德国空军的状况。一直以来,戈林都致力于建立一个能够进行大规模着陆的强大空降部队,而在德国那些热心忠诚的纳粹青年中间,这支部队获得了其源源不断的生命力。德国伞兵要想在夺取克里特岛之战中充分施展效用,就必须获得白天的制空权。不幸的是,与不列颠空战时期不同,克里特之战由于英军飞机的缺席,其制空权完全让给了对手。而前已述及,使情况更为险恶的是,在这一战役中德国人倾注了其可能调动的全部兵力,因而其规模就显得相当巨大。这是戈林在空军方面的卓著成就。德军从空中夺取克里特岛的计划称之为"水星"作战计划,其模式是以空军为主,由国防军三军相互配合作战。作战的主要任务交给了勒尔将军指挥的第四航空队,其编制构成有沃夫拉姆·冯·里希特霍芬将军[①]指挥的第八航空军和施图登特将军指挥的第十一航空军。海军的支援作

[①] 此处的沃夫拉姆·冯·里希特霍芬是第一次世界大战中德国空军英雄曼弗雷德·冯·里希特霍芬(Manfred Albrecht Freiherr von Richthofen)的堂弟。

战则由东南舰队司令部舒斯特尔海军上将负责。

德国空军迅速在希腊的雅典附近集结，但机场和后勤状况却不太理想。经过一段时期的努力，德军的500多架飞机总算布置完毕。但德军在连胜之后，对克里特岛的情报工作却干得极为糟糕。例如，他们认为，希腊人"将不愿继续作战"，英国兵已"士气沮丧"，一旦遭到德军攻击也"不会认真抵抗"，可是他们却做好了战斗准备，而且勇敢顽强。那些负责指挥克里特岛作战的德国指挥官们还对岛上居民的态度做了错误的估计，甚至认为岛上居民会劝说英军撤离以免遭战火。而实际上却是，岛上的居民都积极地支持英军抵抗德国侵略者。结果，德军对敌军战斗力的错误估计给整个作战的胜利造成了威胁，使第十一航空军遭到了极其严重的损失。

反之，英国在军事上虽然连遭失败，但情报工作却卓有成效，加之德国伞兵部队已经在科林斯作战，因此德军再进行闪电战式的突袭已不可能。由于英国在希腊的间谍活动既活跃又有效，它对德国伞兵部队与运输机联队在雅典附近集结、装船和运输的情况了如指掌。结果，以亚历山大港为基地的英国海军部队从5月15日开始便在克里特岛附近的海面上巡弋。岛上的部队也处于高度戒备的状态，准备迎击德军的进攻。德军尽管在侦察上有所失误，制订的战役计划倒是颇为周详的。由施图登特主导的作战计划，大致将整个战役分为四阶段，即夺取制空权阶段、占领登陆场阶段、集结兵力阶段和歼灭岛上防守部队阶段。为保证得到空军的全面支援，最初的空降突击分两波实施。首先，第一波突击西部的马利姆和苏达港地域；然后，待运载第一波部队的飞机飞返后，第二波突击雷西姆农和伊腊克林地域。这两次突击将得到伞兵部队的加强和机降部队的支援，继而得到海上登陆部队的支援，直到占领全岛。参与此次作战的第八和第十一航空队，共拥有轰炸机433架、歼击机233架、运输机500架、侦察机50架、运输滑翔机72架以及隶属于第十一航空军的第七空降师。此外，还有一个独立空降团、第五山地师和登陆部队约7000人以及各种舰船约70艘。

从这个计划的具体部署可以看出，入侵克里特成功的先决条件就是占领三个机场：伊腊克林机场可以起降各型飞机，马利姆机场只能起降战斗机，而雷西姆农机场尚未建设完工。如果在攻占其中的一个机场时遇到困难，还可迅速将空降部队转移到处于德军占领的其他机场去。而英军尽管做了大量的情报工作，但对德军的这一意图却十分茫然，至少是没有做出相应的对策。而且，当大规模德国空军团纷至沓来时，岛上的英国人在惊诧之余还以为这只是德军的先头部队，更大规模的主体战斗集群还在后面，从心理防线上就被德国人压制。事后才被证明，为了攻占克里特岛，戈林已经是将全部的空军军团送到了克里特岛上空。这样，德军占领克里特岛几乎已成定局，区别只在于德军付出多少代价而已。

1941年5月20日凌晨5时半至6时，德空军第八军向马利姆和伊腊克林的机场以及干尼亚城周围的防空设施发动了预备性的进攻。在7点1刻，又再一次对上述地区发动了攻击。尽管英国守军作了非常周密的准备，但近500架参战的德机只损失了7架。德军在空袭之后，随即空降了3000名左右的伞兵，而岛上的英军几乎有2.8万人之多。这样，德国的空降部队就遇到了出乎意料的猛烈抵抗。德军在战前并未发现这些部队，因此这些空降兵对这样的反击没有足够的心理准备。有的伞兵在空中就被打死，有的刚刚着陆就被击毙，许多人虽然顺利着陆，但却无法得到他们全部的武器装备。当然，这些死里逃生的德国人都是最顽强的战士，他们一旦能拿到武器就马上向对手发起进攻，甚至在人数上处于劣势时也是如此。而他们的对手却没有受过这样的作战训练，显得有些惊慌失措。再加上他们对德国空降部队究竟有多少数量也没有个概念，心里更是没底。但这些英国士兵还是尽可能地打得凶猛，这种顽强抵抗使德军遭受到重大损失。

德国空降兵的西部大队与中部大队在战斗一打响便失去了它们的指挥官，使局势变得更为复杂。中部大队的指挥官聚斯曼中将作战刚开始便因滑翔机在埃吉纳岛坠毁而毙命，第十一航空军的战报说，聚斯曼将军乘坐的滑翔机在空中被一架"亨克尔"式111型飞机追上时"机翼掉了下来"，这显然是由于空气压力的缘故。西部大队司令官迈因德尔少将也在着陆前受了重伤。而德军作战室直到下午才了解到这些情况。因此当大批运输机安全返回时给基地的印象是，德军的第一波已按计划着陆成功，而实际上当时驻雅典的空降军司令部丝毫没有得到空降部队的消息。中午接到中部大队的一个电报，但仍未改变司令部所抱有的乐观态度，所以第二波攻击部队仍按原计划出发。轰炸机编队按原计划在15时飞临雷西姆农与伊腊克林的目标上空，企图摧毁敌人的高炮阵地，或至少要压制住敌人的火力。然后，由战斗机掩护作战部队跳伞，压制对方的防御火力。由于这些飞机的航程短，在目标上空停留一小时后便只能返航，因此，大部分德军是在失去战斗机掩护的情况下着陆的，人员伤亡自然大大增加了。

德军的中部大队现在由施图尔姆上校指挥，任务是占领雷西姆农机场，然后向苏达湾推进。东部大队则由布罗伊尔（Breuer）上校指挥，任务是占领伊腊克林城及其机场，并保证后续部队空降着陆。这两个大队均遭受到严重的损失，原因与第一波攻击部队一样，它们都降落在防守坚固、伪装巧妙的英军防御阵地中心。此外，一些无经验的运输机机组人员犯了错误，把伞兵降落在错误的地点，又造成了更大的混乱和损失。结果，这两支德国部队尽管顽强作战，但还是未能按时完成作战计划，两个机场仍然被英军控制着。此时，英国高层对克里特岛前线的作战有着相当的信心，丘吉尔根据其所接获的报告，认为先期空降的德国入侵者已经受到遏制。但是到了晚上10点，在弗赖伯格发给韦维尔的电报中，他声称虽然英军仍然控制着3个机场和2个港口，但是面对德国人的攻势，他们能坚守下去的困难增大，战斗愈发激烈，而交通条件则越来越差。同样在5月20日晚上，德军也对作战情况作了检查，承认在4个空投伞兵的地点，英军的防御都比预想的要强得多，而且最糟糕的是，预定要占领的3个机场没有一个被攻占，如果不能马上将第五山地师空降于克里特岛，岛上的德军完全有可能被英军消灭。因此德军必须不惜一切代价夺取一个机场。他们认为，夺取距德军在希腊的空军基地最近的马利姆机场把握较大，因为这个机场较小，英军的防守也较薄弱。事实上，能否夺取这一机场几乎决定着克里特岛之战的最后结局。十分幸运的是，德国人这一次得手了。

  马利姆机场南面的107高地是英军防御的要点，但德军在战前的空中侦察却未看出它的重要性，所以只派了一个加强连，搭乘滑翔机向107高地发起突击，结果伤亡惨重，未能成功。西部大队指挥官迈因德尔少将着陆后意识到该阵地的重要性和对方兵力的雄厚，他立即增加四个连的兵力向机场方向实施正面进攻，另外派两个连从南面包围高地。马利姆周围的阵地由新西兰的第二十二营把守，当营长安德鲁中校认为不能对其部队实施有效的指挥后，便趁着黑夜撤离了阵地，正是这次"马利姆的撤退"导致了整个克里特岛的失陷。

德方决定在5月21日集中力量进攻马利姆。5月21日上午，一架容克飞机在马利姆机场降落，但依然受到英军的攻击。看来，要增援西部大队，并使机场完全置于德军的控制之下，还必须空降伞兵来增加兵力。于是德军继续空投伞兵，终于在下午5时占领了马利姆，并且牢固地控制了机场。德国空军第八军在进攻中发挥了很大作用，它们完全获得了制空权，并向英军的防御阵地进行了猛烈的攻击。一批德军的山地营空降到了马利姆机场，虽然仍遭到了不少损失，但他们现在毕竟已占领了一个桥头堡，可以巩固阵地，稳步地向前推进了。在中部大队方面，虽然得到了大量飞机运来的弹药补充，德军占领加拉塔斯周围高地的企图却失败了。他们的进攻遭到损失，受到很大的削弱，只能扼守已攻占的阵地，牵制英军的部队。而在伊腊克林附近，德军空降的东部大队被切成两段。西段的德军在自己空军的支援下，试图突入伊腊克林，刚开始的时候他们进展还不错，但后来却遭到英国人的猛烈反击，结果那些已经突入该城的部队只好撤出。东段的德军由布罗伊尔上校指挥，企图占领机场，但由于没有重型武器，进攻毫无取胜的希望。因此，德军的空降部队也无法在伊腊克林着陆。

德军原定轻而易举地夺取3个机场的计划，如果不是因为马利姆机场的新西兰第二十二营的撤退而意外地夺取了该机场，几乎是全部失败。但由于占领了马利姆机场，形势就完全不同了。德军的增援部队已源源到达，第五山地师师长林格尔将军现已升任西部大队指挥官，翌日，该师的三个营在马利姆机场登陆。岛上的德军得到了增援，但要扩大战果，则必须得到更多的重型武器，而要运送重型武器，靠空军是不可能的，只有依靠海军了。而英国人在东地中海丧失了空中优势，却想凭借海军的优势来阻止德国船队登陆。因为他们认为，德军单靠空军来夺取克里特岛是不可能的，所以德军最后只能从海上登陆。双方各自的考虑，导致了第二次世界大战的第一次"海空之战"。

德空军第八军收到了如下指令：在作战的准备阶段，要不断监视克里特岛周围的海面，并击沉所有在该地区发现的英方运输船。德空军第八军将此任务完成得很好，并宣称在5月20日开战前，已击沉或重创27艘敌舰船。5月20日至21日夜间，英国海军部队绕过在其东侧的克里特岛，又穿过该岛西侧的基西拉海峡，搜索了克里特岛以北的海域，并沿该岛北部的海岸巡弋。英国海军在搜索过程中，轰击了斯卡潘托机场，但未造成很大破坏。而德国空军第八军看到时机已到，便于5月21日清晨向正在撤退的英国海军发动攻击，结果击沉了英国"天后"号驱逐舰，重创1艘巡洋舰。赶走英国舰队后，德方的运输船队便起航向克里特岛的马利姆行驶。但是，英国的侦察机发现了这一情况，于是，当晚皇家海军又再次对德国的船队发起了攻击，以出一口在白天受德国空军袭击的闷气。结果，德船队被击沉10艘，其余的舰船只能四散返航。第二天，第二支德国运输船队又遭到第二支英国特混舰队的攻击而被立即召回，损失了两艘舰只，只是由于护航的意大利鱼雷艇的英勇作战和德国空军的掩护才得以减少损失。在这次海战中,一个引人注目的现象出现了:在单独作战中不堪一击的意大利海军,在与德军配合作战时却突然变得威力大增,成为一支战斗力很强的部队,这是英德双方都始料不及的。

由于5月22日这天,英国皇家海军在白昼袭击了德国船只,也就自然引起了德国空军的参战。结果,这天成了军舰、轰炸机和俯冲轰炸机激烈对抗的一天。在激战中,英国有两艘巡洋舰和一艘驱逐舰被击沉,"水中仙女"号巡洋舰与"厌战"号战列舰被重创,另一艘巡洋舰和战列舰受到的损伤较轻。英国海军虽然在白天赶走了德军的运输船,但自己也付出了极为高昂的代价。至5月23日,得到加强的德国空军第八军又对在克里特岛以南海域发现的英国军舰进行了攻击,结果击沉了"卡西米尔"号与"凯利"号驱逐舰。德军在这场海空之战中已获得累累战果,但对于最终能否在这一海域的争战中获胜却没有十分的把握。

虽然英国海军上将坎宁安认为,海军已无力支撑下去,但此时英国国内的态度仍然较为乐观,丘吉尔在下院演说时声称德军的空降部队已遭歼灭,英国中东司令部还连续两天谈到德军已被肃清。不管英国的地中海舰队遭到多大损失,伦敦对于德军不能从空中夺取克里特岛还有相当把握。因此,虽然坎宁安将军向英国当局的报道中提出了较为务实和保守的防御建议,但是海军部却并不接受这种妥协,它向在亚历山大港前线的海军上将复电指出:

> 如果只是地中海舰队和德国空军进行较量,我们也许只得接受你所建议的关于舰队行动的种种限制。但是,除此而外,

还有保卫克里特岛的战争。如果在我驻在克里特岛的陆军得以顺利应付所有敌空降部队以前，舰队能够阻止敌人经由海路向该岛运送援军和给养，那么我驻在该岛的陆军就或许能够击败敌人海运部队的袭击。因此，在这一两天内极为重要的任务是**阻止敌海运部队抵达该岛，即使舰队受到更多的损失也在所不惜**。海军部各长官充分了解你的舰队在执行任务中遇到的莫大困难。

海军部还提到，英国的海空军必须在白天作战，准备蒙受巨大的损失。在这样的情况下，受到严重损失的英国海军只能坚持作战，但他们像之前那样主要还是在夜间进行。5月26日，英国地中海舰队唯一的航母"可畏"号也参加了战斗，以12架舰载机袭击了岛上的德军机场。于是，当天下午它就遭到了德国空军的报复，有两处直接中弹从而使它失去了战斗能力，而一艘随行的驱逐舰也被炸掉了船尾。第二天，另一艘"巴勒姆"号战列舰也遭到德国空军的攻击而受到重创。

尽管伦敦不愿承认失败，但事实已经证明，没有空中优势的舰队是无法与敌人的优势空军作战的。英国海军想利用自己的海上优势去遏制德军的空中优势，但在这场海空之战中，英国人显然是失败了。当两国的海空军在激战时，岛上的形势也在迅速发生变化。5月22日夜晚，德军由林格尔将军接管了马利姆地区的指挥权，他重新组织部队以巩固阵地，然后逐步向前推进。在向克里特岛东部的干尼亚与苏达湾开进时，林格尔把他的部队分为两个大队，一个由他的山地部队组成，向南成扇面向前扫荡；另一个则由伞兵部队组成，任务是沿海岸向前推进。德军在这样有组织的战斗中，迅速扩大了战果，5月23日晚他们就与干尼亚以西的中部大队会合，这样，德军获得了上岛后的首次胜利。

从5月24日起，德军有秩序地调来更多的援兵编进林格尔将军指挥的大队里，使他得以实现自己的战略意图。但他要得到足够的物资和重装备，光靠空军还是不够的，尤其是要运进坦克这一类重型武器，还是必须由船队运输。结果，德军在逐渐控制海峡局势后，终于可以向岛上用船运送装备了。到5月28日那天，已经有一艘拖轮把4辆坦克运进了马利姆。但在此期间，英国海军付出的巨大牺牲的确还是延缓了德国人的进攻。5月24日，林格尔大队的进攻在加拉塔斯受阻，英军在那里构筑了坚固的阵地。在干尼亚以西的高地上，弗赖伯格将军集中了苏达湾地区的所有部队，争夺克里特岛的最后一战就在这里进行。5月25日，英国的空军从埃及出发向德军发动攻击，但不仅为时已晚，而且成效也不大。5月26日，德军又有一个山地团在马利姆机场着陆。同日，德军飞机向干尼亚发动了猛烈的轰炸，陆战部队终于突破了该城以西的英军阵地。

在5月26日清晨，弗赖伯格将军已十分清醒地认识到，克里特岛的失陷已不可避免。他向英国中东部队总司令韦维尔报告了自己的想法，指出部队在敌人的轮番攻击和集中轰炸后，已到了山穷水尽的地步，如果马上撤退，还可救出一些参战部队，否则就来不及了。当然，这位英勇的将军绝没有辜负丘吉尔对他的信任和赏识，他本人同时也表示，如果出于整个战略需要，他的部队将尽力死守。他在26日晚间发给韦维尔的电报中详细说道：

我很痛心，不得不向你报告，我认为在我指挥下防守苏达湾的部队已经到了人力所能忍受的限度了。无论各位总司令根据军事观点做出什么样的决定，我们在这里的阵地是守不下去了。像我们这样一支装备不良而又缺乏机动性的人数不多的部队，是抵挡不了我们在过去七日中所遇到的集中轰炸的。我觉得应该告诉你，从后勤观点来看，要全部撤出这支部队有不可克服的困难。如果立刻做出决定，其中的一部分还可以登船。这一战区一旦被攻陷，敌人用同样的方法拿下雷西姆农和伊腊克林将不过是时间问题。除了威尔士团和突击队外，所有我们的军队都已经不能采取任何攻势。如果你从整个中东局势考虑，认为争取时间是有用的，那么，我们当继续坚持。我却不得不考虑怎样才能最有效地达到争取时间的目的。苏达湾可能在24小时之内处于敌军炮火之下。又有新的严重的伤亡，我们固守的大炮多半已经丧失了。

弗赖伯格是一位心如铁石、拥有坚强意志力的军人，这些话出自他的口中，也就表明此项判断是毫无疑问的了。接获其电报后，韦维尔遂向丘吉尔请示处置，但即使在此紧要关头，首相仍对战况留有一线希望，他在27日分别致电弗赖伯格和韦维尔时还讲道：

你（指弗赖伯格——引者注）所进行的光荣的保卫战受到各地人们的敬佩。我们知道敌人已处于困境。我们正就力所能及给予你以各种援助。

（首相致中东总司令）克里特岛的胜利，在这场战争的转折时刻是极为重要的。望继续投入一切可能的援助。

但是就在 5 月 27 日当天，德军彻底粉碎了干尼亚英军的抵抗，占领了这个城市。岛上局势开始失控的当晚，韦维尔致电首相时说：

1. 我恐怕克里特岛的局势已经到了最严重的关头。干尼亚前线已经崩溃，苏达湾看来最多不过能再保持 24 小时。已经无法投入援军……

2. 我们在该岛的军队，多半是在希腊受过敌人压倒之势空袭的严重考验的，现在，他们在克里特岛又受到同样的磨难，而且空袭规模有增无减。这样继续不停而又无法抵抗的空袭，必将迫使最顽强的军队迟早都要放弃阵地，并使后勤支援实际上无法进行。

3. 刚才接到弗赖伯格的来电，据称保全苏达湾地区军队唯一可行的办法，就是撤退到岛的南部海滩上，昼伏夜出。据称，雷西姆农的军队已被切断，给养告罄。伊腊克林的部队显然也快要被包围了。

4. 我恐怕我们必须承认，克里特岛不能再守下去，部队必须尽量撤出。敌人空袭的规模空前强大，而且由于多种客观原因，这种空袭几乎没有遇到任何抵抗，要想抵御这样的空袭的威力是不可能的。

最终，英国最高军事当局同意了撤退计划，撤退从 5 月 28 日晚开始，到 31 日晚结束。在这期间的 28 日和 29 日，德军又继续进占了苏达湾和雷西姆农，并与在伊腊克林的东部大队成功会合。从克里特岛的这次撤退，和从希腊本土的撤退一样都具有"敦刻尔克式"的悲壮。在短短的几天之内，而且仅能利用夜间的几小时，英国的海军和商船队就救出了16500人。但是，皇家海军也付出了足够惨重的代价：他们的3艘巡洋舰和6艘驱逐舰被击沉，13艘军舰遭到严重破坏，包括两艘战列舰和地中海舰队仅有的一艘航空母舰，海军官兵足足伤亡了2000多名。英国的地中海舰队又一次完成了"不可能的任务"，尽管仍有约一万名士兵被困在岛上，但是这一成绩已是很了不起。当5月31日英国当局还在讨论是否继续进行海上撤退行动时，面临已遭受的重创，坎宁安海军上将给出了他的那句著名的答复："海军建造一艘战舰需要3年，而创立一项光荣传统则需要三百年。救援将会继续。"这所谓的"光荣传统"指的是什么？那就是无论英国军队在哪里身陷绝境，从敦刻尔克到希腊，再到克里特岛，他们总是可以指望得到皇家海军伸出救援之手。而这也可以解释，为什么英国最高当局在大战初期屡次出现战略误判，却总能在山穷水尽之时从容转移，绝地逢生。从很大程度上来说，这些都归功于近代以来英国对世界海权的控制，从而形成了坚定的战略自信。

现在我们可以对克里特岛之战做一个简单的总结了。克里特岛之战以德军的再次胜利而结束。然而，与前面几次地中海区域作战的最大不同之处在于，这场战斗对双方来说都是一场硬仗，双方都付出了沉重的代价。可以说，这一仗才是交战双方在地中海与北非战场上的第一次真正的交手。

从德国方面来说，希特勒对夺取克里特岛的胜利虽然高兴，但为此付出的代价却使他沮丧，这次胜利和以前的几次大不相同，先前德军的胜利几乎不花什么代价，但俘获却大得多。比如，在南斯拉夫和希腊，德军的装甲部队虽然遇到高山的阻碍，但却像驰骋在波兰和法国平原一样所向无敌，轻而易举地俘获了9万名南斯拉夫军，27万名希腊军和1.3万名英军，而他们自己仅仅死伤5000人（当然，英国的报纸夸大德军损失在25万人以上，即便是英国官方都声称德国损失人数在7.5万人左右）。与之相比，在克里特岛之战中，虽然英军伤亡和被俘的总人数近1.8万人，但德军也大约死亡4000人、负伤2000人，这个数字超过了整个巴尔干战役的伤亡。尤其重要的是，这次伤亡的主要是德国的新型部队——伞兵，在英国握有制海权的情况下，这是唯一的一支能渡海作战的部队。即便这支部队的伤亡总量尚不及英军数量的三分之一，但这个事实本身对于希特勒的信念也是一个打击。之后他常就此评论说"伞兵的时代已经过去"。可以这样讲，这次战役毁掉了德国伞兵的前程，从而大大减少了英国及其盟友再次受到"自天而降"的威胁，这对英国人以后的作战无疑是相当有利的因素。

  从英国方面而言，韦维尔将军上一年冬天把意大利军队在北非打得落花流水的胜利，不过是乌云中迸出的一线骗人的阳光。在这里与真正的对手一碰，英军的防线立即又土崩瓦解。因为1941年初隆美尔到达北非以后，他在4月份仅仅用了10天时间就将英国人赶出了昔兰尼加。这对英国人刚刚恢复起来的一点自信，不能不说是一个沉重的打击。由此就使得丘吉尔急迫地希望在地中海战场上能有一个胜利，以抵消北非的阴云。但是实际情况却是，英国人在地中海上不仅未能转运，反而迎来了第二个失败。这样在德国人手下再三吃败仗，加之同时期德国空军对英国本土发动了新一轮空袭，短期内看，这些都使得英国人对前途的期望愈发悲观。

此外，克里特岛之战还出乎意料地揭示了一个问题，即现代海军的力量依赖于空军的制空权，它表明，一支没有强大空中支援的舰队注定一事无成。英国皇家海军司令坎宁安上将在他的报告中对此阐述得十分清楚。他说，地中海舰队不得不为它要获取的胜利付出高昂的代价，如果是在大规模的海战中，这是十分自然的，因为对方也会付出极大的代价。但现在的问题是对方的舰队根本没有作战，战斗只是在飞机与舰艇之间进行，英国海军自己的惨重牺牲，除了击落对方的几架飞机外，几乎得不到什么报偿。英国的历史学家认为，中近东地区的战争越来越变得像一场争夺飞机场的作战，而土地的得失则取决于自己的补给线是否处于有利位置。从这个角度看，克里特岛的丧失对英国在该区域的地位是一个沉重的打击。

现在，克里特岛既已失守，英国在地中海上各军事基地的部队都直接受到德军的威胁，似乎转瞬之间德军就要像横扫西欧一样席卷这一地区了。但是出乎英国方面的一切料想，希特勒对于其在地中海战区的第三次胜利却不曾加以扩张，他本可以进一步跃向塞浦路斯、叙利亚、苏伊士或者马耳他。因为正如我们在前文中屡次提及的，希特勒的战略重心始终放在进攻苏联，在克里特岛失守的一个月后，他就发动了入侵苏联的战争。从那个时候开始，他就放弃了可以轻松地将英国人赶出地中海的大好时机。希特勒对于地中海战场的总体战略期待，从德国空降部队司令施图登特将军的回忆中可以得到印证：

"在到达了希腊南部之后,他(指希特勒——引者注)就想结束巴尔干战役。当我听到这个消息之后,就飞去见戈林,并提出仅用空降部队夺取克里特岛的计划。戈林这个人是很容易说服的,而且他也很快地认清了这种构想的可能性,于是要我去见希特勒。我在 4 月 21 日见到他。当我首次向他解释这个计划时,希特勒却说:'那说起来是很有道理,但我认为在实际上是不可能的。'但我终于还是把他说服了。"

施图登特进而论述了空降部队的重要性,他说原本是想通过海运将部队送到克里特岛的,但是最后并未实现。因为他们缺乏海运的必要工具,他们在希腊本土所能筹集到的都是小型船只,而且这支船队在运输重型武器去克里特岛的途中遭遇英国舰队,结果被全部击沉。这样一来就使得德军不得不将希望都放在空降部队上,当马利姆地区的英国守军遇到德国空降部队时,他们并未意识到德国将在这里孤注一掷:首次受阻以后,施图登特决定将剩余的伞兵部队也全部投入,结果守岛新西兰部队的抵抗被压了下去。马利姆失守以后,克里特岛的局势才开始扭转。

虽然德军夺取克里特岛的胜利乃是一个"险胜",但是这种伤亡的代价也并不能用来反证英国的战略部署更为明智。丘吉尔在回忆录中曾说,德国在这次战役中丧失了它最精锐的伞兵部队,戈林在克里特岛所赢得的只是一场得不偿失的胜利,因为这些武装力量本来可以轻易地夺取塞浦路斯、伊拉克、叙利亚甚至波斯。姑且不论希特勒德国是否在当时就已经有了如此长途奔袭的作战计划,但就丘吉尔说这话的历史背景来看,也颇有点"事后诸葛亮"的意味。

虽然德军由于缺乏情报而对岛上英军的布防做了错误的估计，但是英国守岛部队在面对德国的空降部队时也并未显得更加清醒，就连丘吉尔自己都曾说："当刚一交锋时，我们不知道德国的降落伞部队究竟有多少。第十一空军军团也许只是六个空军军团之一。一直到几个月以后，我们才弄清楚它原来是唯一的一个。"

六
隆美尔出现在非洲

如果希特勒当时不是派隆美尔，而是派其他任何一位将军去北非援助意大利人，这一战区的历史肯定会完全改写。

1940年2月，一个狂风呼啸的早晨，当6点钟的天空还漆黑一片时，一个年近50岁的健壮男子已独自沿着戈德斯贝格一条狭窄的林间小路开始长跑了。这就是埃尔温·隆美尔将军，德国第七装甲师的新任指挥官。正如第一个替他写传的杨格准将所说，他是一个"战斗动物"。

隆美尔在军事史上的地位完全缘于他在战场上获得的成功，换句话说，他的成功乃是由于他的战术天才而不是战略上的创见。他的军事素质是令人惊讶的，因为他的家族历史很平凡，他并不像德国军队里面很多将军那样出身于贵族世家，他的祖父和父亲都是小学教员。隆美尔本人也不是一个普鲁士军国主义者。他于1891年11月15日出生在德国南部的海登海姆（Heidenheim），此地距离乌尔姆城有45公里，在德意志帝国时代这里尚属于符腾堡王国（Kingdom of Württemberg）。隆美尔的父亲也叫埃尔温·隆美尔（Erwin

Rommel Senior），虽然年轻时曾经是德国炮兵的中尉，但是后来主要在阿伦（Aalen）的学校里担任教职，并成为这个学校的校长。在他与妻子海伦·冯·吕茨（Helene von Luz）的4个子女中，隆美尔排行第二。隆美尔后来曾写道，他的童年是在愉快幸福中度过的。

隆美尔后来在战争中体现出来的技术能力，在他的早年生活中就有迹可循。在14岁的时候，隆美尔和一位朋友制造了一架全尺寸的滑翔机，并且成功进行了短程试飞。后来，他购买了一辆摩托车，回家后就把这台机器完全拆解开，然后再自己动手重新组装起来。在20世纪初的德国，许多年轻人的理想是要成为工程师，而隆美尔也是他们中的一员。但是在18岁那年，他遵照父亲的意愿加入了符腾堡第124步兵团，这期间他曾在但泽的军官学校进修。在军官学校期间，他结识了后来成为他妻子的露西亚·玛利亚·莫林（Lucia Maria Mollin）。我们在后面还将看到，隆美尔的夫人不仅是他战争期间众多作战方案和战场分析的主要见证者，而且在隆美尔去世后她也成为《隆美尔战时文件》的主要搜集者和保护人，我们今天还能看到基本完好的隆美尔有关战场的详细记载和分析，端赖她的竭力保护和据理力争。

隆美尔在军官学校的学业结束于1911年11月，翌年年初他被授予少尉军衔。在此之后，他的命运发生了根本的改变。虽然他平时态度和蔼，冷静客观，看上去好像缺乏热情，但这是一种错觉。事实上却是，他将他所有的激情都保留起来，准备用在战场上，那种激情真是一触即发，令人有惊天动地之感。从他的家信和日记中可以看出，再也没有什么比战争更能激发他的热情了。

隆美尔在第一次大战期间相当幸运，因为他几乎都是处在相对

"沙漠之狐"隆美尔

自由的步兵战斗中,而不是处于堑壕中作战。无论他在何时何地作战,他面临战火时的直觉就是立即反攻,而不是考虑他处于何种劣势。他参加的第一次战斗是率领他手下的三名步兵击退挡住其前进道路的近 20 名法军。以后在其一生的战斗生涯中,只要有机会,不论作战规模大小,他都争取这种先发制人的战术。他在任师长时,曾一边指挥他的摩托车驾驶员驾车前进,一边命令士兵用机枪对着任何活动的物体扫射。他的看法就是:"我一再发现,在遭遇战中,哪一方先开枪,往往就是哪一方获胜!"他的这种凭借迅速决策以达到使敌方陷入混乱的战术,为他赢得了巨大的勇气和声望。一战之初的 1914 年,他被授予二级铁十字勋章,1915 年升至一级铁十字勋章。他个人的战绩于 1917 年的卡波里多达到最高峰。在那里,他连续前进了 50 多个小时,在山地中已前进了 12 英里的垂直距离,越过了海拔 7000 英尺的高峰,俘获军官 150 人、士兵 9000 人,缴获了 81 门大炮,而这些战绩都是他在接到上级不要攻击的命令后取得的。此后,隆美尔于 1918 年被授予"蓝色马克斯勋章"(Pour le Mérite,直译为"功勋勋章"。俗称 Blue Max),这项由腓特烈大帝创立的勋章是德国军队中的最高荣誉,相当于英国的维多利亚十字勋章和美国的荣誉勋章。这一荣誉是为了嘉奖他在意大利东北部伊松佐河战役中的英勇领导。

虽然隆美尔的级别逐步升高,他的作战领域也相应扩大,所负责任也随之加重,但是他的作战风格却丝毫也没有改变。他对战争的基本看法是把它看作一种疯狂的冒险,于是对任何无法预测的变化都能泰然处之,即使处于极端的劣势也毫无畏惧。在以后风靡一时的"闪电战"原则,隆美尔早就在步兵作战中运用了,虽然闪电战的最后采用与他毫无关系。从根本上说,他的战术是以向敌人后方作深入的渗透为主。而辅之以只要可能就毫不犹豫向敌军后方地区发动攻势的决心。隆美尔这种性格,似乎天生适合指挥装甲部队。因而,当希特勒同意给他一个装甲师指挥时,他不禁大喜过望。因为他知道比他更合适的人选还有很多。不过事后他又很幽默地说:"这种差事对于那些在陆军总部中的绅士们并不适合。"

隆美尔的到任震动了全师。他的第一个行动便是让全团指挥官们休假,"在我自己掌握情况之前,不需要你们"。然后,他便开始迅速地熟悉情况,日复一日地观察坦克这种庞然大物的表演,掌握它的性能,思考这种武器在现代战争中的作用。在入侵法国之前,隆美尔关于坦克作战的理论和实践,已经有了很高的造诣,他甚至还发展了某些使敌人为之震惊的独特战术。他开始把自己的部下编成各种大小队形组织,用快速与熟练的无线电指挥和重炮轰击的形式进行越野训练。每天晚上,他都要向所有军官,包括排一级军官在内作一些简要的指示,然后再处理文件,直到11点才休息。早上6点他又起床开始跑步,其精力和身体状况都出类拔萃。

1939年第二次世界大战爆发之时,隆美尔是元首护卫司令部的长官之一,能够有许多接近希特勒的机会,而在此期间希特勒对隆美尔在战争指挥方面的思想有了进一步了解。在比利时和法国的战斗中,隆美尔又一次获得了很高的声誉。事实上,所有的德国装甲师在战斗中都有辉煌的战绩,但隆美尔的部队显得更为突出,因为他们不仅独当一面,而且驰骋的距离也最远。在他到任后的九天时间里,他的装甲师以非常危险的高速度向前迅猛推进。他的装甲师像一只长长的食指,直接插入敌人的防线。有时由于前进得太快,竟远远地脱离了自己的大部队,但他们依然自行其是地全速前进,仅与后面的后勤补给保持着一线联系。这种态势实际上非常危险,因为如果敌军采取果断的行动,完全可能切断这个指头,然而正如隆美尔估计的那样,当时的法国军队由于恐慌和混乱,不可能采取这样的行动。李德·哈特强调法军的反应速度太慢:每逢法军统帅部选定一条新的防线时,不等到姗姗来迟的法军预备队开到,就早已为德军的战车所突破了。隆美尔总是冲在装甲师的最前面,他做出决定时也不是采取在地图上画线的方式,或是其他任何遥控的方式。他总是在最前线率领他的装甲师,完全不考虑个人的安危,不过他非常幸运,常常死里逃生。他总是从这辆坦克跳到那辆坦克上,有时也乘坐轻型侦察机飞越战场在前导坦克群中降落。他不喜欢用无线电而是喜欢亲自发口令,因此,在战斗进行两天以后,他的嗓子已经嘶哑。在他之前和之后,有许多指挥官都认为,即便是在胜利后做扩张战果的行动,像他这样坐在战车中向前长途奔袭指挥的方法,也还是过于铤而走险的。

隆美尔率领他的装甲师,以平均每天40英里至50英里的速度向前推进。从卢森堡出发,穿越马其诺防线,直抵英吉利海峡。当他终于迫使圣瓦勒雷城(Saint Valery)的英法守军投降时,一位足以做隆美尔父亲的白发将军,用典型的高卢人的方式拍着隆美尔的肩膀告诫说,"你的行动过于快了,年轻人。"另一个法国人则怀着病态的好奇心问隆美尔指挥的是哪一个师。当隆美尔告诉他以后,这个法国人惊叫起来,"天哪!又是魔鬼之师!最先在比利时,接着是阿拉斯,然后在索姆,现在又到了这里。它一再切断我们的进军路线,我们可是把你们叫作魔鬼之师哪!"于是,从对手的口中,隆美尔所率领的第七装甲师获得了"魔鬼之师"的美誉。在这场不到6个星期的战役中,他的这支装甲师一共前进了350英里,其全体人员中阵亡682人,坦克损失42辆,但他们却俘获了敌军9.7万人,坦克和装甲车485辆,卡车4000辆,火炮数百门。今天我们也许对这样的闪电战不会再感到惊奇,但这样巨大的战果能得到敌人的赞誉,也在情理之中。第二次世界大战已经过去许多年,虽然对第三帝国种种暴行的记忆仍然挥之不去,但是作为军人的隆美尔,在其死后获得了轴心国和同盟国双方的高度评价,便是对其作战风格和军人素质的高度肯定。

在德军西欧作战的过程中,隆美尔有好几次都是与死神擦肩而过。有时在坦克顶上,他的副手被击毙,他却安然无恙地继续指挥战斗;有时一颗炮弹向他飞来,周围的人都被炸死,而他只是被震昏过去;在最前面的冲锋中,他身旁的士兵一个一个地倒下,他却毫发未损地直到战斗结束。这些经历经过德国官方机构的夸大,隆美尔本人也就在德国人的心目中逐渐变成了一位家喻户晓的传奇人物。所以当意大利人在北非的基业即将崩溃之时,希特勒为了先声夺人,也就自然选择隆美尔领兵去援救。从客观上来说,意大利在北非的失利在很大程度上是决定性的,此时希特勒想分兵去北非,也并没有十足的把握能够扭转局势。毕竟从总体上来说,英军在北非的优势还是相当稳固的。而就主观而言,隆美尔当时不过是一个中将,按说这种独当一面的重任是不会给他的。然而命运之神又一次惠顾了他,希特勒最先期望的是,以隆美尔长期以来所获得的人气,一扫北非战场的颓势,至少在气势上能够振奋轴心国的作战。不管战争本身的结局如何,隆美尔的非洲之行却使他享有了国际性的名声。如果不是这样的安排，那么长期在欧陆作战的隆美尔，最多也不过是一位坦克师的骁将而已。

这里值得一提的是，作为德国在北非的主要指挥官，隆美尔将战场上的详细情况都记载了下来，给后世历史学家、军事史家和战略家留下了珍贵的一手资料。历史上还很少有哪位指挥官对于战役的记载，可以和隆美尔的记载同样地生动有力和有价值。因而李德哈特说："隆美尔对于世界的影响，固然是由他的'剑'所造成的，可是其影响的威力却要靠他的'笔'来加以发挥"。这样高的评价，或许只有古罗马的军事统帅尤里乌斯·恺撒才能与之相提并论，因为恺撒不仅以其军功彪炳史册，他在戎马倥偬的军旅生涯间，还为后世留下了史学性与文学性俱佳的《高卢战记》和《内战记》。隆美尔在北非的这些记录，其主体部分现在都已经从密藏的地方发掘出来，汇编成《隆美尔战时文件》一书。由于我们在以后的讲述中将多次引用该书的具体内容，因而这里对隆美尔文件的历史稍作综述。

早在第一次世界大战之后，隆美尔就酝酿写作一部研究步兵战术的专著，这部专著就是后来成为军官教材的《步兵进攻》（*Infanterie Greift An*，英译本作 *Infantry Attack*）[①]。但是这部书写作过程中遇到的"瓶颈"在于，他缺乏战争期间详细的作战记录和笔记，当然

[①] 这本书后来于1937年出版，希特勒正是因为这本书而给予隆美尔很高的指挥权。此后，这部书在西方被作为步兵战术教科书式的著作而广泛运用。具讽刺意味的是，美国的乔治·巴顿将军是此书最著名的爱好者之一。在1970年的影片《巴顿将军》中，巴顿的扮演者乔治·史考特曾有这样一句台词："隆美尔，你这伟大的混蛋，我读了你的书！（Rommel, you magnificent bastard. I read your book.）"。其中所指即为《步兵进攻》一书。详见维基百科"步兵攻击"词条。

这也是很容易理解的。因为像隆美尔这种一向身先士卒、冲在最前头的指挥官，很难想象他还能在激烈战斗的同时心无旁骛地记下战场上瞬息万变的情形。而等到战役结束之后，他凭记忆所留下的少量日记，也已在时效性上大打折扣，其可利用价值已经不多。

可以想见的是，当第二次世界大战期间隆美尔想继续写一部有关军事训练的书时，他的第一反应必然是：不可重蹈一战期间的覆辙。因而自从1940年5月他进入法国作战开始，他就对战场上的经过做了详细的私人记录，由于是抱着这种研究的意识去进行，在某种程度上他将战争作为一种艺术，他的记载必定是详细、完备而充实的。虽然作为这项"课题"最终成果的军事专著并未完成，但是在准备此项课题过程中所搜集的资料，亦即上述记载，也已经构成至关重要的部分。其所包含的资料类型十分丰富，主要有军队的命令、战况的报告、向最高统帅部的日报，当然更多的则是在法国和北非作战的私人日记。

1944年8月以后，隆美尔开始着手整理这些原始记载。他对这些资料的处理，充分显示出德国人的严谨。此处仅举一例以说明之，他在一战后撰写《步兵进攻》时，为了补充书中的照片，曾经再回到意大利的境内去实地拍照。因为他需要1917年的战场景象，以供战术上的说明。他的这项工作进行得并不容易，当时的意大利人将德国军官看作不速之客，这样隆美尔只能化装成他早年曾希望成为的"工程师"，骑着摩托车在许多原战场拍摄了珍贵照片。但是到这年9月，希特勒的亲信马丁·鲍曼诬陷隆美尔和"7月20日事变"有关，加之自1943年后隆美尔对希特勒的态度由赞扬转向批判，这些都使得希特勒认定隆美尔是自己最危险的反对者，并且有取自己而代之的可能，故而在10月14日勒令隆美尔自杀，一代将星就此陨落。

在战火烧到德国本土之前，隆美尔曾短期在维也纳新城担任军官学校的校长。1943年，英美的轰炸机开始对这个城镇实行空袭，考虑到这些文件有可能毁于战火，隆美尔及其家人便将这些文件的一部分藏在军官学校古堡的地窖里面，其余的就运往德国西南部的一座农舍暂存。到了同年秋天，隆美尔一家由维也纳新城迁往德国的黑林根，他们就把余下的文件也都带在身边。1944年隆美尔死后，无论是盟军还是德军，双方都对隆美尔的这批文件产生了极大兴趣，希望占为己有。还在隆美尔的葬礼上时，就有纳粹党卫队的军官向隆美尔夫人打听这批文件的下落。到了11月时，隆美尔的儿子曼弗雷德·隆美尔赶在苏联军队轰炸维也纳之前，去维也纳新城的古堡中取回了原先放在那里的那部分文件。这样，除了留在德国西南部农庄的那部分文件，其他部分都汇集在了隆美尔位于黑林根的家中，他的家人在11月下旬分别将这些文件疏散到了不同地方暂存：家中地窖的墙壁内埋藏一部分，空箱子堆的后面存放一部分，城里轰炸后的废墟底下存放一部分，还有许多被送到了医院和隆美尔妹妹的家里去了。但是那些有关非洲战役的原始记录，都还一直由隆美尔夫人随身携带，可想而知她对这部分文件是最为重视的。

结果意外发生了，1945年4月20日，已在欧洲登陆的美军占领了黑林根，他们很快就控制了前陆军元帅隆美尔的宅邸。奉命来搜查的美军第七集团军的马歇尔上尉，将那些隆美尔与其夫人的战时通信没收到了集团军部。紧随其后，一支美军部队又要驻扎在隆美尔家里，他们在搜查屋子的时候又将许多四散的文件给带走了。最后隆美尔夫人能够从故宅里带出来的，就只有一个箱子，里面藏有隆美尔所拍摄的照片底片、非洲战役的文稿以及1940年法国战役中第七装甲师的官方战史。万幸的是，我们今天所能见到的隆美尔战时文件，其主体部分就来自于这一口小小的箱子。

再来看分散在德国西南部农庄里那批文件的命运。当时有几个声称是美国反情报机构的美国士兵来，要求检查隆美尔家人存放此地的箱子。他们在搜出地窖中的两个箱子以后，就轻而易举地予以没收了。这两个箱子中保留的是当年隆美尔写作《步兵进攻》时所用的资料，和他用来战地摄影的全套莱卡相机以及几千张照片。这些人开具一张收条后就扬长而去，等到后来隆美尔的亲属凭此收条要求取回文件时，美国军方却不予承认。存放在这家农舍的其他文件，由这家主人努力保管，但是后来又阴差阳错地被一个盗贼偷了出去，实在叫人哭笑不得。前面述及的存放在隆美尔妹妹家的那部分文件，命运要好得多，它们都安然无恙地保存了下来。①

自那时以后，这些历尽劫数之后幸存的文件，由隆美尔夫人进行了最初的整理。后来在杨格准将和李德·哈特的帮助之下，曼弗雷德·隆美尔又进一步从各地将其父的文稿继续汇集起来。正是在他们的艰辛努力之下，隆美尔在整个战争期间的原始档案、文件、笔记等资料才得以重见天日，不仅为今天的我们提供了二战尤其是

---

① 对隆美尔文件来龙去脉的梳理，主要依据隆美尔之子曼弗雷德·隆美尔为李德·哈特编著的《隆美尔战时文件》一书所写的前言"隆美尔文件的故事"，详见 B. H. 李德·哈特编著，钮先钟译：《隆美尔战时文件：沙漠之狐作战理念的完美体现》，西安：陕西师范大学出版社2005年版，第11至16页。早在这些文件全部整理出版面世之前，英国的杨格准将在为隆美尔立传时，就已经从曼弗雷德那里获得了部分文件的摘译，以充实完善那部传记。

北非战场的最直接最生动的描绘，同时也最具体地还原了作为军人、丈夫和父亲的立体的隆美尔形象。

　　隆美尔战时文件的特点是他的记载不仅清楚，而且客观，在解释事实真相时，他表现出高度的求真精神。这是因为他对于战役的军事教训，往往都具有强烈的兴趣。其行文叙事的风格严谨，经得起严格的考验。而且后来再看其他将领的回忆录，会发现隆美尔的记载可以和他们互相印证。虽然其中也不免会有少数的错误，但是却比许多在战后的回忆录要准确得多。书中有某些论断固可置疑，但是却绝非故意的歪曲。尤其要考虑到隆美尔的作战，是在沙漠地带中使用快速的战车部队，战局是混乱而瞬息万变的。

　　从史料的客观性来说，亲历战争的将领的记载虽然不及后世编撰的战史客观，但是这些战时文件和回忆录对于作为艺术的战争来说，其价值则又是官方战史所不能比拟的。因为从后世史家的观点来看，所有历史发展到今天，只有一种结果，那就是它今天所呈现出的样子。然而历史在当初生发之本原时，却并不是如此的单一，而是非常多元化的。曾经战场上出现过的无数种可能，最后只有一种实现，那就是战史提供给我们的结果，可是它却过滤掉了当初那些多元的可能性，因而历史本身的生动、复杂和形象，往往在后世人编纂的史书中被抽干了，从而缺乏厚度与质感。而涉及名人的回忆录，虽受主观性的影响，肯定无法做到完全客观，但是它们往往具体、生动、形象，有血有肉，它们本身就是一个个的故事，而历史正是在许多这样的故事之中，不断锤炼锻造出来的。我们如果只读战史，那么我们充其量只能作为战争的旁观者去体味历史，而他们的回忆录则能够让读者身临其境，似乎我们自身也成为战争的亲历者，坐在隆美尔战车的副驾驶座上，看他如何指挥若定，纵横捭阖。这种真实历史场景的还原，远不是一般战史所能穷尽的。

在回顾了隆美尔在抵达北非以前的军旅生涯，以及交代了其战时文件的来龙去脉以后，我们再将视野转回到战场，来看看在"沙漠之狐"抵达沙漠前后，北非战场究竟是怎样的态势。早在1940年9月意大利人从利比亚入侵埃及时，希特勒曾向他的盟友墨索里尼表示愿提供一个德国装甲师的兵力以示支援，但墨索里尼的将军们过分狂妄而不愿接受这一援助。当然即便从墨索里尼本人的内心来说，他也是十分反感这种"施舍"的，因为他一心只想着由意大利独占北非，生怕德军在北非涉足以后，会挤占他光复罗马帝国的成就感。而在那以后，希特勒对墨索里尼未事前通知他而入侵希腊十分不满，也曾表示不给利比亚和阿尔巴尼亚战场任何支援。然而形势逐渐发生了变化。1940年12月，傲慢的意大利人在北非遭到严重挫折，英国军队不仅在埃及境内的西迪拜拉尼阻止了意大利人的进攻，而且发起了反攻，其进展是如此神速，以致在十天之内英军就包围了意大利军队进攻的出发点——设在巴尔迪亚（Bardia，位于利比亚东北部的港口城市）的利比亚要塞。这时，墨索里尼开始松口了，他不得不请求希特勒派给自己原来许诺的那个装甲师。

但此时的希特勒还要矫情一番，他暂时没有作答，而是让墨索里尼去享受自作自受的苦果。直到1941年1月9日，巴尔迪亚已被英军攻陷，而远在西边的另一个重要军港托布鲁克也被英军包围，希特勒这才决定派兵援助意大利人。他认为，丢失北非这件事情，虽然单从军事上看是可以允许的，但将会在意大利引起心理上的强烈震荡，并最终可能很快崩溃。所以应该还是避免发生这种状况为好。与雷德尔海军上将要求"在 1940 年至 1941 年间肃清地中海"的主张相反,元首计划开往非洲的增援部队其意不在采取攻势,而只是为了巩固意大利的战线。因此,希特勒最初只是派去了一个轻装甲师——第五装甲师。

1941 年 1 月 22 日,就在德军开往非洲之前,托布鲁克的意军还是没能撑得下去,只得向英国投降,这是一场灾难。3 天后,德军派往非洲的第五装甲师的指挥官向希特勒报告,认为德国原计划派出的部队力量太弱,不足以挽救利比亚的局势。希特勒在大骂了一阵意大利人的无能与墨索里尼的虚荣心之后,也认为应该派出一支更大规模的德国部队前往非洲。"英国军队经过长期的推进之后,在人力和物力方面肯定已经筋疲力尽",希特勒做出了如此的判断,"如果他们碰到精神饱满和装备精良的德国部队,就会处于一种截然不同的混乱状态"。于是他命令总参谋部,在原定的第五轻装甲师动身后,立即再派一个完整的重装甲师前往北非。于是,还必须选择一位军一级的指挥官来全面指挥这次远征,这一回希特勒选中了隆美尔。后来,他曾对人说起,他还考虑过另外一位将军,但他最终还是挑选了隆美尔,"因为他知道怎样激励部下……这对一位必须在特别艰苦的气候条件下——诸如北非与北极这样的环境里作战的指挥官来说,是绝对必要的"。

就这样,隆美尔于 1941 年 2 月 6 日被召到了总理府。希特勒给他看了一些英国和美国的插图杂志,上面登有理查德·奥康诺(Richard O'Connor)等英国军人胜利开进利比亚的照片。隆美尔的血液沸腾起来,他也给自己设计了某种在同一地点的胜利形象。停顿了许久之后他才抬头面向希特勒,希特勒一扫往日的咄咄逼人,而是用一种满怀希望的目光看着隆美尔，例外地主动上前和隆美尔握手，向他点了点头。隆美尔离开的时候，他的口袋里已装着最高统帅部总司令威廉·凯特尔为他拟定的行动方案，指示他在罗马和利比亚如何与意大利人应付。德国总参谋部的态度是，"不允许把德国部队投入毫无意义的战斗"。意大利人目前的意图只是守住的黎波里，然而这一地区范围实在太小，根本无法建立空军基地。隆美尔认为，如果意大利不同意在的黎波里以东筑起一条防线，他就只好向意大利的格拉齐尼亚元帅表示歉意，没有"必要"把德军派往那里。

如前所述，在1941年时德国人的一切力量和兴趣都放在对苏作战的准备上，所以给隆美尔的这个任务并无太多的重要性，甚至还有一点万里投荒的味道。因为在对苏作战中准备投入的兵力，几乎超过给隆美尔的兵力200倍。然而隆美尔本人并不这样看，他带着德军驻利比亚总司令的正式头衔，怀着期待的兴奋心情离开了帝国首都。无论如何，他已有了总司令这一头衔，在军事术语中，总司令要比军指挥员高一级。此外，将战争看作艺术的他，原本就希望能有一个类似真空的战场环境提供给他，以实现他独当一面自主作战的理想，而现在北非地区则是再好不过的选择。这也能看出，希特勒启用隆美尔去北非，实在是非常有知人之明。

此时被英军打得已无还手之力的意大利人，在北非的情形如何呢？隆美尔初到北非时就注意到了意大利军队的武器装备，他当时写道：

> 这支军队距离近代战争的标准，实在差得太远。这支兵力

在设计上只够应付一个殖民地性质的战争,最多能剿灭一些叛乱民族,像意大利元帅格拉齐亚尼过去曾经和赛努西族人和尼古斯族人作战一样。他们的战车和装甲车都太轻了,引擎的马力不足,行动半径也太短。炮兵所使用的火炮都是第一次世界大战中的旧货,射程极短。反坦克炮和高射炮都不多,甚至于步枪和机关枪也都是旧式的。

隆美尔进而敏锐地发现,意大利军队在北非战场上的战术劣势:

不过最糟的,却是意大利陆军中的绝大部分,都还是非摩托化的步兵。在北非的沙漠地区中,对抗一支摩托化的敌军,非摩托化的军队其实毫无用处,因为敌人几乎到处都占了上风,它可以向南面绕道,将作战变成流动性的。非摩托化的部队只能占领已经准备好的阵地,采取守势行动,才能与摩托化的军队相对抗。在强调机动性的沙漠作战中,是发挥不了什么作用的。在机动战争中,哪一方在战术上受非摩托化部队的牵制愈少,则愈占优势。

隆美尔表面的使命是考察军事形势,而他实际上的打算却是,一旦自己所属部队到达非洲,他就立即进行名副其实的战斗。他在1941年2月12日中午第一次到北非的土地上时,意大利人仍继续没命地向的黎波里撤退。隆美尔发现他们正忙于收拾行装,以便抢在英国人到来之前能赶上送他们回国的意大利船只。此时,伊塔洛·加里波第将军已取代格拉齐尼亚担任了这一战区的指挥官。新上任的指挥官是个壮实的意大利北方人，这位加里波第和统一意大利的英雄加里波第在气质上倒也相似：留着白色的唇髭，毫无圆滑的官场作风。当隆美尔向他谈起有必要在的黎波里东边的锡尔特建立一道前沿防线时，他没有找任何托词，只是认为隆美尔应该亲自到那里去看一下，尽管他觉得那里的情况坏得不可收拾。而隆美尔对此的反应是，当天下午就乘一架海因凯尔式轰炸机开始视察。

从飞机的机舱里，隆美尔开始打量这块他即将驰骋的地方。他注意到港口的东边有一条沙色的村庄地带，这或许是能阻止敌军的天然屏障。他在笔记中写下了当时他对地形的观察：

那一天下午……开始在非洲的上空飞翔，在看过了的黎波里东方挖得很深的野战工事以后，我们又飞过一个沙漠地带，从它的外表上看来，可确定是一道天险，不利于轮式或履带式车辆的通过，对的黎波里的防御，可以算是一个天然的障碍物。接着又继续飞过在泰尔胡奈和胡姆斯之间的丘陵地带——截至目前，我们还没有找到任何一块地形特别适合使用摩托化兵力。但是，在胡姆斯和米苏拉塔之间的平原地带，却很适合此种用途。巴尔比亚大道在这个孤寂的地形上面，好像是一条向天边伸展过去的黑线，在目力所及的范围之内，我们看不见一棵树木、一簇丛林。除了在锡尔特和布拉特之间有一个咸水的沼泽以外——它向南延伸约几英里远——在这个地区中找不到任何一个裂口，例如一道河川或深谷。这一次飞行更增加了我对计划的信心。我决定坚守苏尔特以及在海岸公路两旁的地区，而把摩托化兵力当作预备队，以供机动防御之用。

他同时也需要找出一些最基本的论据,比如,重型坦克能否开进沙漠?对这个问题,意大利的将军们说不行。但隆美尔对这样的回答并不十分相信,因为他曾问过他的阿拉伯语翻译,轮式卡车能否开进沙漠,而得到的回答是"可以",只要轻轻地踩着油门就行。这肯定给了隆美尔某种启示:既然卡车都行,坦克为什么不可以试一试呢?

隆美尔向东飞行时,亲眼看到了在欧洲看不到的自然奇景——锡尔特沙漠,这片大沙漠闪烁着灼热和不友好的光芒。隆美尔心情沉重,他很难设想,自己在欧洲培训出来的士兵怎样才能在这种酷热的气候下正常生存?而且还要迅速地投入战斗?唯一使他欣慰的是,意大利的将军和士兵,尽管连吃败仗,还是显示了很好的军事素质,给隆美尔留下了深刻的印象。回到的黎波里,他发现伊塔洛·加里波第和意大利总参谋长诺亚塔将军已经在等候他了。隆美尔和他们作了一番交谈后,即给德国拍回一份电报:"与加里波第和诺亚塔将军的第一次会谈圆满结束。我们的建议已经付诸行动,最重要的战斗部队放在锡尔特,本人曾亲自乘机至该地区勘察。"

两天之后,也就是1941年2月14日,他的第一批战斗部队开进了的黎波里港。隆美尔的士兵排列在甲板上,第一次看到了非洲。望着熠熠闪光的白色新式建筑,掌状的植物,宽阔的林荫道和凉爽的树荫,隆美尔的一些士兵甚至产生了一种奇异的感觉,那就是他们将会爱上这个地方——非洲远不是人们描绘的那样可怕。他们是隆美尔非洲军的先遣部队——第三侦察营和第三十九反坦克营,60吨装备在黄昏和黎明之间被卸到码头,打破了这一港口装卸量的纪录。2月15日上午11点钟,在的黎波里政府议会大楼前举行了一次军事检阅。在好奇的意大利人和阿拉伯人的围观下，身着新式热带军服、头戴钢盔的德国士兵，在炎热的阳光下雄赳赳地走过阅兵台，隆美尔向他的士兵致敬，而他的身旁则站着由于德军的到来而踌躇满志的意大利将军。隆美尔发表了热情洋溢的演说。此时他的心情是愉快的，"他们的到来增强了我的信心，使的黎波里的沉闷空气豁然开朗"。他在当时写给妻子的信中说，"希望一切都能如我所愿，不久就可以渡过难关。我一切都好，你没有什么好为我担心的……在太阳照耀之下，我感觉愉快无比。我和意军指挥官们相处得极好，可以说是再不会有比这个更好的合作了……我的小伙子们都已上了前线。"

尽管隆美尔被派往非洲的主要任务是从事防御性的作战，以阻止意大利北非帝国的崩溃。时任德国陆军参谋总长的哈尔德就曾亲口告诉过隆美尔，陆军总部认为在北非开辟战场实为一种错误，德军在那里的任务不过是使意大利人苟延残喘而已。作为一个出身于老牌军人世家的将军，他对隆美尔有很大成见，认为其作风是不符合普鲁士参谋部传统的。即便如此，隆美尔本人却不这样想，他希望凭借自己的军事天才，以及与柏林之间的天高皇帝远所取得的独立指挥作战的地位，去改变非洲的原有情况，并替德国的总体战略开创出新的希望。随着意大利与德国国歌的乐曲高奏，随着非洲军团的士兵滚滚驱车前行，隆美尔沉浸在美好的期望中。随着他的军队不断地开进的黎波里，类似的检阅不断地进行。这支部队在数量上虽然很少，但却是一支富于献身精神的专业化精锐部队。

几天过后，随着第五轻装甲师的坦克团在的黎波里登陆，隆美尔开始真正忙碌起来。宣传性的检阅照常进行，过程通常是这样的：

隆美尔的非洲军团

随着德国坦克雷鸣般地驶过首都的大街，人们都屏住了呼吸，然后，才开始慢慢传来喘息声和欢呼声。坦克的数量似乎总没个完，这一半是因为隆美尔巧妙地命令坦克向东驶去之前，要像一支舞台上的"军队"那样围着大厦转上好几圈；另一半则是因为隆美尔所使的诡计，为了欺骗敌人的空中侦察，他命令部下用木头和纸板做了几百辆坦克，有些是在德国汽车的地盘上使了障眼法，从外表看来的确以假乱真。而有的则只是把原来的沃尔克式卡车装饰了一番。卡车和摩托在这些假坦克之间绕来绕去，自然把人们搞得晕头转向。而真正的坦克，为了避开敌机拍照，却井井有条地转动着履带开过了沙漠。后来所获的情报表明，德军的骗术完全奏效了。

2月28日，希特勒向墨索里尼保证说："只要我们能有14天的喘息时间，英军向的黎波里发起的新的进攻就注定要失败……当我们的第一支坦克团到达时，形势将会戏剧性地朝着有利于我们的方向转变。"希特勒的谈话看来并非言过其实，随着隆美尔的部队出现在非洲，现代沙漠战最壮观最精彩的一幕就要开始了，而其精彩的程度或许超过了双方主帅的想象。以至在18个月以后，英国首相温斯顿·丘吉尔已在大声疾呼："隆美尔！隆美尔！——别的都无关紧要，只要能打败他就行！"

七
"沙漠之狐"

沙漠作战，坦克成为至关重要的武器。对于步兵来说，他们将在空旷无垠的沙漠里，处于完全暴露的情况下进行艰苦疲劳的战斗，他们将在坚硬的土地上挖掩体，将寸步难行地去作战，然后又疲惫不堪地返回来。而坦克兵的情况却完全不一样，他们指挥着一个能够不断喷吐炮弹的钢铁庞然大物，只要路面结实，汽油充足，就能隆隆前进，坦克一停住，大炮便开始呼啸，直到敌人被歼、目标消灭时为止。坦克的前部装有很厚的装甲，而侧面背后却相对很薄，因此，每一辆坦克的指挥官对其侧翼出现的敌军坦克都本能地怀着一种恐惧，他和他的对手都力图抢在低矮的高地后面，"藏进隐蔽处"，尽量避免暴露座舱，便于向敌方开火。双方都清楚如果失误会有什么样的后果，因为自己的坦克装满了弹药和汽油，一旦被对方击中，自己只能被闷在坦克的钢铁框架中活活烧死，这种严厉的惩罚是谁也不愿意尝试的。

这种新的形势给了喜欢创新的隆美尔又一次显示身手的机会。他利用这次机会，发挥了他在沙漠作战的天才，从而赢得了"沙漠之狐"的美誉。他的沙漠作战思想,其精华可以从德国陆军早期的传统中找到根源。在他的青年时代,德国陆军还是按照普鲁士的传统培养出来的,那就是要求现场的指挥官能发挥主动,而高级统帅部不加遥控,实际上与中国传统的"将在外,君命有所不受"非常类似。在第一次世界大战以后,虽然德国军队也曾企图作较严密的战略控制,但师长一级的指挥官仍享有高度的行动自由。隆美尔在法国作战时就一再显露了这种特点。虽然在法国战役后,他已不再担任师一级的领导,但他似乎经常保持着这种师长的灵活性。在沙漠中指挥作战时,一方面他享有独立的地位而不受牵制,另一方面作战的规模也很小,这就使他更容易像一位师长那样亲自指挥。在战术方面,从他开始有战斗经验之时起,隆美尔就一直非常自然地善于利用一切稍纵即逝的机会,往往自己尚未站稳脚跟,就立即向对手出击,这使他常常获得意外的收获。而当他独自率领非洲军团在沙漠中作战时,的确也不会有更好的情况让他充分发挥其战术的想象力了。

隆美尔到达非洲后第一次对英国人的军事行动,在他的笔记中留下了这样的内容:"2月24日,英德两军在非洲第一次正式交手。我们击毁了敌人两辆侦察车、一辆卡车和一辆汽车,俘获了三个英国人,其中包括一名军官在内,而我方则毫无损失。"此间可以看出,隆美尔在这次小试牛刀之后的信心不弱。令他没想到的是,正当隆美尔雄心勃勃地准备与对手决战之时,他的英国对手却悄悄地把精锐部队从利比亚撤走了,用以发动对希腊的远征。我们在第五章中就提到,英国在接到希腊求救的请求后,在1941年3月初就将北非的部分军队调到巴尔干前线去了。后来的事实证明,英国人的这一行动得不偿失，效果并不好。英国人之所以在这个关头敢于将前线部队分兵地中海，最重要的原因在于，英国人当时不知道德国已向北非派出了一支远征军，更不知道这支远征军的统帅是隆美尔这样的指挥官。等到他们从德军电台窃听到这一消息，已为时过晚。相应地，由于英国在即将赢得胜利的前夕撤出部队的做法过于荒谬，因此隆美尔对这个突如其来的变化，一时也摸不着头脑。于是他命令第五轻装甲师的先头部队向前探索，没想到毫无阻碍地在3月4日进占了马格塔（El Mugtaa）隘道，他们在这里没有发现敌人的踪迹。占领这个区域对隆美尔来说意味着地位的增强：这里有个名叫西布恰（Sebeha el Chebira）的盐水沼泽，从此地向巴尔比亚大道的南面延展出去20余英里，除了少数几点以外，任何车辆都无法通过。于是德军就在这些要点布上了地雷。一旦英军向这些狭窄的隘道实行正面进攻，隆美尔很容易就能挡住他们；若是要采取迂回的方式，那么英国人就要在沙地上长途行军，这似乎也是不可能的。从的黎波里到马格塔之间，德军已经向东推进了500英里。

于是隆美尔暂时的防线似乎可以万无一失了。在这片广大区域内轻而易举地推进，让隆美尔也感到迷惑，他开始做起了伟大的征服者的美梦。3月5日，隆美尔夸口说："我们将向尼罗河推进，一旦局势出现合适的转机，就把这一地区重新夺过来！"当天晚上军营中上映的电影是《西战场的胜利》，隆美尔借题发挥地声称："希望大家不久又可以看到'非洲大捷'的电影。"3月5日以后英军进一步向东收缩，不明就里的隆美尔误以为是自己对马格塔的进展迫使英军后退，而实际上却是英军自己的后方出了问题。然而，与英国人相比，隆美尔在非洲的兵力实在太少。于是，他渴望得到更多的部队。3月19日,他飞往柏林,第二天他就受到了希特勒的接见,并被授予他一直渴望的橡树叶勋章。然而,总参谋部对隆美尔雄心勃勃的计划大泼冷水,他们根本不会给隆美尔希望得到的两个装甲军,而且也不能告诉他一个暂时的机密,即希特勒即将入侵苏联,为此需要更多的兵力去执行这一计划。于是隆美尔仅仅接到这样的命令:守住现有的防线,准备一次严格控制的有限进攻。他大为不满,失望地飞回非洲,并决心违背这项命令。

早在隆美尔离开非洲回国述职以前,他曾经命令第五轻装师预备在3月24日进攻艾阿格海拉,其目的是要夺取该地的飞机场和小型要塞,并且驱走现有的英国守兵。此前不久,其南面不远的马拉达绿洲(Marada Oasis)早已为德意混合部队占领。如果这支兵力要维持下去,那么他们的补给纵队就会经常受到艾阿格海拉地区英军的威胁。当隆美尔返回利比亚时,他发现英国人仍在撤退。3月24日,第五轻装甲师的部队由施特莱彻率领,几乎未经战斗就攻克了艾阿格海拉。英国人撤退到了30英里以外,驻守在一个靠近海岸、被沙山隔开的阿拉伯村庄。这是一个相对比较容易驻守的战略据点。德军先头部队的进军速度使隆美尔感到进退两难,因为根据柏林的命令和加里波第将军的指示,在5月底以前不要进攻布雷加港,因为到时第十五装甲师将抵达。正在隆美尔为难之时,他的报务员窃听到了英军的情报,敌军正在挖壕固守和请求增援,到5月底,敌人的防御工事将无法突破。有了这样一条重要情报,他决定抓住战机,毅然违抗上级命令,于3月31日下令施特莱彻进攻布雷加港。结果英军放弃了阵地,隆美尔又一次获胜了。施特莱彻将军则利用与隆美尔的玩笑,继续命令部队前进,于4月2日攻占了利比亚东

沙漠中的非洲军团士兵

部昔兰尼加半岛上的阿杰达比亚。隆美尔的部队已远远超出了柏林划定的停止线。然而，隆美尔并未满足，因为，他意识到英国人正在开始从利比亚东部的整个昔兰尼加半岛上进行总退却，以避免使自己的部队遭受任何损失，于是决定抓紧时间东进。

那么此时英国在北非军队的情况究竟如何呢？应该说不容乐观。前面几章中已经谈到，丘吉尔决定从北非分兵支援希腊的做法，遭到了很多人的反对，他们主要的观点是不应该在即将肃清北非意军的时候后撤，从而面临功亏一篑的危险。虽然最终仍然决定干涉巴尔干的战争，但是这并不能遮掩北非前线英军所面临的压力。英军中东部队总司令韦维尔将军在1941年3月2日向伦敦的参谋长联席会议提出了一份研判报告，其具体内容如下：

1. 最近的消息表明，近日抵达的黎波里塔尼亚的增援部队包括两个意大利步兵师、两个意大利摩托化炮兵团和估计至多为一个装甲旅团的德国装甲部队。还没有其他汽车运输队登陆的迹象，所以敌军一定是仍然缺乏运输工具。但是，最近的空中侦察发现，在的黎波里到锡尔特的公路上，机动车辆大量增加。

2. 的黎波里距阿盖拉有471英里，距班加西有646英里。它们之间只有一条公路可通，并且在距的黎波里410英里以上的线路上水源不足，这些因素，连同运输工具的缺乏，限制着敌人目前能造成的威胁。敌人至多可能在三星期以内沿着这条海岸公路维持一个步兵师和一个装甲旅，并且，如果他们调得到另外一个装甲旅的话，也可能同时运用这一装甲旅经由洪和马拉达两地越过沙漠袭击我们的侧翼。

3. 敌人可能利用进攻性的巡逻在阿盖拉试探我们的兵力，如果发现我们力量虚弱，就前进至阿杰达比亚，以便将他们的前哨登陆地点再向前推进。我不认为他们会用这样的兵力试图夺回班加西。

4. 敌人最后可能使用两个德国师去发动大规模的进攻。这支军队，连同一个或两个步兵师，是经过的黎波里地区所能提供的最大兵力。航运的危险、陆路的困难和酷暑的临近，都将使敌人难以在夏末以前发动这样的攻势。在海上对敌运输船队、在空中对的黎波里进行有效干扰，可能使这一时期拖延一阵……

5. 意大利空军对昔兰尼加的威胁在目前几乎是微不足道的。在另一方面，德军在中地中海区域却站稳了。……德国伞兵部队可能降落在我们的交通线上，与装甲部队配合行动。从敌人可能于最近发动的攻势的规模来看，我预计他们不至于利用伞兵，但是他们可能在以后大规模的攻势中利用伞兵配合作战。

从韦维尔的研判中可以看到，他已经受到了隆美尔"障眼法"的影响，对于德国部队已经到达的黎波里虽然提出了警告，但是他也强调了一点，即德军可能要等到兵力增长足够时才能发起认真的攻击，因而他推断在夏季结束之前是不太可能受到大规模进攻的。反倒是丘吉尔这个时候对德国人开始警觉起来，他在给韦维尔的复电中表达了自己的担心，即德国人可能不会照正统想法去作战，而是不等到兵力充足就先发制人。由此来看，丘吉尔毕竟以其政治家和战略家的眼光，看出了隆美尔可能的战术特征。他对韦维尔的指示也主张采取攻击性的对抗行动，不过他似乎对英军的实力过于乐观了。这和他执意分兵希腊可能是出于同样的原因：

> 我们对德军迅速向阿盖拉进军当然是关心的。他们的习惯做法是：只要不遇抵抗，就向前推进。我想你正等待着这只乌龟把头伸得长长的，然后把它一刀两断吧。我看很有必要让他们及早尝尝八路军战斗力的味道。第七装甲师的情况如何？现在何地？务请把你的估计见告。我极端赞同你向史末资将军（Gen. Jan Christiaan Smuts）提出的关于从第一南非师中抽调一个旅的要求。必须竭力加速第二南非师的调遣。英国第五十师已于 22 日启程。

但是无论就技术还是战术水平而言，英军此时的实际素质恐怕都要辜负丘吉尔满怀的信心了。在装备技术方面，虽然部署在前线的甚为薄弱的第二装甲师有三个装甲单位（团），而隆美尔只有两个，并且在"炮坦克"的数量上也占据优势，但这些坦克中很多都是来源于他们先前缴获的意大利 M13 式坦克。由于英国人自己的巡航坦克数量匮乏，因而不得不用这些老旧坦克充数，而意大利坦克水平之低劣，前文中已由隆美尔亲自描绘过。从战术方面而言，韦维尔此时认定的是，"若受攻击，则应迟滞作战而退却"，这种战法注定是要断送这支装备不佳的部队。因此也就不难理解，为什么 3 月 31 日隆美尔刚一发动攻势，这些部队就放弃在阿盖拉以东的瓶颈阵地。这无异于敞开大门任由隆美尔进入广大的沙漠地带。更为糟糕的是，在这样的地带中，正是隆美尔施展其战争才华的好舞台，他可以任意选择进攻路线和攻击目标，使英军晕头转向不知所措。而英国军队在这样的环境中则基本毫无优势可言，缺乏灵活机动的转移。我们还将看到，自3月底以后在隆美尔一连串的追击中，英军并没有直接与德军有很多激战，但是他们的坦克却损失了很多，这主要是因为他们在慌乱中撤退的时候顾不上这些钢铁机器。

这次战斗之后，隆美尔发现英国人无论在哪种环境之下，似乎都避免做决定性的战斗，所以当天他就决定"跟在敌人的脚后跟上"实行追击，准备在一击之下占领整个昔兰尼加。4月3日，隆美尔决定用戏剧性的三点出击的办法穿过半岛，以便截住英军撤退的道路。最南一线的德意混合军队由施维林中校指挥，不得不直接穿过沙漠。施特莱彻将军率领另一支部队平行在靠北一点的路线上前进。隆美尔自己则在最北一线前进。当隆美尔听到一位意大利牧师告诉他，英军甚至已放弃了昔兰尼加的首府班加西时，隆美尔立即派出一个侦察营，直接沿着海岸公路向这个大港口进军，结果当晚10点就进入了这个大城市。

隆美尔当然知道他这样做是严重违反命令的，因为就在4月3日当天，希特勒还严肃地指出，隆美尔的任务是巩固阵地并钳制英国军队。"任何必要的有限行动均不得超过小股部队的兵力……总而言之，你要避免在你开阔的右翼采取任何冒险行动，束缚自己，不要北上进攻班加西"。然而，历史再一次尝到了这位德国军人的滋味，当肥胖的意大利指挥官加里波第（理论上说他是隆美尔的上级）正与隆美尔僵持不下时，隆美尔收到了柏林的电报，命令他原地不动，但他却若无其事地通知加里波第，元首已给了他行动的绝对自

沙漠中的英军士兵

由。这个与事实相差太远的诡计，由于加里波第的迟钝，竟然一点也未觉察。甚至隆美尔属下的指挥官也被立即跨过沙漠半岛的打算吓坏了，但隆美尔不顾手下将军们的议论，命令立即出发。于是，1941年4月里的整整一个星期，隆美尔的小股部队艰难地在沙漠的热浪中穿行。热风、毒蛇、沙暴等等，常常使他的部队陷入困境。但隆美尔根本不顾这些，乘坐容克52运输机或轻型飞机在沙漠上空来回巡视，督促自己的部队向前推进。曾有一次，一支奋力挣扎的摩托部队竟敢停下来休息，于是他的飞机几乎是擦着他们的肩膀掠过，紧接着一张纸片飘到地上，上面写着："如果你们再不立即行动，我就下来！——隆美尔"。对那些迷了路的人，一经他发现，就指给他们正确的方向。结果在4月6日早上，隆美尔的一支先头部队已经冲出了沙漠，尽管还是一支孤军，因为他的大部队还困在沙漠里，他却大发雷霆地要求部队立即进攻迈基利，结果他又一次得手。

  隆美尔这次跨过半岛出其不意的进攻，毫无疑问钻了英军的空子，其中有一个连他自己也未想到的原因。因为英国人在整个战争期间已破译了德军最高军事当局的密码，所以他们知道柏林给隆美尔的命令是要他停止前进、固守班加西，可是谁也没有想到隆美尔竟然不止一次地违反了上级的命令擅自行动，阴差阳错地反而使英军总是被突如其来的隆美尔打个措手不及。当然，从整个战略来看，英方也没有料到德军会如此迅速地进攻。因为如前所述，韦维尔将军对于德军的兵力和发动进攻的时机都有误判，另外丘吉尔虽然相对来说更清醒地认识到德军不一定按常理出牌，可是他却对北非英军抱有过高期望，结果他们两人可都失望了。

前已述及，一旦进入沙漠地带，英军对于德军的战略优势便丧失殆尽。自3月31日隆美尔开始发动进攻以来，不到两个星期，英军在昔兰尼加的东界后退了400英里，只剩下一支被围困在托布鲁克的部队。这一迅速扩大的崩溃，自然动摇了英军官兵的信心，因为他们先前本来还有某种兵力优势到来的优越感。现在不仅这种优越感荡然无存了，而且德军"犹如天降"般的闪击，更使他们过高地估计了德方进攻的力量，纷纷以为在后方还有规模大得多的德军正在集结。因此，韦维尔将军本来已决定固守托布鲁克，但受舆情影响，他也变得没有信心了。为此，丘吉尔起草发来一份态度强硬的电报，内称：

托布鲁克有意大利军队筑起的永久性防御工事，你肯定能够据守，至少要守到——或除非是——敌人派来强大的炮队时为止。敌军能够在几个星期内做到这一步，似乎令人难以置信。敌军要想拿下托布鲁克并向埃及挺进，势必要冒很大的风险，因为我们能够从海上增援，并威胁他们的交通线。因此托布鲁克似乎是应死守而绝不作撤退之想的一个地方。

4月8日夜晚，从昔兰尼加撤退出来的澳大利亚军队的主力已到达托布鲁克，并按照丘吉尔的命令开始进入意大利人在占据此处时修筑的防御工事。这支部队主要有第九澳大利亚师，第七澳大利亚师的第十八步兵旅，随后到达的还有第一和第七两个皇家坦克团的分遣队，以此编成一支拥有50多辆坦克的装甲部队。在这样的部署过程中，还发生了一个小插曲，事情是这样的：韦维尔于4月8日

澳大利亚士兵在北非进攻

飞往托布鲁克,并下令保卫这一要塞。黄昏时分,他动身返回开罗。途中飞机引擎损坏,他们被迫在黑暗中着陆。飞机撞毁,他们步出飞机,站在空旷的沙漠上,不知身在何处。这位总司令决定将他的秘密文件焚毁。他们等了好久看见一辆车上的灯光。万幸,这原来是一队英国巡逻兵,他们走近时声势逼人。在开罗的人员因韦维尔失踪,在这六小时中一直惶恐不安,这并不是没有理由的。这位总司令回到开罗后立即复电。他在详述部队的情况后说:"虽然敌军经过初步行动已经困顿不堪,但是我觉得,我们不会有多长的喘息时间,我仍然很是焦虑。托布鲁克并不是一个好守之地,其后方的漫长的交通线几乎毫无掩护,而且交通混乱。"由于这封电报的最末一句话似乎并未说清是否据守托布鲁克的问题,于是这种暧昧和反复引起了丘吉尔的不满,他在致韦维尔的电报中措辞严厉地强调,"如不经过长期抵抗就放弃托布鲁克要塞,是不可想象的……如果你放弃托布鲁克,并跋涉二百六十英里而退至马特鲁港,你自己不是还要面对同样的问题吗?我们确信,你应在扎布鲁克坚持作战到底"。但是电报尚未发出时,首相和参谋长会议便已获悉:韦维尔已经决定坚守托布鲁克。

围攻托布鲁克的战役,从兵力乃至坦克的数量对比上,德军都处于劣势,但交战双方都不清楚这一点。否则,正如施特莱彻将军所设想的,假如英军从要塞中发动一次反冲锋,整个非洲军团就全部完蛋了。隆美尔要占领托布鲁克,有两个很重要的原因:首先这是北非最好的港口,其次是它封锁着一条32英里长的海岸公路,不仅迫使隆美尔的军队绕道而行,而且随时可能出来卡断德意军队的补给线。此外,隆美尔从英军一连串的撤退中得出了错误的印象,认为英军正在这个港口重演第二次"敦刻尔克式"的大撤退。因此，按照他的惯常做法，是下令部队立即进攻。

4月11日，隆美尔开始了一些试探性的进攻，然后再开始大规模的突击。德军突破了一些薄弱的防御工事，打前锋的装甲营向北推进两英里，却遭到对方雨点般的炮弹袭击，好不容易才从前沿一条狭窄的通道撤出来。在投入作战的38辆坦克中，损失了16辆，如果英国人知道德军的底细，而将自己的50辆坦克投入战斗的话，将会有什么结局是很难预料的。而隆美尔随后坚持的进攻，却几乎使他的机枪营全军覆没，这是整个德军在二战开始以来遭到的首次重大损失。在士兵中第一次产生了对隆美尔的信任危机，认为他在不明敌情的情况下，拿士兵的生命当儿戏。当然，这些责任也不能完全推到隆美尔身上，因为托布鲁克的防线，无论在东、西、南的各个方向上，其所延展的防御距离都要比德军原本想象的来得远。隆美尔对于防御工事的构造还是一无所知，因为原先构筑它们的意大利人一直没交代，德军曾不断地要他们提供详细资料，但都不了了之。隆美尔一方面将责任推给下属指挥官，一方面仍下令进攻，因为他心里明白只有这样的进攻，才能避免英军的反击，这当然是一场冒险，所幸的是他又赌赢了：因为在隆美尔最虚弱的几天里，固守在托布鲁克的英军一直没有采取主动的行动，于是隆美尔得到了补充。

在托布鲁克作战的过程中，沙漠战的另一特点显示出来了。公众喜欢从城市或地点的得失来判断一位将军的成败，这在其他地区或许适用，在沙漠地区则完全不同。在沙漠作战就如同在海上作战一样，在海上前进或后退了多少根本不能算作一回事，最重要的是摧毁敌人的舰队，而在沙漠也是如此，最重要的是摧毁对手的坦克和大炮，没有这些重武器，任何军队都是无法作战的。因而，仅仅从一位将军前进了多少里来衡量他的战绩，显然是不充分的。在具备这样特征的战场环境中，英国人作战风格的劣势就显现出来了。当意大利人还在北非孤军奋战的时候，英国人毫无疑问具备压倒性的优势，这对于他们改进和调整自身战术来说，并没有切身的紧迫性，因为他们所面对的敌人实力实在太弱，还根本上升不到考虑战术改进的层面上来。可是一旦遇到隆美尔这样的指挥官带领的德国军队，英军的作战风格就很难奏效了。英国人作战最大的特点是求稳，几乎不会在无甚把握的情况下"弄险"以奇兵制胜，他们习惯于稳打稳扎，放在沙漠战中，这样的战法就显得反应迟钝而缺乏灵活性。英国人在消灭敌方坦克和大炮等重武器方面乏善可陈，所以这也就能理解，为什么一方面英军能够源源不断地从海上获得武器装备的补给，而德意军队生命线时常岌岌可危，但是这并不影响德军坦克相对英军坦克的优势。我们在后面的讲述中还将进一步探讨这个问题。

4月16日，意大利军队对托布鲁克发起进攻，但很快就被打垮，在一个澳大利亚营的反击下，有近千人投降。在此情况下，罗马的意大利最高统帅部要求德国最高统帅部对隆美尔的冒险行动加以制约。德军总参谋长哈尔德将军派出了自己的副手、后来在斯大林格勒战败的保卢斯将军前往非洲，"去阻止那个军人彻底发疯"。这也难怪他"发疯"，因为在隆美尔的脑海里，根本没有希特勒进攻苏联的阴影，他想的是怎样才能有足够的兵力夺取埃及。保卢斯到利比亚后，虽对隆美尔提出了忠告，但还是批准了对托布鲁克发动攻击，原因是德意联军业已得到加强,而这枚"肉中刺"又必须拔出,否则影响整个战线的稳定。

4月30日,第五装甲师在第十五装甲师一部分空运来的先遣部队的支援下,对托布鲁克重新展开了攻势。这次打击的目标是防御工事的西南角。到5月1日黎明,德国步兵已攻破一英里宽的地带。接着,先导坦克群隆隆地向10英里外的托布鲁克挺进,但只推进了1英里,就陷入了英军所设下的地雷陷阱,结果几乎有一半坦克遭到了损坏。第二批坦克和步兵则转向东南,试图从侧面打击防御工事,但在推进3英里后,却遭到大炮的轰击、英军20辆坦克的反击和几个尚未被拿下的澳大利亚军的工事的抵抗,在这三方火力的夹击下,德意军队只好后退。第二天,德军首次进攻的70辆坦克中,只有35辆还能继续作战,进攻只好停止。3日晚上,英军调动后备步兵旅进行反攻,但同样遭到德军的猛烈杀伤。在两军实力不相上下的形势下,局势似乎总是对进攻一方不利:谁进攻,谁就多付出代价。英军的反击受挫,环形防线的西南角仍旧掌握在隆美尔手中,不过,隆美尔也没有足够的兵力攻占托布鲁克。英国的中东司令韦维尔将军两次试图将托布鲁克的守军解救出来,也归于失败,于是,托布鲁克的战事陷入了僵局,围困者与被围者都无法打破,结果一直拖到年底。从战略上讲,隆美尔是失算的,因为托布鲁克停止了隆美尔向东的进展,使他在不拔掉这颗钉子之前,不能再主动采取大规模的军事行动。

在隆美尔暂时受挫期间,丘吉尔建议进行反攻。在4月14日首相兼国防大臣对参谋长委员会发出的指令中,丘吉尔除了要求坎宁安上将指挥地中海舰队尽力阻止意大利和非洲之间的联系以外,他还指出，韦维尔将军应恢复其对敌军在战斗力方面所占的优势，歼灭敌人小股突击部队，而不要让我们被他们骚扰和追击。韦维尔将军于是在5月中旬，发动了自德军进入非洲以来英国的首次进攻。早在4月份时，英军就开始执行向埃及运送装甲部队的计划。5月12日，在损失了一艘载有57辆坦克的运输船后，4艘英国的运输船抵达埃及亚历山大港，共载有238辆坦克，比韦维尔为了保卫埃及而临时拼凑的坦克多三倍。不过，韦维尔将军没有耐心等待大量增援的到来，就决定趁隆美尔在托布鲁克遭到挫折和缺乏补给的时候，把集结在边境附近的杂牌军交由戈特准将指挥，试行出击。这就是"简短"作战计划。韦维尔的第一步打算是收复靠近海岸的边境阵地，并在敌人增援阵地守军之前，出其不意地消灭守军。如能得手，则乘胜追击，把隆美尔赶到托布鲁克以西。

韦维尔为即将出击的戈特部队调来了两支坦克部队：第二和第四皇家坦克联队。这两支坦克部队，一支担任正面进攻，一支从侧面迂回用以截断德军的退路。经过30英里的夜行军后，英军在5月15日清晨出其不意地直捣哈勒法亚山口（Halfaya Pass）顶上的意军据点，俘获了几百人，同时很快占领了另外两个据点。可是英军在到达卡普措堡前，一支德国战斗部队已清醒过来，从侧面插进来打乱了英军的攻势。英军虽然占领了卡普措堡，但担心被包围，所以又退了出来。而第二皇家坦克联队进行的迂回，也在德军的反攻威胁下撤退。

考察一下会发现，同时隆美尔的部署也是很有意思的。当时英军负责侧面迂回的第二坦克联队，其主要火力都砸向了由海尔夫防守的据点，使后者遭到了相当大的损失。于是隆美尔派了一个战车营,加上高射炮的增援,由克拉梅尔中校率领着去援助海尔夫。5月15日到16日的夜间,这两支兵力在西迪阿齐兹以西会合了。海尔夫的兵力趁着黑夜向克拉梅尔的部队靠拢,以使英军没有机会再把他们切成两段。哪知道他们在黑夜里互相错过了,因此到了16日的上午,克拉梅尔单独到达了西迪阿齐兹地区。

这样就一方面使得英军不了解德军的具体情况,暂停了进攻;另一方面德军由于夜色干扰未能顺利会合,便也开始退却。在彼此都不能摸清对方底细的情况下,双方都在退却之中。诚如李德·哈特精辟地指出的:作战双方对于彼此行动的看法是如何的不同。英军第七装甲旅已经推进到了西迪阿齐兹,因为突然听到德军夺回卡普措的消息,便赶紧撤回。他们觉得德军的实力远比他们所估计的更强大,所以英军指挥官决定撤回全部兵力,只留下少数部队守住哈勒法亚隘道。因为他们觉得最好还是等候大量援军到达后再进攻。这场战役虽是由英军主动发起,但结果双方还是打了一个平手,英军并没有占到上风。

但是,隆美尔很快就命令德意部队停止后退,他匆忙从托布鲁克调来一个坦克营,而戈特则退到他在战斗中首次攻占的哈勒法亚,并且不准备在那里坚守,只留下一支小部队,大军仍然继续后退。结果,德军在发现英军的弱点之后,于27日从几个方面突然发动进攻,重新占领了哈勒法亚山口。这是德军的一大收获,因为这个胜利大大阻碍了英军下一个更猛的攻势。此外,隆美尔还利用间隙,把几组88毫米高炮极有成效地改为反坦克炮,给前进中的英军坦克布下陷阱。在当时的德军反坦克炮中,最好的也只能在近距离才能射穿英国马蒂尔达坦克的厚装甲,但是88毫米的高炮却可以在2000

德军88毫米炮

码的远距离射穿马蒂尔达坦克的前装甲（本章开头曾提到过坦克前部的装甲厚度远超两侧的厚度），隆美尔手中握有12门这样的高炮，结果在战斗中发挥了十分宝贵的作用。隆美尔在这次作战中总共只有100辆坦克，而且一半都在托布鲁克；而英军却拥有200辆坦克，作战时处于4:1的优势，如果他们能在隆美尔把托布鲁克的第五装甲团调来之前利用自己的优势，完全可以把边境的德军消灭。

使这种原本的优势不复存在的原因，部分仍存在于英军的战术方面。具体来说就是，英国军队的进攻仍然建立在以步兵为主的基础上，同时他们把各类坦克混编在一起，其作用只是为步兵的进攻提供掩护。李德·哈特将这种模式称为"步兵心理"，其最大的缺点是使英军坦克数量的优势发挥不出来，并使隆美尔能尽兴地发挥他的指挥艺术。因为在隆美尔的坦克总量处于劣势的情况下，他可以集中其有限的坦克火力，对分散开的英军坦克实现各个击破。英军坦克虽多，却只能像孱弱的五指在空中挥舞，无法拧成一记重拳。此外，"步兵心理"的另一个表现在于，英军内各兵种之间缺乏有效的配合与协同，步兵根本不相信装甲兵可以给予他们支援，步兵总是担心他们一旦突出到前部去，就会暴露在敌方的装甲部队射程内，而英国的装甲部队只会溜之大吉或者坐视不管。所以英军虽然看上去是实现了步兵与装甲部队各兵种的联合作战，而实际上他们只能看作是搅和在一起却各自为战的两支部队。这样就不难理解为什么英军一旦遇上隆美尔的闪击之后，常常陷入混乱的原因。

让我们回到战场。当试探性的"简短"进攻流产后，丘吉尔要求在6月中旬发动第二次大规模的进攻，代号为"战斧"的作战计划。他给这次作战计划制订了雄心勃勃的目标，一是要在北非取得一场"决定全局"的胜利，二是要"消灭"隆美尔的部队。而韦维尔将军却比较审慎，他不相信真能取得这样的胜利，但希望能将德军赶回托布鲁克以西。当他调动好部队后，便分三个阶段开始了他的进攻。韦维尔的具体部署是：在第一阶段，由第四印度师负责进攻哈勒法亚—塞卢姆—卡普措这一线的要塞密集区域，他们将得到装备马蒂尔达坦克的第四装甲旅的协助；同时，第七装甲师的其余部队要在侧面的沙漠中负责掩护。第二阶段，第七装甲师应使用其两个装甲旅向托布鲁克扩张前进。到第三阶段，第七装甲师要实现与托布鲁克原英国守军的汇会，他们将一同向西推进。这个计划的问题在于，它在第一阶段就将装甲部队分出一半用来协助步兵，所以想要赶在敌方从托布鲁克调来援兵之前摧毁其边境地区的装甲团，就已剩下一半的机会了。由于在这个阶段就出了问题，导致后面两个阶段也很难按原计划展开、推进。相反地，三个阶段之间的间隙，使德军可以从容得到增援，所以整个进攻计划从一开始就埋下了失败的种子。

要到达敌军边境阵地，英国进攻部队必须行军30英里。他们从6月14日下午出发，到15日凌晨抵达攻击地点。但英军要求等到天亮坦克可以看清开炮目标时才行动，所以失去了奇袭的机会。而天亮则意味着英军灾难的开始，按部就班地打先锋的英军马蒂尔达坦克中队隆隆开进后，指挥官发回的第一个消息就是："他们在砸烂我的坦克。"在这个后来英军称之为"鬼门关"的地方，隆美尔布置了四门高炮，结果几乎每炮都命中。英军的这种13辆重型坦克，只有一辆逃了出来。与此同时，英军的中路纵队以一个联队的马蒂尔达坦克作前锋，迅猛地向卡普措堡前进，由于这一路没有德军的88毫米高炮，英军顺利地攻下了这个据点。而以巡逻坦克旅打头阵的左路纵队，却在哈勒法亚遭到高炮的攻击，损失惨重。到第一天黄昏时分，英国坦克已损失半数以上，而隆美尔的坦克几乎完整无损。而且从托布鲁克调来的另一个装甲团已经到达，优势开始倒向隆美尔一边。第二天，隆美尔开始了先发制人的进攻，虽然英军尚未溃退，但形势已十分不妙。第三天，隆美尔把所有机动部队都调到沙漠一侧，试图把英国军队赶到哈勒法亚隘口，并切断他们的退路。到上午9点钟时，威胁已十分明显，英国方面只得下令赶紧后撤。在卡普措堡的先头部队几乎是死里逃生，在坦克部队的拼死抵抗下，才得以脱身。到第四天，英军已被赶回了原来的出发点。

这一战，双方的人员伤亡不大，但英军却损失了91辆坦克，德军只损失了12辆。除此之外，这也标志着一种战术的新的转折。我们在前面的内容中已经讲过，自二战以来，德国的快速装甲部队几乎所向无敌，防御一方几乎软弱无力和必定失败。自6月份德军进攻苏联后，苏军在防御中遭到了惨重损失似乎也证明了这一点。然而，在这次战斗中，一向以进攻著名的隆美尔却打了一场漂亮的防御战，英军的大部分坦克是在德军的阵地前被摧毁的，而不是在坦克与坦克的对攻中。事实证明，防御战在了解新式武器性能的基础上，如指挥得当，可以在战场上重占优势。敌方只有靠雄厚的兵力或极其高明的作战技巧，打破双方力量对比，才能攻破对方的城池。隆美尔在北非证明了这一点，苏军在斯大林格勒也证明了这一点。可惜的是，双方的最高司令部，包括英国在内，都迟迟未能认识到这一点，结果让自己的对手钻了空子。考虑到英军战术上的固有缺点，德军在此役中对武器装备的创新运用为隆美尔挽回大局：德军不仅在防御中而且在进攻中，都能实现常规反坦克炮与战车的紧密配合，这在以后的作战中起到了关键性作用。事后对战事的分析发现，英军坦克最主要的损失都源于德军对50毫米反坦克炮的新用法：他们将这种轻便型小炮推进到距其本身坦克很远的前方，隐藏在有遮掩的位置上。英军坦克乘员不知道有这种埋伏，当他们的装甲板被一颗炮弹击中时，他们也分不清这火力是来自于坦克还是反坦克炮。可以想见的是他们只会将这攻击归因于比较容易看见的对手——坦克。这样的疑兵之计就让英国人误以为他们被德军大量坦克群包围，遂很快陷入慌乱之中。

虽然有着种种失误，但是韦维尔这次的计划部署还是得到了其对手的肯定。隆美尔在此役之后的笔记中曾评价道："韦维尔对于这一次攻势的战略计划很优秀。他和其他英国将领不同的地方，就是他具有伟大的战略勇气和善于取舍的决心，他能集中自己所有的兵力于一点上，而不被敌人的行动所左右。但他的最大弱点，就是受了他那重型步兵战车速度过慢的牵制，使他对于我们较快速的车辆，无法做出迅速的反应。他的装甲主力速度太慢，是一个致命伤，这是我们在技术上应该加以注意的打击要点。""英雄相惜"之慨跃然纸上，隆美尔的评价，也从反面印证了之前韦维尔对战场态势的评估。早在5月28日时，当英国最高当局对反击德军抱有很高的自信时，韦维尔就在提交给总参谋长的报告中提醒过，不要对这次反击的成功抱有太大希望，他具体的分析是：

    1. 装甲部队将是决定胜负的因素，现在所有可以调用的装甲部队都已投入"战斧"作战计划中。由于种种困难,第七装甲师的重编工作一再延长。从马特鲁向前推进,最早要到6月7日才能开始,而且可能还要更晚一些。

2. 我想应当告诉你,据我看来,这次行动到底能得到多少收获还很难说。我希望,这次战斗能把敌军赶到托布鲁克以西,并同托布鲁克重新建立陆上交通。在可能范围内,我们当尽量取得更大的成就。但是从最近的几次战斗中已经看出一些令人不安的问题。我们的装甲车太轻,不能抵御敌人战斗机的火力,并且由于没有安装大炮,抵御不了德国的八轮装甲车,后者有炮,而且速度也较大。这使我们的侦察工作甚感困难。我们的步兵坦克在沙漠上作战,速度实在是太慢了,并且已经在敌军强有力的反坦克炮的炮火下受到相当大的创伤。我们的巡逻坦克在威力或速度双方面都赶不上德国的中型坦克。技术上的障碍仍然太多。我们将不能不顾兵力的劣势,像对付意大利军队那样,具有十足的信心应战。以上的因素可能限制我们的成就,使我们必须经常不断地得到适当的装甲部队的增援,并保持足够的后备部队。

由此看来,实际上无论是隆美尔还是韦维尔自身,都已经洞悉英军的主要症结所在。不过问题在于,即便韦维尔发现了问题,他也无法在短期内实现有效的调整,况且他作为英国中东军总司令,留在北非的时间已经不多了。"战斧"行动失败后的第四天,韦维尔将军被解除了中东部队总司令的职务,其空缺由英国驻印度军总司令克劳德·奥金莱克爵士接替,实际上是两人职务进行了对换。丘吉尔在 6 月 21 日给韦维尔将军的电报中说：

　　我已经得出结论，认为任命奥金莱克将军去接替你指挥中东部队，是最符合公众利益的。你在胜利和失利时对部队指挥和统率有方，使我不胜钦佩，同你的名字联系在一起的那些胜利，将蜚声于英国陆军历史，并且对我们赢得这次艰苦战争的最后胜利来说是一项重要的贡献。但是，我觉得，在你长期肩负了这样艰巨的任务以后，这个受到最严重的威胁的战场需要一位具有新目光的人，需要一位新手。我确信，你是接任印度总司令的最适当人物和最卓越的军官。此事我已征询过印度总督的意见。他向我保证，你承担这个伟大的职位和任务将在印度受到热烈的欢迎，并且附带说明，他本人同一位具有——用他自己的话来说——"辉煌成绩"的人物共事，将感到自豪。因此，我打算向国王陛下提名你担任此职。

撇开首相在信中的种种恭维和溢美之词，韦维尔在北非的勉力维持确实使丘吉尔的内心产生震动。早在希腊战役期间，丘吉尔就曾对韦维尔的艰难处境设身处地地想过，他在回忆录中说："一直到在昔兰尼加、克里特岛和沙漠地区败北以后，我才体会到韦维尔将军的机构担负了多么重的担子，而得到了多么少的支持。韦维尔是尽力而为的，但是他手下的作战机构，力量却过于薄弱，因此他难以应付四五个同时进行的战役加在他身上的一大堆事务。"在 6 月下旬最高当局决定撤销韦维尔的司令职务时，丘吉尔还说了这样一段意味深长的话：

凡是逐一读过韦维尔将军与我及三军参谋长之间往来的电报的读者，对于我1941年6月下旬所采取的决定当会有思想准备。我们在国内有一种感觉，韦维尔已经是一个身心交瘁的人了。大可以说，我们把这匹驯良的马骑得走不动了。五六个互不相同的战区的非常任务汇集到总司令一身，而各战区的战事时得时失，尤其是失利的战局，这种种情况所形成的压力是军人当中很少有人碰到过的。

然而，这些都不能使丘吉尔放弃非洲的目标，他反而更想将轴心国逐出非洲。作为20世纪最雄才大略的政治家之一，丘吉尔拥有坚强的意志力和非凡的行动力，虽然他在某些问题上存在着战略误判，但是作为强势领袖的他，很少会公然否定自己所坚守的路线。然而这也并不意味着他是个头脑僵化、顽固执拗的保守党人，他明白在最微妙的时刻以灵活、精明的方式来调整方略。他不仅具有战略家的敏锐眼光，也具有处理复杂政治情势的智慧，同时他那百折不回、永不丧失希望的果敢坚定，在最艰难的日子里成为英国乃至西方世界的黑夜灯塔。他先后给非洲运送了5个坦克旅、3个摩托化步兵师以及其他的兵力和装备，丘吉尔将注意力全部放在北非，间接地导致了新加坡的失陷。所以有人说，新加坡的失守原因是隆美尔。虽然失之偏颇，但也确实能看出隆美尔在北非给英国人带来了多大麻烦，毕竟新加坡对于英国在远东的地位至关重要，这个港口城市丢失后英国在东南亚的局势也就恶化了。虽则如此，丘吉尔还是实在太想打一个胜仗，来振奋英伦三岛的士气，同时也给奋战的苏联人一点安慰——就在同月，希特勒挥师东进，苏德战争全面爆发。

相反，隆美尔尽管屡次在战场上获胜，他却几乎没有从德国得到什么增援。除了原有的4个坦克队外，只是把第五轻装甲师改为第二十一装甲师，但未能增加坦克，他后来自己拼凑了一个非洲师，改名为第九十轻装甲师。意军原有3个师（其中一个是装甲师），现又增加了3个小步兵师，但机械化程度不高，给隆美尔战略上的调动带来不少麻烦。唯一使他欣慰的是，经过一番争执，他现在已在事实上完全控制了北非战场上德意军队的指挥权。在英军的"简短"作战和"战斧"作战两次行动失败以后，我们似乎可以稍微探讨一下隆美尔为何总是以劣势的兵力获胜？这固然与英军战术上的缺点有关，但更为不可忽略的是隆美尔本人的战争才华：他能清醒地认识到沙漠作战的特殊性质，这里是装甲兵的理想战场。隆美尔认为，在广阔无垠的沙漠上，摩托化部队是最能发挥其威力的。隆美尔原本是步兵出身，他的《步兵攻略》备受推崇，已如前述。颇具讽刺意味的是，恰是这个步兵出身的将领，却在极短的时间内适应了装甲部队的作战技能，而没有养成英国人的那种"步兵心理"。与英国人不同的是，隆美尔不仅善于使用装甲兵，还能熟练地运用步兵来配合装甲部队的进攻。换句话说，他将重点放在以装甲部队为主体上。正如他自己所说，"装甲部队是一个摩托化军团的核心。其他的部队只是辅助性质，都跟着它转。所以对于敌人装甲兵力的消耗战，应该尽可能地使用战防单位来担负。自己的装甲兵力应该留作最后打击之用。"

当初，丘吉尔之所以将韦维尔将军调离北非，就是因为他不满于后者迟迟不肯发动对隆美尔的攻击。他原本以为任命新的总司令

奥金莱克将军：此时的奥金莱克将军担任英国驻中东部队总司令，照片摄于他任职期间

后会立即发动攻击，没想到这位奥金莱克将军的老成持重与其前任相比，有过之而无不及。奥金莱克坚决抵制要他早日发动进攻的压力，他要等到自己的力量强大得足以取得决定性胜利时才动手。这使丘吉尔大为恼火，但又不能马上换人。可以看出，丘吉尔对他先前的换帅之举是有多失望："奥金莱克将军做出的一项更严重得多的决定，就是推迟在西部沙漠对隆美尔的一切战斗，起初推迟三个月，最后推迟四个半月以上。韦维尔于6月15日采取的'战斧'行动是可以辩解的……（而目前的情形是）德军在整个这一段漫长的时期内完全不能前进。他们的交通线由于受到托布鲁克的威胁，不能运送必要的装甲部队甚至炮弹的增援，以使隆美尔除了凭着他的意志力和威望坚守外，还能有所作为。他的军队的给养问题使他煞费苦心，因而人数只能逐步增加。在这种情形下，英军既有足够使用的公路、铁路和海上交通线，而且在兵员与物资方面又不断地以比德军大得多的速度得到加强，就应该不断地和他交战。"结果，下一次代号为"十字军"作战计划的攻势一直拖到1941年11月中旬方才就绪。

在此期间，英军在北非的部队大大扩充，遂改名为第八集团军，由阿兰·坎宁安中将担任司令，他曾在索马里肃清意大利军队，并由此扫荡了意大利的东非殖民地。该军团分为两个军，即由戈德温·奥斯汀中将指挥的第十三军和由诺里中将指挥的第三十军。第十三军下辖新西兰师和第四印度师，另外还有一个旅的步兵坦克。第三十军含有第七装甲师，该师下分第七和第二十二两个装甲旅、第四装甲旅群、第二十二摩托化近卫旅，第一南非师也隶属该军。第二南非师充任预备部队。

英军这次进攻开始之时，也恰好是隆美尔准备进攻之时。如前面几章所述，在德军占领克里特岛和昔兰尼加之后，他们并未采取进一步措施去肃清英国在地中海的海上力量。英国仍控制着海洋的结果是，8月份隆美尔的补给和增援有35%是沉没在地中海之内的。但德国当局忙于应付对苏作战，对此无暇顾及。直到10月份德军补给沉没的比例高达75%时，德国当局才开始采取措施，把25艘潜艇从大西洋调到地中海来，形势才开始改观。英国的地中海舰队受到轴心国飞机、潜艇和水雷的联手攻击，航空母舰"皇家方舟"被击沉，战列舰"巴汉"号，两艘巡洋舰和两艘驱逐舰也被击沉。12月18日，两艘战列舰在亚历山大港内居然也被德国的单人鱼雷击伤，失去了战斗力。随后，英国的"K舰队"驶进意大利巡洋舰在的黎波里以北的布雷区，一艘巡洋舰和驱逐舰被炸沉，另两艘巡洋舰则受到重创。这些损失使英国地中海舰队丧失了所有重型舰只，而英国海军部却无法补充，因为远东战区急需军舰。于是，隆美尔可以源源不断地得到补给，他自然准备利用海上补给的优势在陆上对英军实行反击了。

然而，就陆上的兵力部署而言，英军远远超过了德意军队，由强大的一方发动攻势似乎是顺理成章的。英军的进攻部署是由第十三军牵制边境的敌军，而第三十军则迂回到侧翼，以"搜索和摧毁"隆美尔的装甲部队，然后再与托布鲁克突围出来的部队会合。但这种战术还是延续了英军的老路子，就是分散了自己的装甲兵力。英国装甲部队中威力最强的部分，即配备玛蒂尔达式和法兰亭式重坦克的旅，对于装甲战斗都不曾发挥效能，而只是分成了很多小队去帮助步兵作战。正如后来隆美尔所挖苦的："你们把坦克分散使用，听凭我各个击破，那么，即使你们有两辆，我只有一辆，又有什么区别呢？你们三个旅是一个接一个送上门来的。"

11月18日晨，英军第八集团军共约有100万士兵及700多辆坦克，开始向隆美尔发动了进攻。尽管德意司令部的情报人员不断提醒隆美尔这次即将发动的进攻，隆美尔却不愿相信这一事实，他为自己的同伴在苏联战场所取得的巨大战绩所鼓舞，急需攻下托布鲁克来满足自己的荣誉感，未曾想到英军的坦克已经逼近了。当时隆美尔的副官拜尔林将军对于这次攻击前后是这样记载的：

> 10月间，我们的陆军情报当局发出通报说，不断有强大的敌军部队和很多的作战物资进入埃及境内，情况相当严重，英军八成将发动大规模攻势。在此之前的9月间，我们从无线电窃听得知，已有南非和新西兰的部队从尼罗河三角洲开入马特鲁港——不久之后从对俘虏的审讯中也获得了证实。不过，我们的侦察部队完全没有发现敌人的行军和展开的行动。他们对于准备的掩蔽可以说是很不错。他们又停止了无线电通信，使我们无法从窃听中获知他们已经进入集中地区的消息。我们虽然也曾作空中的侦察，但因为飞机太少，所以并没有发现他们的部队运动，也许他们只在夜间行军，白天则利用巧妙的伪装潜伏着不动。此外，也许是天命使然，11月18日那一天，因为下大雨，所有的机场都不能使用，空中侦察也完全停止了。总之一句话，英国人这次的攻击是完全获得了战术上的奇袭效果。

英军第三十军在越过边境后便向右转，直趋90英里外的托布鲁克。18日傍晚，英军装甲部队已截断阿卜德小道，次日早晨向北推进。在击退隆美尔的掩护部队时，英军30英里宽的阵地扩展到50英里。在中路，英国第七装甲旅的两个先头联队进抵并攻克了西迪拉杰格陡坡顶上的敌军机场，那里距离托布鲁克的环形防线只有12英里了。然而，这支部队的其余部分和支援部队第二天（即11月20号）才到达，而隆美尔已从突然的打击下清醒了过来，并把非洲师的一部分和大量反坦克炮调到那里，将英军成功地阻挡在那里。英军无法得到增援，因为在西面和在东面的装甲旅都遇到了困难。

西面的英军第二十二装甲旅碰上了意军坦克，结果这支首次参加沙漠战的部队勇猛进攻，令英军司令官非常满意。但他却未注意到，由于受到意军固定炮位的袭击，这支部队损失很大，160辆坦克中损失了40多辆。在东侧，英国第四装甲旅在追赶一支德军侦察部队时，队伍越拉越长，头尾相去有25英里。不料在尾部的部队突然遭到一支强大的德军装甲部队的袭击，英军的先头部队尚未折过头来，尾部的部队已遭到沉重打击。原来这是隆美尔的第一次反攻行动，进行攻击的是一支强大的装甲部队——第二十一师的两个坦克队。不过，这一侧英军装甲部队的运气总的来说不错，因为他们总算没有遭到整个德国非洲军的集中打击。由于缺乏空中侦察，德军仍在"战雾"中盲目摸索，并且第二十一装甲师在东进路上因燃料耗竭而暂停进军。英国人所犯的错误是，他们迟迟没有趁德国非洲军暂时离开战场的时机好好休整一下，也没有采取步骤把三个分散的装甲旅汇集起来。拜尔林事后也发现，"英军把他们的装甲旅分成独立的单位，个别投入战场。这样就使我们在每一次战斗中都能获得局部的优势。这种战法是非洲战场上一个最有趣的现象，由此也可以显示出隆美尔的确是高人一等。"

11月21日，当晨光初露时，贾卜尔萨莱勒的英国装甲部队发现阵地上已不见敌军踪影。这次隆美尔不再是无的放矢，他现在对英军的部署已胸有成竹，并命令克鲁威尔这位来自莱茵的德国将军，把非洲军的两个装甲师合在一起，对西迪拉杰格的英军先遣部队来一个集中打击。英国方面则刚好通知这支先遣部队向托布鲁克挺进，并命令托布鲁克的守军开始突围。但部队还没开出很远就遭到阻击。上午8时，只见两支德国装甲纵队从东南开来，英军的三个装甲队有两个分头去应战，只剩下第六皇家坦克团向托布鲁克进军。然而，他们不久就被敌军的炮火打垮。与此同时，另外两个装甲队也遭到了德国非洲军的全力攻击，其中一队被德国第二十一装甲师冲垮，几乎全军覆没。另一队多亏了边开车边射击的高超技术，才迫使敌军暂时退却。但在下午，德军又发动进攻，并机智地运用了新的战术，这就是我们在前面提到过的，他们把反坦克炮隐藏在坦克前面，集中轰击英军坦克的侧翼。结果，英军第七装甲旅遭到严重损失，只是因为英军第二十二装甲旅赶到，才免于全军覆没。而在托布鲁克那边的英军部队，自然也没有突围成功。

那天战斗的整个黄昏，隆美尔自始至终从望远镜里观察着战斗的进行。这一天正好是"死亡星期天"，这个日子是德国人对第一次世界大战中的死难军民的纪念日。"西迪拉杰格以南的宽广平原上面，现在到处都是烟尘和灰沙。能见度极低，有许多英军的战车和炮车逃向东面和南面，并没被我们捕获，但是大部分敌军却还是被困在那里。天已经黑了，战斗却没有停止。好几百辆各式的车辆，被烧得火光冲天，照耀在这个'死亡星期天'的战场上……"坦克中弹起火的情景是令人恐怖的：长长的火舌从每一个通气孔喷向外面，座舱里的弹药开始爆炸，直到整个外壳在膨胀和摇撼为止，熔化了的金属熠熠闪光，像眼泪一样向外流淌；紧接着，橡胶和油类也起了火，形成一种恐怖的烟雾，在坦克残骸的旁边躺着坦克兵的尸首，不是缺头少腿，就是烧得焦黑。这些焦黑的尸体使每一个坦克指挥官的良心都受到沉重的折磨。这样的事如果有朝一日发生在隆美尔头上，他或许早有准备，但他是一个指挥官，毕竟没有借口推卸自己肩上的责任——如果他指挥失误，他将无法逃避良心的谴责，然而这仍然不能阻止他孤注一掷进攻的决心。

到第五天拂晓，德国非洲军又一次失踪，是去补充燃料和弹药。即使这样短暂的间歇也不合隆美尔的心意，他命令部队继续战斗。大约在中午，隆美尔到达第二十一装甲师司令部，命令该师迁回前进。装甲团向西挺进，穿过西迪拉杰格北面的山谷，转过来攻打那里的英军阵地的西侧，趁剩下的两个英国装甲旅还未来得及投入战斗，就冲上陡坡占领机场，击溃守军。英军装甲旅的反攻为时已晚，且互不配合。而与隆美尔失去联系整整一天的克鲁威尔将军，于那天下午独自决定派第十五装甲师向西扫荡，他们恰好在英军第四装甲旅（此乃英军唯一尚未遭受损失的装甲部队）"夜间会合"时冲进敌营。在随之而来的混战中，克鲁威尔缴获了50辆装甲战斗车，并俘房了英军的旅指挥部。当时该旅司令官在西迪拉杰格指挥反攻，巧妙地躲过了被俘，但等到23日拂晓时，他发现剩下的一旅人已被打得支离破碎，对散兵已无法指挥和重整。

11月23日的战斗自然成了众所周知的事。夜间，在西迪拉杰格的英军向南稍退，等待正调来增援的第一南非师。但两军始终没有会合，因为德军两个装甲师在晨雾中突然出现，来了个集中突破，打得英军和南非军措手不及，迫使他们狼狈溃逃。但克鲁威尔没有弄清情况，下令停止进攻，因为他想等意大利军队会合后再给英军致命一击，结果坐失了良机。等到下午他重新进攻时，英军已站稳了脚跟。于是，一场惊心动魄的战斗展开了：克鲁威尔的坦克全速向北滚滚而进，喷射着穿甲弹和机枪子弹的火焰。他们遭到了英军火力的阻击，炮弹和子弹呼啸着从他们头上掠过，炮火和车辆燃烧的浓烟遮黑了地狱般的战场。德军坦克遭到重创，但大部分仍继续前进，拼命地向敌军冲击。德军军官笔直地站在自己的小车和卡车上，以此鼓舞自己的士兵。在弹雨中军官们一个个地倒下，但马上有人上去替代他们，诚可谓是前仆后继。于是，在下午6点多钟，德军终于攻进了英军的阵地。克鲁威尔代价高昂的蛮力战术最终以歼灭英军第七装甲师残部和第一南非师大部而告结束。

这次激烈的战斗，毫无疑问是德军占了上风。英国第三十军投入作战的500辆坦克，只剩下70辆还可用于作战，但是德军也付出了沉重的代价，非洲军剩下的160辆坦克中又损失了70辆左右。因此，尽管英军与德军的损失不成比例，但德军为这一战术上的胜利削弱了战斗力，英军有大量的后备可以用来恢复坦克的实力，而隆美尔却一无所有。所以，隆美尔的巨大胜利仍未使他摆脱战场上力量对比的劣势。

不过，隆美尔喜欢冒险的天性，却不愿使他就此罢手。他已经决定进行一次突然袭击，这一决定是如此大胆惊人，以至于他自己对这种赌徒式的做法仍有所保留。隆美尔原本不太清楚托布鲁克以南的作战详情。此时敌军大部已在西迪拉杰格被击毁，只有少数侥幸逃脱了。这个事实使隆美尔的决心益加坚定，他早已决定深入敌人后方向西南面挺进。隆美尔这样解释他的计划："既然英军指向托布鲁克的兵力大部分已被击毁，那么我们就应该向东进攻，以击毁新西兰和印度部队为目的，使其无法和其他主力的残部会合在一起，再向托布鲁克发动联合攻势。同时我们应该攻下哈巴塔和马达里拉，以切断他们的补给线。我们应该趁敌人在新败之余、震惊的意识尚未消失之前，马上迅速前进，尽可能把我们全部的兵力攻到西迪奥马尔。"隆美尔想趁敌人在混乱和溃散之中，尽量扩张战果——他知道敌人此时一定站不住脚跟——他希望出其不意地冲入塞卢姆防线以南的地区，使敌人的混乱情形更加扩大，最后不得不逃回埃及境内。这种行事风格之大胆，也符合隆美尔一向的作战规律。为实现上述计划，德军的全部机动兵力都被指派参加这一次作战。从24日上午10点开始，他将驱使自己的两个装甲师沿特里弗阿德猛扑西迪奥马尔的边境铁丝网，直指塞卢姆前线的沙漠尽头。他将消灭肯定会在那里集结的英军，然后再横跨英军集结处回攻利比亚，解救危及托布鲁克的给养线，并彻底歼灭英军第八集团军。

隆美尔出发时，甚至连牙刷也没有带，因为他认为当天晚上就可以回来。结果，他的作战部长就此与他失去了联系，不知他的司令官究竟到哪里去了。然而，隆美尔自己却充满信心，他要打击的不仅是敌方部队及其补给的后方，而且也是敌方司令官的意志。当然，隆美尔当时还不知道他的打击真会有这样的效果，因为在前一天坦克战惨败后，英军的坎宁安将军曾考虑过退出边境，只是因为奥金莱克将军从开罗飞到并坚持继续战斗才中止。但后来隆美尔迅速向边境进军，英军仍然仓皇溃退，第八集团军司令部当然更为惊慌。

当天下午 4 时，隆美尔已在五个小时内奔袭了 60 英里路，穿过沙漠到达边境的谢费尔增井（Bir Sheferzen）。刚到这里他就派出一支战斗队穿过边境铁丝网，向哈勒法亚山口推进，以控制英军的退路和补给线，同时威胁其后方。可是隆美尔亲率的这支战斗队因机械故障停滞，幸而碰到克鲁威尔将军路过那里将他带走。但天色已晚，他们找不到返回的路，结果只好在边境那边过了一夜，竟然未被英国军队发现。由于隆美尔的"失踪"，以及其装甲部队和意大利军队的延误，所以英军就可以乘机休整了。11 月 26 日清晨，尼尔·里奇被任命为第八集团军司令，接替了坎宁安的职位。英军的运气还算不错，因为德军在进攻时错过了英军的两大补给集散地，否则后果很难设想。

隆美尔的冲击虽然已失去声势，但是英军在 26 日早晨的处境仍然十分危急：第三十军已经分崩离析，第十三军的部队也因无线电发生故障而成为孤军。但德军情况同样不利，他们也因失去联络无法采取紧密配合的迅速行动。而第十三军的一些先遣部队继续西进，与托布鲁克的部队会合，对隆美尔的后方施加双重威胁。结果，德国装甲兵团司令部接连发出信号，呼吁装甲师返回援救。后方要求增援，前方又碰上无线电故障和燃料短缺，隆美尔再也无法继续反攻了。26 日清晨，他命令由第十五装甲师在一面，第二十一装甲师在另一面，同时展开进攻以"迅速肃清塞卢姆前线敌军"。但是他发现第十五师已返回巴尔迪亚去补充弹药和燃料了，等到十五师返回战场时，第二十一师因为误解命令也返回巴尔迪亚去补充燃料和弹药，这种不可饶恕的疏忽竟然同时同地发生，实在叫人哭笑不得。

因此这最后一天无法展开战斗,至傍晚时分隆美尔无可奈何,只得决定让第二十一装甲师继续向托布鲁克撤退。第二天,第十五装甲师在凌晨发动进攻,摧毁了垫后的新西兰旅的司令部和接应部队。然后,他们也遵照隆美尔的命令跟着撤退了。一开头看来大有希望成功的反击,就这样悄悄结束。

事后人们常常批评隆美尔的反击是鲁莽从事,他们列举了种种理由来责备他,有些还提出了种种可供选择的战法,例如应就地消灭新西兰军的残部、全歼第三十军、集中全力占领托布鲁克等。然而,评论家们往往由于隆美尔的指挥艺术和辉煌战绩而忽略了以下基本事实:从一开始,隆美尔就在数量上处于很不利的劣势,因此在持久的消耗战中,他注定要被打败,他剩下的只有一种选择,那就是抓住一切可能的机遇迅猛出击,以求在给敌军造成混乱的情况下重占战场的优势。以往的作战历史也证明了隆美尔的这种铤而走险是相当奏效的,即通过其对敌方部队的心理作用,尤其是对指挥官心理的作用,在 4 月和 6 月他已经两次成功地以少胜多,使英军败退。这次对边境地区的进攻虽然已是德军兵力获增援以后发起的,但是其兵力对英军的劣势仍然未变,所以这次的行动仍是与前两次同样类型的,只不过规模更大、威力更强。我将看到,两个月后的 1942 年 1 月,他将第四次用这种办法成功击退英军。

既然隆美尔的战略反击没有达到目的,那么问题首先就在于他能不能从失败中恢复过来?其次是有没有可能重占优势?令人惊叹的是,他不仅恢复了过来,并且重占优势。但是在消耗战的影响下,他的实力已大为削弱,无法利用重新取得的优势,最后还是不得不退却。到 12 月初,两军经过一阵混乱的搏杀后,第三个回合已近尾声。在此时德军已取得了惊人的战果,这个回合刚开始时,他们作战坦克的数量处于1:7的劣势,到结束时,已将比例降为了1:4。当然,英军在数量上仍占优势,奥金莱克将军正确地估计到了隆美尔部队的潜在弱点,遂决定派新得到补充的装甲部队采取两翼包抄的新的攻势,以切断隆美尔的补给线和退路。

隆美尔得知这一消息,就决定向西撤退,并集中剩下的坦克,一举打乱英军的两翼包抄。1941年12月4日晚,德国非洲军放弃对托布鲁克的包围,向西退却。但是,当英军的第四印度师的部队向前推进时,隆美尔的装甲部队突然到来并发动攻击,结果这部分部队一部被击溃,另一部到天黑时总算逃脱。进攻遭到挫折后,英国第三十军司令诺里更加小心谨慎,决定推迟攻打阿克鲁马的计划。而当时英国第三十军辖下的第四装甲旅,连同新运到的坦克总计有136辆,几乎等于德国非洲军所剩全部坦克的两倍,但该旅却十分注意保护自己,不去诱捕敌人,结果丧失了切断隆美尔退路的时机。英军原本谨慎小心的作战风格,在经过隆美尔的几次奇袭之后,变得愈发畏首畏尾、止步不前。

12月7日,隆美尔接到通知,说在年底前不可能有什么增援,因此决定进行战略上的总后退,撤至贾扎拉防线,此地是利比亚东北部海岸上的一个小村庄,位于托布鲁克以西37英里处。德军已经开动了很久,英军才意识到发生了什么事。于是,英军这才缓慢地开始了进攻,此时已是12月13日。到15日时,英军终于在贾扎拉阵地取得了一个立足点。但在中午时分,德军装甲部队的一次反攻再次奏效,把英军的先遣部队吃掉了。英军最高统帅部仍然指望部署在敌军后方的强大装甲旅在第二天击溃敌军。可是在16日清晨,第四装甲旅为了在万无一失的情况下补充燃料，竟向南退了20英里。到他们下午返回时，就遇到了德军的狙击，于是相互远射了几炮，就又退到南边过夜了。对于英军的这种表现，分析家得出的印象是，他们最大的愿望是将敌人送走，而不是消灭他们。

事实上，隆美尔的确又一次退走了。15日的反击虽然胜利，但他手中的坦克也不过30辆，而对手的坦克却仍有200多辆。因此这个一贯喜欢进攻的人，这次却毅然后退一大段路，以便和英军脱离接触，等待援军到来。他准备退到卜雷加港咽喉地带，那里既便于进攻也便于防守。12月19日，隆美尔在班加西港口得到了两个坦克连（共包括30辆坦克），这还是他自从"十字军"作战计划开始以来首次得到的增援。他立即用这支新的力量组织了反攻。12月21日，他从侧翼突然包围了正在前进的重新装备起来的英国第二十二装甲旅，经过3天战斗，英军坦克大约有30辆设法逃出，但损失了65辆。英军的这一失利，为长途追击形成一个令人沮丧的结局。但是隆美尔的被迫后退，总算给英军一个很大的安慰，这只不可战胜的"沙漠之狐"，原来也有退却的一天。

隆美尔在1941年的这次战斗中虽然作了他生平第一次撤退，但似乎并没有影响他"沙漠之狐"的声誉。如果从他在战场上始终是以劣势兵力与对手搏杀这一事实看，就更无可指摘了。公正地说：他在北非的战绩是杰出的，并使他跻身于世界级的著名将领之列。那么，他成功的秘诀是什么呢？毫无疑问，他是一个天生的战争动物，也是一位沙漠勇士，他在这里找到了他先前就不曾怀疑过的自己身上的那些才干。在缺乏界标的沙漠上，他发明了一种离奇的定位方法，在他的记忆里似乎登记着每一个空油桶、石堆或被焚坦克的位置。他还获得了沙漠居住者的第六感官：一天，他和他的参谋长驱车驶过远处的沙漠，他突然大叫道："赶快撤退！半小时内敌人将到达这里！"果然，不一会儿远处就扬起了尘土，敌人的装甲部队正滚滚而来。他同样也善于创新，除了战略上，他在战术上也是如此。比如用88毫米高炮打坦克，这就是一大创新。如果不是用这种打飞机的高炮，德军几乎无法对付英国的玛蒂尔达坦克。一名被俘的英军少校要求看一看摧毁他坦克的大炮，当他发现是高炮时，他不由愤愤地说："这太不公平了，竟然使用打飞机的高射炮来打坦克！"不知道这一秘密的英军猜测，这是德国坦克发射的一种令人震惊的炮弹，于是国外军界每每谈及隆美尔和他的坦克时，都不免流露出敬畏的神情。所有这些，都给这只"沙漠之狐"增添了神秘的色彩，成为他常常能出奇制胜的一个重要因素。

然而，正当隆美尔的退却使英国人松了一口气，认为这只狐狸已被套上了嘴再也无力进攻之时，隆美尔又一次突然出击了。由于人们普遍相信隆美尔已经丧失战斗力，这次出击同1941年初的那次出击一样，隆美尔再次凭借那种心理战术取得了出奇制胜的战果。

八
需要胜利

　　由于在1941年12月7日，日本偷袭珍珠港，美国也正式向日本宣战，从而使第二次世界大战的战火蔓延到太平洋地区。英美等国在远东地区的利益遭受严重破坏，12月22日，英国首相丘吉尔冒着被德国潜艇袭击的危险，横跨大西洋与美国总统罗斯福会晤，他们这次在华盛顿的会谈代号为"阿卡迪亚"（Acadia）。此后由美、英、中、苏等26个国家于1942年1月1日在华盛顿签署《阿卡迪亚会议宣言》，这就是后来为联合国奠基的《联合国家共同宣言》。

　　但是当丘吉尔风尘仆仆回到英国时，英军在各条战线上的形势都在恶化，这样就使得丘吉尔内阁面临巨大压力。用他本人的话说："我自己为了我们已经遭受的种种失败，惴惴不安，谁也不比我知道得更清楚，这些失败还只是大灾难的开端。澳大利亚政府的态度，各报纸消息灵通而又不着边际的评论，二三十位能干的议员的诡谲的经常的冷嘲热讽，议院会客厅的气氛，使我觉察到有一种令人为难的、不愉快的、无法回答的但又是肤浅的意见，从四面八方，气势汹汹地向我逼将过来。"但是作为非凡政治家的丘吉尔，越是在这样的艰难时刻,他的公共形象反而愈是要坚定自信。因为他知道,英国的人民仍然站在他这一边,对他全力支持。这种自信和强势,在他话锋一转之间可见端倪:"另一方面,我很知道自己处于有利的地位。……由于情况的需要,我曾向周围人士明白指出,对我一个人的职权和责任有丝毫的削减,我是不容许的。新闻界议论纷纷,主张我继续担任首相,发表演说,但是把指挥战事的实际工作让给别人担任。我决心不向任何方面做出让步,自己负起首要的直接的责任来,要求下议院对我投一次信任票。我还记得法国人有句名言,'Onne règne sur les ames que par le calme'法语:只有镇静才能控制人的心灵。"因此,在1月27日下议院的辩论中,丘吉尔发表了长篇演说,在经过三天的辩论之后,他以464票对1票赢得了信任。由于他在这篇演说中谈到了英国在各地区战场的情况,并就当下的部署做出了分析,也就能为我们提供有关此时战争概况的比较全面的了解。因而下面将重点引述他的这篇演讲词。

丘吉尔开门见山,提出了他需要进行一次信任投票的目的,他说:

> 自我回国以来,我得出一个结论,我必须要求下院一次信任投票的支持。这完全是正常的、合乎宪法和民主程序的。已有人提出对战事进行辩论。我已经安排了三个整天时间进行最充分、最自由的辩论。任何议员都可以畅所欲言,随心所欲地议论政府、政府的组成或具体人员的是非,只需对军事秘密予以保留,而下议院一向是谨守这一点的。你们还能有比此更大的自由吗?你们还能有更高度地发挥民主的办法吗?在为生存

英国首相丘吉尔

而战时，极少有国家能有如此坚强的制度，能做到我们这样。

> 我有义务向下院解释，为什么此时此刻需要特别的支持。有人建议，我们应当用三天时间进行一次这样的辩论，在辩论中，政府无疑会受到一些担子较轻的人猛烈的抨击，但最后我们散会即可，不必表决了。如果这样的话，新闻界中抱敌对态度的悠悠之口——有些已公开表示了敌意——就会说政府的信用破产了，甚至在所有这一切已经过去、所有的辩论已进行过之后，还会暗示，说是有人私下里劝说我，如果我要求议会举行信任投票，将是鲁莽草率之举。

接着他表示了当下内阁和他本人面临的压力，以及他希望从议员那里得到的支持：

> 我们近来从远东得到了许多坏消息，我想，很可能还会有更多的坏消息传来，原因我稍后就要说明。夹杂在坏消息中的，还有不少指责我们在见识和行动上都有罪过或错误的流言蜚语。发生了这样的灾难，谁也不敢说不存在缺点和过失。我看这一切正像风浪一般向我们袭来，这也是我要求在这场斗争中从未退缩的下院举行一次正式的、庄严的信任投票的另一个原因。下院如果不能坚持两件事，就是有负职责。第一件是自由辩论；第二件就是在辩论后进行一次明确的、诚实的、坦率的表决。随后，我们就都了解了自己的处境，而所有我们必须打交道的人，无论在国内还是海外，无论是朋友还是敌人，也就都了解了我们的处境，以及他们自己的处境。因为我们即将举行的自

由辩论，可能只有二三十位议员能发言，所以我要求另外三四百位不得不静坐聆听的议员们也能发表意见。

因为局势在恶化，而且还可能进一步恶化，所以我要求一次信任投票。今天就将诉诸文字，稍后提出动议。我看不出这会对任何人不利。一位议员也许有建设性的批评意见，甚至可能对行政机构有严厉的指责，并且可能他对政府一向是这样看待的，那么他尽可以继续批评，并且可以批评得更厉害。而如果一位尊敬的议员先生对政府极不满意，并认为只有让它倒台才符合公众利益，那么他也应当有勇气在议会大厅里验证他的观点。辩论中没必要含糊其词。任何人都不会反对说任何话，请坦率些，再坦率些，政府将以最大的努力，遵从辩论过程中设定的任何标准。不过任何人都不必在辩论中拐弯抹角，任何人都不必在投票时有所顾忌。我就曾经投票反对过我当选时支持的政府，回想起来，我时常会为这样做过而感到高兴。在这艰难的时期，人人都应当做他认为尽职尽责的事情。

议会下院，作为当今世界上权力最大的代议制会议，也必须——我相信也会——牢记它的全部行动在国外产生的影响。我们还必须记住外国人在看待我们国家及其行事方式时，会感到多么奇怪。当几个月前鲁道夫·赫斯飞到这里时，他坚信只要接触到这个国家某些圈子的人，他所谓的"丘吉尔集团"就会倒台，并成立一个能够与希特勒谈判达成宽宏大量的和平的政府。与赫斯的观点相连的唯一重要的事实是，他刚刚从希特勒的秘密会议桌旁来，还习惯于那里的气氛。但我可以向你们保证的是，自我回国以来，我收到了十几个国家焦急的询问，看到了有关敌人在许多国家的宣传的报道,都在关注着一个话题:英王陛下的现政府是否会下台。这在我们看来可能是个愚蠢的问题,但在我出国的那几个月,它的确对我们的共同行动是麻烦和有害的。我绝不是要在当今形势下谋求任何特殊的、个人的好处,但我相信下院愿意表明自己的立场;因此我支持行使历史悠久、合乎宪法的议会原则:自由辩论,忠实投票……

为了在议会中营造有利于自己的氛围,首相回顾了自大战爆发以来英国当局所做出的种种努力和艰难奋斗:

> 从来不曾有过那样一刻,也从来不可能有那样一刻,大不列颠或大英帝国既能够单枪匹马地同德国和意大利作战,能够进行不列颠战役、大西洋战役和中东战役,与此同时又能在缅甸、马来半岛,以及更广阔的远东地区做好充分的准备,应付像日本那样拥有70多个机动师、位居世界第三的海军力量、一支庞大的空军的强大军事帝国的冲击,以及八九千万凶悍好战的亚洲人的进攻。如果我们一开始就将我们的力量分散在远东广大的地区,我们早就被消灭了。如果我们把前线迫切需要的大批部队调往尚无战事,甚至可能永远无战事的地区,那我们就完全错了。我们就会错过足以使我们大家平安地脱离苦海的机会——而现在看来还不仅是有机会了……
>
> 在即将来临的表决中,议会应当做出判断的突出问题是,国王陛下的政府将我们能够用于海外的兵力和装备明显地优先配置在俄国、利比亚战场,以及在稍小的规模上,配置于危险

的黎凡特——里海防线，这是否正确；我们暂时在远东维持着比其他战场要低许多的病例和装备，是否正确……

他继而谈到最近的战争局势和他为实现战时同盟而做的努力：

让我再回到最近几个月来，特别是最近几个星期来，对我们局势的可怕变化，做个总结。我们必须考虑1942年的战争前景，也必须考虑1943年的战争前景，但如我刚才说过的，再往更远处看就没有好处了。当美国遭到日本、德国和意大利的偷袭和进攻时——也就是说，1941年12月7日后的几天——我确信我有责任跨越大西洋，与美国总统和美国政府建立尽可能密切的关系，并且让英国三军参谋长及其在大洋彼岸的代表，与出面接待他们的美国三军参谋长建立最密切的个人和专业的联系。

跨越了大西洋后，我显然有责任访问伟大的加拿大自治领。议会将满怀敬意并饶有兴趣地读到加拿大总理昨天就加拿大在人力、金钱和物资方面，为我们共同的事业做出的巨大并且越来越大的贡献所做的讲话。他们的贡献中一个引人注目的部分便是加拿大政府对我国的财政援助，总数为10亿加元，相当于2.25亿英镑。我知道议会一定希望我就这一雪中送炭的无比慷慨的援助，向加拿大政府表示我们诚挚的谢意。在整个大英帝国的历史上，从来没有过如此大规模的援助，这是加拿大为战争的胜利做出最大贡献的决心的掷地有声的证明。

在我和罗斯福先生及其家人一起度过的三个星期中，我不仅和他建立起了同志关系，而且我认为可以说是建立起了深厚的友谊。我们彼此无话不谈，无论是多么痛苦的话题。当我们分别时，他紧紧地握着我的手说："我们将不惜一切代价，奋战到底。"在他的背后，美国人民迄今尚未完全动员的巨大力量正在崛起，他们为生存而进行的战斗，将获得整个或几乎是整个西半球的支持……

演讲结束之前，丘吉尔以他惯常的自信和坚定，向议员们呼吁：

我虽然感到胜利和解放有汹涌澎湃之势，一定会把我们和所有受苦受难的民族平安地带到最终的目的地，但我必须承认，我感到战争的压力比1940年那个惊心动魄的夏天还要沉重。有那么多已经开辟的战线，那么多需要保卫的薄弱点，那么多无法避免的灾祸，既然我们已经获得了喘息之机，对于战争中的意外曲折，便又响起了那么多尖锐的批评声。因此，我作为下院的公仆，认为有权利到这里来，请求大家不要再对我施加压力，逼迫我采取违背良心和正确判断的行动，或者去找替罪羊以巩固我自己的地位；请求大家不要再对我施加压力，逼迫我去干那些哗众取宠于一时而最终无益于战争的事情。恰恰相反，我请求大家给我鼓励，给我帮助。我从来不敢预测未来。我坚持我原来的纲领：我所能提供的，只有热血、辛劳、眼泪和汗水，以及五个月后我又添加的，"许多错误、缺点和失望"。但是，正因为我看见了光明已在乌云背后闪烁，并将越来越亮地照耀我们的前程，我此刻才会如此大胆地要求下院宣布对我的信任，以作为联合国武库中一件新添的武器。

然而，无论丘吉尔在演说中表明了他对战争前景多么乐观和自信，这却不能改变英军在北非前线作战失利的这一事实。时间进入到1942年，这一年之中非洲战场出现的反复无常，比1941年还要激烈和影响深远。

自1941年最后两个月以来，英军在昔兰尼加固然是节节败退，但是对隆美尔而言同样也是一段难熬的日子，他的当务之急是能够生存下去。因为他的反击尽管取得胜利，然而源源不断得到补充的英国军队，仍然像一只大象一样紧紧地威逼着他。反观同期德国军事当局对隆美尔的援助，则显得相当匮乏。隆美尔对此有着清醒的认识，他认为德国对北非战场的援助之所以困难，其主要原因就在于两点：首先是德国最高统帅部从未清醒地认识到北非战场的重要性，因而也就不曾给予相应的重视。其次就在于，意大利人在海上的表现太糟糕，完全无法抵消英国人的行动，此期英国的海军和空军在地中海上非常活跃，这给北非的轴心国部队带来了大麻烦。隆美尔进一步详细分析了这两方面因素，他有着自己的战略构想：

> 他们（指德国统帅部——引者注）不知道只要用相当少的兵力，即足以在近东地区大获全胜。从它们的战略和经济上的价值来说，要比征服苏联南部的顿河河湾划算得多。在我们面前的领土蕴藏了大量的原料。而征服中东足以解除我们的石油荒。假使我这个军团能够再增加几个师的兵力，并且保证补给充足，就可以击败在近东地区的整个英军部队。

但是实际的情形却完全相反。我们要求增援的请求被拒绝了，他们的理由是：东战场交通工具的需求量太大了，德国的生产力供不应求，无余力为非洲战场增加更多的摩托化部队。很明显，德国最高统帅部的看法仍和1941年时完全一样。他们认为非洲是一个"得不偿失"的地区，若是把大量的人力和物资投入这个战场，一定不划算。这真是一个短视的看法！他们一向认为补给的困难是无法克服的，其实并非如此。问题在于需要有一个坐镇罗马的人，全权解决一切困难。我们政府对意大利的政策实在太纵容了，结果使德意联军的兵力在北非严重受损。

的确，东战场对于德国的物质资源而言，是一个极沉重的负担，尤其是在1941年到1942年的冬天，德军在东战场上丧失了大批的装备。不过话虽如此，我却深信由于北非战场的前途无限光明，从欧洲比较不重要的地区抽出几个机械化师来供我们使用并非不可能。最基本的问题在于他们不了解这种形势，所以不肯动手作任何的调动。这实在是"不为"，而非"不能"。

从整个二战期间德国的通盘战略部署来看，隆美尔此时的考虑也是具有先见之明的。德军在北非的兵力总数从来不曾超过3个师，况且其编制常常不满员。即便以这种战斗力量就已经使英军在18个月内损失惨重，几乎被赶回到原出发点。那么假使德国提供更大的兵力支持，则英国人可能真的就要丢掉北非了。1942年的7月份，隆美尔用尽力量压到埃及边境上，却已是强弩之末，自此受阻于阿拉曼（El Alamein，位于埃及北部，临地中海，东北距离亚历山大港

104公里），非洲战局进而彻底扭转。可是自从丧失了北非以后，德国人反而要分出更多的兵力应付英美盟军。西西里岛登陆和诺曼底登陆实现后，德军不得不在意大利和法国投入约70个师的兵力。如果在1942年仲夏时，德国就将6个机械化师部署增援到北非，则英军还能否守住在埃及的桥头堡，还真是有很大的疑问。

然而，就在1942年1月最初的日子里，形势的发展似乎又让隆美尔乐观起来了。在德国凯塞林元帅的指挥下，一支新的空军部队到达了地中海，潜水艇也不断袭扰着英国的舰队。于是，德军运送到非洲的物资增加了。1月5日，一支由9艘商船和6艘意大利军舰组成的舰队，偷越了地中海上英国海空军的封锁网，终于安全在的黎波里靠岸，他们给隆美尔带来了50多辆坦克和2000吨航空汽油。这是希特勒给他这位宠爱的将军送的新年礼物。

得到了这批增援，又得到报告说英军先遣部队兵力薄弱，隆美尔就立即瞒着他的上级开始计划反击——无论柏林还是罗马都搞不清楚这位将军头脑中的鬼主意，他在黄昏时命令运输车队故意向西开出，然而一到天黑，立即调头向东猛进。虽然他知道他的150辆坦克将与对手的360辆坦克对阵，但是隆美尔对自己的计划完全有信心，因为慢吞吞地追击撤退中德军的英国人，决不会想到这支撤退部队会进行这样一次大胆的全面反攻。他十分有信心地向他的同僚宣布："我们要向他们发动突然袭击，并一举歼灭他们！"当然，这次行动必须瞒过意大利人，他在写给妻子的家信中说："情况已经发展得对我们有利了，我脑中充满了计划。可是我在这里却一句话都不敢乱说。他们（指他的上司意大利元帅加里波第——引者注）以为我疯了，其实我只是比他们看得更远一点而已。你是知道我的，去年在法国，这些计划都无一不曾兑现。我想将来也一定如此。"

1月21日早上8点30分，发起进攻的时刻终于到了。隆美尔身先士卒，指挥在海岸公路上的战斗部队穿越布雷区，他的左边是广阔的大海，右边是贫瘠的沙漠。与此同时，克鲁威尔将军的非洲军在右翼几英里的地方也发起了进攻，并且配合得恰到好处。隆美尔尽管遇到了一连串的困难，他的战斗班却越过了敌军，并在第二天早上冲进了艾季达比亚（Agedabia，位于班加西的西南部，是班加西的门户）。英军的战斗骨干在去年12月的战斗中大部分阵亡，新补充的部队对坦克作战简直没有经验，而隆美尔又在才智上、谋略上和火力上远远超过他们，再加上战术的老套路，英军的3个装甲联队是分别投入战斗的，更给了隆美尔可乘之机。隆美尔后来自己认为："我们的对手像是被塔蓝图拉毒蜘蛛（Genus Aphonopelma）蜇了似的一败涂地。"而他的副官则附和着说："英国佬不能坚持作战，他们只能抱头鼠窜。"德军进展神速，势如破竹，仅仅两天时间已前进了200多公里。然而，英军开溜的速度更快——远远超过了他的对手进军的速度。结果，隆美尔要包围他们的第一个意图没有奏效，但第二个意图却成功了。德国非洲军最初五天的战绩是击毁了299辆英军的坦克和装甲车，147门大炮，并俘虏了935名俘虏。"与此相比，我们的损失微不足道，3名军官和11名士兵阵亡……总共损失了3辆坦克"。

不过，隆美尔这次的独立行动被愤怒的意大利人打断，因为他们觉得这种事先不打招呼的突然行动，使他们感觉受到了侮辱。当然这也并不能责怪隆美尔，他在1月21日战斗开始当天的日记中就写过："……根据我们的经验，意大利人的保密工作相当差，任何发往罗马的无线电，没多久英国人就知道了它的内容。我在的黎波里塔尼亚境内的补给工作不能不有所准备，这样才使巴斯蒂科阁下知道了。因为事先没有告诉他，他十分恼怒，立即向罗马方面提出报告，几天之后，当卡瓦莱罗将军来到司令部的时候，我一点都不感到奇怪。"当时，意大利国防大臣卡瓦莱罗将军对隆美尔说，他应该立即停止前进，否则意大利机动军拒绝跟进。而同时，隆美尔被告知，元首2月份不会再给他补充，因此他不应继续进攻。隆美尔当时的记载是："我不同意，并告诉他……只要在部队和补给限度之内，一定要一直追击下去，我们先要向南追，再击毁艾季达比亚以南的敌人，然后再向东和东北面攻击。假使情况不利，八路军可以退回梅尔沙隘道防线。卡瓦莱罗力劝我不要前进。我告诉他任何人都不能改变我的决心，除了德国的元首。最后，凯塞林劝慰了他几句，但他仍气呼呼地走了。"虽则如此，隆美尔仍未改变自己的决心。他命令非洲军暂时不要使用自己的优势装甲，只允许使用作战中缴获的英军装备，并在1月26日决定不顾一切地继续进攻。结果，德军向姆苏斯的冲击突破了英军警卫旅和第一装甲师守卫的防线，后者带着剩下的30辆坦克，向北撤退，脱离了隆美尔的进军路线。

在伦敦，丘吉尔正在议会里步履沉重地回答着议员们有关北非危机的愤怒的质问。他自己早先炫耀的他们不久将进入的黎波里的大话现在听起来显得十分空洞。现在，全世界报刊上的英雄不是丘吉尔，而是一个戴着眼镜、佩有勋章的可憎的纳粹坦克将军。由此才会激发他在本章篇头所看到的那篇踌躇满志的演讲，当然在很长一段时间内，英国高层对于北非战场的前景仍然很悲观。这就迫使

意大利国防大臣卡瓦莱罗将军

丘吉尔不得不在随后三天的议会辩论中，就北非地区的战事给议员们作了一些报告。他不仅为奥金莱克将军开脱，也为自己打气：

在两个多月时间里，分散的、用最新式武器装备起来的队伍在沙漠地区展开了最激烈的、连续不断的战役，每天清晨互相搜索，整天拼着命，往往打仗打到深夜。这里打的仗，结果竟同当初所预料的大不相同。

一切是分散的，混乱的。大部分是依靠着个别的士兵和下级军官的。大部分如此，但不是全部如此；因为如果没有奥金莱克将军亲自出马，改变指挥，下令不惜任何牺牲，必须坚持进攻，施加无情的压力，那么这次战役早就会在11月24日失败了。要不是这一果敢的决定，我们在这时候，就该已经退到出发时所占据的老战线上来了，或者还要退得后一些。托布鲁克可能已经沦陷，隆美尔可能已向尼罗河前进了。此后，战事明朗化了。昔兰尼加收复了，那地方还得守下去。我们还没有能够歼灭隆美尔的军队，不过他们几乎三分之二受了伤，当了俘虏，或是死了。

当然，为了强调英军在前方遇到了怎样凌厉凶悍的进攻，丘吉尔也不忘"对隆美尔赞扬几句"："我无法告诉你们，眼下昔兰尼加西部前线的形势如何。目前与我们作战的对手是十分大胆而又精通战术的人，如果撇开战争的浩劫来说，这是一位了不起的将军……"

我们在前面曾讲到，由于卡瓦莱罗的干预，意大利拒绝跟着非洲军一同前进，隆美尔曾一度停下来过。但是英国人并没有充分利用这个间隙予以反击，这样反而让隆美尔更加大胆，所以他就在1月25日往前冲杀到姆苏斯，突破了由英军近卫旅和第一装甲师守卫的防线，英军于是带着他们剩余的30辆坦克往北撤退，避开了隆美尔前进的锋芒。姆苏斯被占领后，英军感觉到班加西受到威胁，故而集团军司令里奇命令驻守班加西的第四印度师撤出该城，退至德尔纳（Derna）—迈基利一线来。幸好在夜间奥金莱克将军飞往第八集团军司令部，他制止了这项命令的发出，并且准备对德军予以反击。但是奥金莱克这次的部署存在一个问题，即在德尔纳和班加西之间的距离长达140英里，要想防守住这样一条防线，英军即便兵力再多，也还是会兵力分散且几乎动弹不得、缺乏灵活性。而隆美尔由于占据了姆苏斯，使他处于这一防线的中间，他可以任意选择攻击目标。

因为有了这样的变化莫测，英军统帅部在随后的几天中，所出现的情况就是"乱发命令、乱撤命令和乱成一团"，这种神经质所带来的混乱被隆美尔成功利用。他因为自己的兵力很少，遂决定下一步行动要转向西面，即攻打班加西，以阻止这个不久前丢失的港口对他后方形成威胁，同时还装着要向东进攻迈基利的样子。隆美尔声东击西的姿态使英方统帅部受到了迷惑，他们赶忙对迈基利增兵，这样就使拉得很分散的第四印度师处于孤立无援的境地。于是隆美尔趁机进攻班加西，使得英军惊惶失措，于是在一片混乱中放弃了那个港口和所有集中在那里的物资。

这个胜利加上丰厚的物资，大大鼓舞了隆美尔军队的士气。这时，坦克军团得到了非常精悍的增援部队，由两位新到的杰出将领格奥尔格·冯·俾斯麦中将指挥第二十一装甲师，古斯塔夫·冯·

韦尔斯特中将指挥第十五装甲师。此外，曾经入侵克里特岛的1300名德国空降兵也飞来了，他们都配备了最新式的武器和装备，简直是武装到了牙齿。隆美尔由此可以趁着英军的惊慌失措，派出两个小型战斗群再向东发动长距离的突袭。这两个混合战斗群从正面攻入昔兰尼加，并且在2月2日重新夺回这一大块领土——唯有东面的迈尔迈里卡地区被英军控制。这一次，非洲军和意大利摩托化军都停在姆苏斯和艾季达比亚的附近，没有参加作战，假使他们也向前进攻，英军的大部分兵力都将岌岌可危。

英军在这样的猛烈打击之下，放弃了一连串原本可以守住的防御阵地，一直退到贾扎拉防线。第八集团军也于2月4日撤退到贾扎拉防御工事内掩蔽起来，这样英军的主力部队就收缩到了贾扎拉—哈凯姆井—托布鲁克这一线来了。不过，隆美尔虽然刚被希特勒在最近的胜利中提升为德国最年轻的上将，他却无法压服意大利人与他一起行动，因为被给养问题弄得焦头烂额的意大利人，对隆美尔获取的惊人胜利已丧失了热情。他们对隆美尔的胜利是既羡慕又嫉妒，齐亚诺就曾说，这个时期墨索里尼在罗马开例行部长会议时，总是会把隆美尔在北非的骄人战绩拿出来吹嘘一番，借以敲打自己手下那些无能的意大利将领。这些将领内心对隆美尔有怎样复杂的心理，自可想见，也就难怪他们总是想着牵制隆美尔的步伐了。

整个轴心国的部队不得不暂时停下脚步，控制了迈基利至吞拉德井之间的东部昔兰尼加地区。2月7日隆美尔写信给妻子，告诉她："前线又已平静无战事，现在从左翼到右翼延展到300英里以上。能够收复昔兰尼加使我感到开心。我希望到下星期这里的情况可以稳定下来，以便我请一个短假。"在此期间隆美尔对意大利人的

胆怯固守非常不满,他在家信中写道:

和罗马方面仍然在闹纠纷,他们不同意我的办法。若是我们退出昔兰尼加,那他们才开心咧!(2月10日)

意大利人收回一个军不给我指挥,因为他们不愿意看到我前进得太多。他们将来一定会后悔的。(2月23日)

在短期的归国休假之后,隆美尔在3月中旬回到非洲。直到4月初,他才压服了意人利高级统帅部的迟疑不决,将轴心国部队推进至英军阵地。隆美尔进驻的司令部是一所石头建筑,一名英军士兵用粉笔在前门上写下了这样的话:"请保持整洁,我们很快就会回来。"看到这些话,隆美尔脸上露出了微笑,因为这正好表达了他在后撤时的心情。在一星期后,隆美尔重新改编了自己的装甲兵团,他仍然非常小心地避免向对手暴露他的意图:究竟他是在加强防守呢,还是试图进攻?他一方面抓紧时间对新补充的步兵进行严格细致的训练,让他们熟悉在沙漠中如何与坦克配合作战,而军官们则必须迅速掌握装甲部队在沙漠作战的基本要点。与此同时,隆美尔在脑海中构思着自己的进攻战略。英军在贾扎拉防线埋下了一百万颗地雷,这一壮举使隆美尔感到沮丧和震惊,因为这片雷区刚好切断了所有理想的沙漠小道。他既不能从正面进攻,也不能作漫长的迂回运动,于是隆美尔做出了他一生中最大胆的决定,让军团的全部坦克迂回到南端发起进攻。正如他的参谋长所说:"这种进行侧翼包围的决定是十分大胆和罕见的,尤其值得注意的是,隆美尔自己的后勤补给线也必须从那个侧翼绕道而行,如果他的这次战斗失利,他将面临失去整个非洲的危险。"

隆美尔的战略意图是，部队从南面突破后，进入英军的后方以阻止他们撤往托布鲁克，并最终消灭他们，攻占托布鲁克。隆美尔要进行这样大胆的行动，军需品的供应是远远不足的，而隆美尔的计划是"以战养战"，即先缴获几个英军的军需库，后面的麻烦就迎刃而解了。但问题的关键是，究竟谁先发动进攻？

此间英军的准备情况如何？实际上早在2月份时，丘吉尔和奥金莱克围绕着英军何时发起进攻的问题就产生了分歧。非常相似的是，韦维尔任中东英军总司令时，首相和总司令之间就存在着冒进与保守的分歧，这一分歧到奥金莱克任总司令时不仅没有消除，反而更加明显。这是非常好理解的，作为政治家的丘吉尔，他在看问题做决定时，固然会有战略上的考虑，但他也十分注重整体上的政治效应。很多时候即便从战略上来说并不十分可行的方案，却因为其可能带来的良好政治效应，而被强令付诸实施；而作为在前线负实际指挥之责的奥金莱克，他考虑问题时必定更多地关注局部上的战略意义，即在他负责的防区内，任何军事行动都要将战略上的意义放在首位，至于政治考虑则不必理会。这种分歧后来也被很多战争史家和评论家看成是丘吉尔"瞎指挥"、"外行领导内行"、"无意地搅局"等等，可是从双方各自所处角色和位置来看，又似乎是无可厚非的。

丘吉尔在回忆录中曾说，"2月间，我们看出，奥金莱克将军主张继续在四个月以内按兵不动，以便对隆美尔展开第二次大会战。无论是三军各参谋长，还是我和我的同僚，都认为这另外一次代价巨大的间歇是没有必要的。"他在2月26日发给奥金莱克的电报中声称：

> 在这些艰难的日子里，我并没有怎样麻烦你，但是，现在我必须问你，你究竟作何打算。根据我们的统计数字来看，你在空军、装甲部队以及其他部队等方面的力量都大大超过敌人。危险似乎在于，他们可能以跟你同样的或者更快的速度获得增援。对马耳他岛的供应使我们越来越担心，而且，任何人都了解，我们在远东的灾难有多么大。

奥金莱克的理由是，目前英军依然有很多缺点，应该等到里奇的兵力水平提高到足以抵消隆美尔的质量优势时再说。他在次日就发回了一篇1500字的报告，详细阐述了他为何要将进攻定在至少四个月以后的原因。他在这份报告总结部分指出：

> 总之，我在西部战线的意图如下：
> 1. 继续在第八集团军的前沿战区尽快建立装甲部队的主攻部队。
> 2. 同时，尽可能巩固贾扎拉—托布鲁克和塞卢姆—马达莱纳阵地，并将铁路线向前延长到阿代姆。
> 3. 在前沿地区建立军需品的储备，以便重新发动攻势。
> 4. 乘首次出现的时机，发动有限攻势，以收复德尔纳—迈基利地区的降落场。条件是：这一攻势不至使为了收复昔兰尼加而发动的主攻错过时机，或影响托布鲁克地区的安全。

丘吉尔认为产生如此的分歧，光是用电报来回发送无益于解决矛盾。因而他在同三军参谋长协商一致后，决定邀请奥金莱克回英国，直接与首相和参谋长联席会议进行商谈。但是奥金莱克明知丘吉尔邀其回国就是要将自己的指示强加于他，故而他以急需前往开罗为由，拒绝了首相的邀请。这无异于在本已紧张的双方关系上浇了一层油。

在丘吉尔看来，英国有 635000 人在中东战场上无所事事，而苏联则在舍生忘死地与德国搏斗。英国在中东战场上必须有所行动，才能表现出作为盟国同仇敌忾的姿态与决心。然而务实而谨慎的奥金莱克将军坚持先前的意见。眼看双方无法取得一致，曾由内阁掌玺大臣斯塔福德·克里普斯爵士前往开罗为双方斡旋，然而克里普斯此行并无明显效果。而德意军队在地中海上对马耳他岛的狂轰滥炸，威胁着英国在北非的交通补给线，使得客观形势愈发紧迫。在这样的情况下，丘吉尔和三军参谋长在 5 月 10 日决定向奥金莱克将军发出明确的命令，而这些命令他必须服从，即至迟必须在 6 月中旬发动进攻，否则就要免职。

不幸的是，隆美尔这次又抢在了英国人前面，已率先于 5 月 26 日发动了进攻。在隆美尔发动进攻时，英军在武器装备方面占据绝对优势：英国第八集团军共有 850 辆坦克，还可得到 420 辆坦克的增援，而隆美尔只有 560 辆坦克，除去意大利那 230 辆过时和不顶用的坦克，真正能顶用的坦克不过 300 辆左右；英军在大炮的数量上占着 3:2 的优势；双方的空军力量也大致平衡。在坦克质量方面，英军更是占尽了优势：他们的玛蒂尔达坦克的装甲厚达 78 毫米，而德军最好的坦克装甲也只有 50 毫米厚，英军从美国得到的格兰特坦克装有当时坦克上口径最大的75毫米火炮，远远超过了德军最新式坦克50毫米火炮的威力。在实际战斗中，英军的装备优势在局部的战场上一再对隆美尔造成了威胁，可惜英军没能很好地利用自己的条件，从而让隆美尔再次得手。

在那次作战以后，曾有英国人为掩饰自己的军事失败而找到了借口，即轴心国部队在兵力方面居于优势：3个德国师（内有2个装甲师）加6个意大利师（内有1个装甲师），他们合计9个师对抗着6个英国师。单从编制数量来看，轴心国军队似乎是享有优势的。但具体来看"师"这个编制的含义时，就发现有问题了。意大利的步兵师不仅编制不足额，而且大部分师都是非摩托化的。而我们在前面曾讲过，非摩托化的部队在沙漠中不仅不能起积极作用，相反还会拖累总体的攻势。反观英国的第八集团军，不仅拥有极充足的摩托化运输工具，而且在6个师之外还配有2个独立的摩托化旅群和2个集团军直属坦克旅。当时的正常编制是每个装甲师下辖1个装甲旅，可是英军的第一装甲师却包含了2个旅。这样算起来，第八集团军在战场上实际拥有14个坦克团，还有3个正在前来的途中。而隆美尔总计只有7个坦克团，且仅有4个团使用了新式坦克。

在发动进攻之前，隆美尔的参谋长高斯将军也认为太冒险，但作战部长却为隆美尔辩解，认为他们除了进攻外别无选择，因为进行防御只能是毁灭。同时，英军也观察到了隆美尔军队调动的迹象，而英军司令官竟然认为隆美尔要朝中路进攻，将部队的位置安排得不好，从而使隆美尔又一次得到了机会。此外，隆美尔在进攻前，命令十多辆装有飞机发动机的汽车一起开动，扬起了漫天沙尘，当英军都认为德军的坦克在那儿集结时，德军的装甲部队已悄悄从南翼突入英军的后方了。战争还尚未打响，隆美尔在写给他夫人的信中就流露出必胜的信心：

> 当你接到这封信的时候，应该早已从公报上知道了这里的情形。今天我们将展开一次决定性的攻击。工作很艰巨，但我相信我的军队可以获胜。因为他们每个人都明了这次会战的意义。我对于我自己的要求，总是和我对于我的官兵的要求一样严格。我的心总是在你身旁，尤其是在这个具有决定性的关键时刻。

5月26日，德军的打击兵团（包括非洲军、第九十轻装师、意大利第二十军）已经在指定集中地区内集中。他们中的一部分摆出向意军进攻前线增援的样子，等到被英军侦察机发现后又全速折回。20点30分，隆美尔下令10000辆各型车辆开始行动。他带领其幕僚也加入了非洲军的纵队，在月光下走向这个伟大的装甲战场。在远处的天边，偶尔有一两颗照明弹在空中发亮，那可能是德国的空军想探清哈基姆井的确切位置。隆美尔则紧张地等待着天明的到来。敌人的状况和行动究竟如何，只有天亮之后才能证实。

天亮后一两个小时之内，装甲军团中的各部队纷纷报告已经到达指定目的地。第九十轻装师的报告说，早在晚上10点钟的时候他们就已经到达了阿代姆。这个地区被英军当作补给中心，所以有大量的物资都已落在他们手里。差不多到中午的时候，英军才开始有反应，于是激烈的战斗就此展开。英军虽然识破了隆美尔的障眼法，他们的观察所也在天黑之前侦察到隆美尔的包抄行动并且上报，但英方司令官仍然固执地相信隆美尔会从中部——即先前装了飞机引擎的汽车作疑兵的地方——发动进攻，因而英军装甲旅的行动就相当迟缓。非洲军的战车部队在艾哈马特井东南面约六英里的地方，与英军第四装甲旅及第三印度摩托化旅展开了激烈的遭遇战。德军的装甲单位是在没有炮兵火力支援之下仓促应战的，他们没有等到炮兵开火就行动了。尽管德军处于劣势，但是英军反应的迟钝使得这两个摩托化旅都是零星地投入作战，相互孤立无援，结果反而被德军打垮。

　　隆美尔尽管旗开得胜，但并没有笑到最后。他没有冲到海边从而切断贾扎拉防线上的英军，而只是突出到了阿克罗马以南和西南面大约八英里远的位置。隆美尔的情报部门提供了一个极不完整的敌军阵地及兵力的数字，居然在地图上漏掉了一个英军装甲旅和另外四个旅，结果这使隆美尔的前进部队陷入了混乱。就在此时，他们又碰到了美制的格兰特坦克。这种坦克使用的高爆炮弹使德军的侧翼发生了骚乱，由于其射程远远超过德军的坦克，德军几乎无法回击，士兵们开始惊慌失措地后撤。在这场雪崩似的溃退中，隆美尔终于愤怒地找到了自己的88毫米高炮，并亲自指挥射击。而此时，这种巨型坦克群距离隆美尔的司令部仅有1500码了。德军的高炮开始怒吼，英军的坦克进攻就又一次被阻止了。但德军在混乱中恢复攻势，也付出了很大代价，损失了三分之一的坦克，而且离海边仍然还有20英里。这天的战斗结束后，隆美尔自己也总结说："很明显我们想要把贾扎拉防线后的英军全部消灭的企图已经失败，向海岸的进攻也失败了，我们也没有能够把英军第五十师和第一南非师与第八集团军之间的联系切断，主要原因是我们把英军装甲师的兵力估计得太低了。尤其是美式战车更使我们难于应付。现在我们全军面对着一个优势的敌人，局势已经岌岌可危了。"

第二天，隆美尔重新向海边进军，但进展很小损失却更大。到天黑时，他速战速决的企图已经失败，但英军丝毫也没有趁着隆美尔立足未稳消灭隆美尔的意图，这本来是打垮隆美尔的绝好机会。此时他的部队联系混乱，很多指挥官不知隆美尔冲到什么地方去了，因为第一天的战斗中，多数的卡车纵队都已经和战车单位分开了，一部分的步兵也没有跟上。隆美尔随身的幕僚彼此也都失去了联络，结果隆美尔差一点被英军俘获，不过总算脱险。而克鲁威尔将军却没有这样幸运，5月28日当他的斯托奇飞机跨越一个意外的英军战术据点时被击落并当了俘虏。当然，这位将军很有幽默感，当英军把他押到开罗让他谈及著名的"牧羊人"旅馆时，他说："它将成为隆美尔的一个庞大的司令部。"这句俏皮话使希特勒大为高兴，并且很快传遍了全世界。

又经过一天的挫折，隆美尔只得命令突击部队布下防御阵地。这个阵地非常危险，它处在贾扎拉防线后面，而自己的其余部队又被英军部队和布雷区隔离开来。隆美尔的士兵把它叫作"锅底"，这是隆美尔在认识到自己情报地图有误后不得不付出的代价。在其后的几天里，隆美尔和挡在自己前面的英军旅展开了殊死的决斗。后来，英国空军又向这个阵地猛烈轰炸，不过很多的炸弹扔在了自己士兵的头上。德国空军也进行了俯冲轰炸，而他们的命中率却高得多，几乎全部有效地命中了英军的堡垒，给英军造成了重大的伤亡，并在心理上给了他们更为沉重的打击。但英国报纸上却满载捷报，说隆美尔现在已落入英军的陷阱，正陷入灭顶之灾，英军司令部也都心满意足，认为对于隆美尔这只狐狸可以从容处置，他再也溜不掉了。他们在发给英国内阁的报告中表示："我们对于战事截至目前的进展，有理由感到满意，甚至极其满意；而且，我们也应当认真注意战事的进一步发展。"

不过，5月28日这天确是隆美尔最暗淡的日子。在他们的东北面，有一些英军正向西北方运动。隆美尔和装甲军团的其他分部，都还没有联络上，他自己的军团也四分五裂。天亮以后，英军的战车就向隆美尔的指挥所开炮，炮弹就落在他的周围，连指挥车上的玻璃都被打得粉碎。不过很侥幸的是，军用车辆还是逃出了敌火射程之外。借由此，隆美尔得以赶往意军第二十军方面，命令他们跟着非洲军的后面向北推进。与此同时，德军的两支主力部队处境不妙：第九十轻装师因为屡次遭到英军强大兵力的攻击，所以无法执行它所收到的命令。大批的英国飞机对其轰炸，致使它的好几个作战单位都被炸散了。为了应付更强烈的敌军攻击，该师只好在艾哈马特井以东6英里的位置暂取守势。在非洲军那边，情况也不容乐观。英军此时已经集中了所有可调用的战车，在卡普措小道以北持续向该军猛攻。上午时，隆美尔的作战部长魏斯法尔中校传来消息，他已命令意军攻击贾扎拉防线，以阻止这一方面的英军和南非部队也投入战斗，这个攻击将于中午时发动。以隆美尔的作战风格，他是不能忍受与作战部队长时间脱离的，他此时非常急迫地想与前方取得联系。加之此时第十五装甲师已经有一部分因为缺乏弹药而无法作战，这更是让隆美尔心急如焚。

隆美尔以自己奇迹般的行动解除了这种顾虑。当天傍晚，他曾带领少数人马到达艾哈马特井以北约10英里处的小山上，从那里可以看见非洲军的部队。隆美尔决定次日上午就利用这条路线接济非洲军的补给。他们回指挥所途中发生了一段小插曲：一支意大利军与他们擦肩而过，可是意军没有分辨出是友军，于是就对着隆美尔的侍从队胡乱开火。隆美尔的少数部队只好赶紧逃跑。当天深夜补给队就已准备好，隆美尔将在第二天清早亲自带领 1500 辆运输车队去接济非洲军。这是一个危险的任务，随时有受到敌人截击的可能，而他随身仅剩的防御队伍已非常薄弱。幸好第九十轻装师摆脱了英军的纠缠，推进到艾哈马特井。同时，意军阿里埃特师[①]也赶了上来，恰好填补了第九十轻装师和非洲军之间的空隙，这样就使补给纵队的进路安全得多了。5 月 29 日拂晓，隆美尔与非洲军会合，再次使他的部队恢复了作战能力。

5 月 31 日，隆美尔对守卫"锅底"的英军旅重新发起进攻。英军的抵抗极为顽强，德军的进攻步伐明显吃力。英军向来是战至最后一颗子弹，而这次他们又使用了一种新型的 57 毫米反坦克炮，对敌军的杀伤力增强。但是即便如此，快到黄昏的时候，德军还是突入了英军阵地，推进到相当的深度。当天隆美尔在家信中说道："这次会战的最大难关已经渡过了，我们一直打得还不错。不过往后的几天，还是会很艰难的。"

6 月 1 日，德军的一个轰炸机中队也投入了战斗，当主力突击部队向英军阵地运动的时候，隆美尔不断从一个排奔到另一个排，以直接指挥战斗。他的步兵们一波接一波地向英军的野战工事猛扑，虽然隆美尔的副将魏斯法尔中校在作战中遭英军轰击重伤，不得不

[①] 意大利军队的番号是以其所动员地区的名字来命名的。下文中还有"的里亚斯特师"，同理于此。

送回欧洲，但德军的攻势还是继续向前发展。到当天下午时，隆美尔已经占据整个英军阵地，俘获了 3000 名英军，击毁或俘获了 101 辆战车和装甲车，以及 124 门各种火炮。1 日至 2 日的夜间，德军第九十轻装师和意军阿里埃特师逐渐逼近英军在哈凯姆井的要塞，隆美尔一开始还命令士兵要求守军投降，遭到拒绝后德军于中午展开攻击。意军从东北面，德军从东南面，同时向阵地进攻。隆美尔说，战斗十分惨烈，一连打了十天十夜。在非洲战役中，像这样艰苦的决斗还是很少见的。这里是英军贾扎拉防线的南端核心要塞，守卫此地的自由法国第一旅将防御阵地布置得十分精巧，修筑了遍地的小型防御工事，包括战壕、碉堡、机关枪掩体和反坦克炮阵地等等。在这些外围还敷设了厚密的地雷阵。对于炮兵和空军的炸射，这种防线具有特别好的抵抗能力，因为只有直接命中，才可以击毁一个小小的据点。所以当对方据守这样的阵地时，必然要浪费很多弹药才能使敌人遭到一点损失。幸运的是，德军的工兵队伍发挥了超人一般的职业精神，基本上解除了这个雷区对德军前进的威胁。自由法国旅在经过长时间的激烈抵抗后也不得不撤出了这个要塞。

然而，英军还不知道这些变化，直到 6 月 13 日战况急转直下时，他们才感到迷惑不解。同样迷惑不解的还有隆美尔本人，因为他实在无法理解，为什么在他们向哈凯姆井挺进的时候，英军的主力居然会按兵不动，从而让那个法国旅孤军奋战，最终仍不得不丢掉阵地。英军仅仅在 6 月 2 日那天对哈凯姆井附近的意军阿里埃特师进行过袭击，但是一遇到意军的强烈反攻他们就赶紧缩回去了，此后就任由德意军队围攻南部要塞。应该说，隆美尔对英军固有的弱点是有着清醒认知的。早在发起全面攻击以前，隆美尔的作战计划就有一个基本假设,即"由于强大的德国摩托化兵力部署在海岸公路的南面,英国人就不敢把他们装甲部队的任何主力部分拿来攻击在贾扎拉防线方面的意军,因为假使我的装甲师反攻,他们马上就会陷于腹背受敌的窘境。另一方面,我还希望:由于有意军的牵制,过分谨慎的英军指挥官不敢把第一南非师和英军第五十师调往其他地区。同时我又预料里奇在没有其他部队支援之下,不会命令这个师向意军发动反攻,因为像这一类的作战,不符合英国人'非有百分之百把握不可'的要求。所以我预料英军的机械化旅还是会继续撞在我们组织完善的防线上面,而逐渐把他们的实力消耗完毕。这种防御的战术有极高的弹性和机动性。"隆美尔的一句"非有百分之百把握不可",真可说是号准了英军的脉搏,以后英军作战中的调度不灵、反应迟钝等现象,完全在他的意料之中。

后来的事实证明隆美尔估计得完全正确。英军坚持向隆美尔阵地的进攻都是小规模,从而使得隆美尔可以从容地用反坦克火力一辆一辆地击毁英军的坦克,并逐步扩大了自己的阵地。过了四天,里奇将军终于向隆美尔的阵地发动了一次规模较大的进攻,但战术上仍是分散的。这个复杂的进攻计划遭到一系列挫折,进攻成了不相联贯的一阵一阵的正面突击,结果被德军像打靶一样——击中。

现在,没有了后顾之忧,隆美尔终于可以放手发动一次时间更长的猛攻了。虽然英国装甲旅又得到增援,坦克总数又恢复到330辆,比德军剩下的坦克总数还要多出一倍,但他们却已丧失了取胜的信心,而德军则感到胜利在望。6月11日,隆美尔向东出击,那天夜里,第十五装甲师和第九十轻装师,外加两个侦察营,都在隆美尔指挥下到达了阿代姆以南地区。里奇为了消除此地的威胁,将英军第二装甲旅调到了莉亚井附近。德军于是和英军的装甲部队发生了激烈的战斗，终于在 6 月 12 日的正午以前，攻占了阿代姆和卡普措小道以南地区。英军派来支援的第三旅则受到严阵以待的德军之重创。13 日，隆美尔提兵北上，到天黑时，英军坦克已经只剩下 100 辆，隆美尔总算第一次在坦克实力上占了优势。

英军驻守在贾扎拉防线的两个师，现在随时都有被切断包围的危险，于是里奇只得让他们向边境撤退。但正在英军退却时，丘吉尔打来了一个口气强硬的电报："里奇将军打算把贾扎拉的军队撤到何处？要设想，无论在任何情况之下都决不能放弃托布鲁克。只要守住托布鲁克，敌人要想认真向埃及进攻是不可能的。我们在 1941 年 4 月间已经经历过这一切情况。"他在 15、16 日两天又连续重申此命令。这个电报带来了大麻烦，因为它使得英方匆匆忙忙把第八集团军的一部分兵力留在托布鲁克，而把其余的部队撤退到利比亚—埃及边境上，这样就给了隆美尔一个机会，使他趁着英军防御部署未完成时，就将进攻的矛头转向托布鲁克——这枚一直扎在他肉中的刺。要知道，对于沙漠战的玄机，隆美尔早已看透彻，他认为"沙漠中的机动战争，其实很像在海洋中的战斗——在海战中，若是把舰队的一半留在港口之内，而将其余的兵力分散使用，则未有不全军覆没"的。英军此时将兵力分散，只留下一个托布鲁克孤悬在主力部队之外，正中隆美尔下怀。

隆美尔的装甲部队冲到海边后，很快调头东向，一下子绕过托布鲁克的环形防线并向前挺进，攻占了托布鲁克以东的甘布特机场。一旦占领机场，隆美尔就放弃了对残余英军装甲部队的追击，立即要部队掉头向西，以惊人的速度向托布鲁克发动进攻。隆美尔对于

"速度"有着先天的敏感,他曾说在摩托化战争里,一定要运动迅速、反应敏捷。只有这样才可以产生决定性的作用。部队必须要用最高的速度维持着完整的合作,然后进入战场。高速度即足以决定战争的胜负。他还提出,在训练部队的时候,军官和军士一定要有注重速度的观念。他转向托布鲁克的时候,此地的守军有克洛珀将军指挥的第二南非师,一个警卫旅和一个坦克旅——计有76辆坦克,其兵力对比远远超过隆美尔的先头部队。他们看到隆美尔的装甲部队向东挺进后,就没想到德军会回过头来进攻,毫无进行战斗的准备。

6月20日清晨5时半,德军对托布鲁克的"闪击战"开始了。

托布鲁克之所以成为英军在北非最重要的军事堡垒之一,和它的地形是密切相关的。托布鲁克的东西两面都是连车辙都没有的沙碛地形,而只有南面延展成一个平坦的沙质平原。这有利于守军将防御重点集中起来。最初由意大利的巴尔博将军在这里修筑了最坚固的要塞,其着眼点是要足以对付一切最现代化的攻城武器。在这个要塞的周边地区,由许多据点构筑起一条广阔的防御地带。每一个据点都有地下坑道相连通,直至许多机关枪掩体和反坦克炮阵地,它们一定要等到最危险的关头才掀开伪装,突然用猛烈的火力向攻击部队疯狂射击。所以德军的炮兵无法用直接的火力击毁它们,在外表上很难找到可供瞄准的目标。每个独立的据点外面又围绕着一道战防壕和纵深的铁丝网。就整个要塞地区而论,只要是战车可以通行的地方,也都事先设有高深的战防壕。

为了迷惑托布鲁克的英军,隆美尔再次使用障眼法,他安排由意大利第二十一军在西南方向实施佯攻。而其真正攻击主力——非洲军和意军第二十军——则在环形防线东南面的一个防区发动了急风暴雨式的猛轰，排得密密麻麻的德意大炮开火了，而大批的俯冲轰炸机没有遇到任何抵抗，一直飞到英军的每个地堡上面直接投下炸弹。隆美尔的步兵在硝烟中吹响了冲锋号，工兵迅速在堑壕上架设起一座钢桥，不到 8 点这座桥已架设完毕，隆美尔的坦克开始隆隆涌进要塞。他自己乘坐一辆装甲车冲了进去，整个计划执行得像时钟一样准确。下午 7 点，德军的坦克驶进港口，一小时后，两个较大的堡垒宣布投降，任何力量——甚至隆美尔本人——此时也无法拯救托布鲁克了。第二天早晨，守军司令克洛珀将军终于认为已经无法继续抵抗，退却又不可能，因此做出了投降这一重大决定，共有 3.5 万人成了俘虏。英军的一个坦克旅在投降时交出了 30 辆完整的坦克。隆美尔在托布鲁克获得了大量的军需品，他的士兵们整整搬了一个下午，而他的运输工具 80% 换成了英军的卡车。不过，尽管隆美尔得到了这笔意外的收获，他还是未能完全恢复他的战斗力。后来非洲军在 6 月 23 日开到埃及边境时，只剩下 44 辆坦克能投入战斗，而意军只剩下 14 辆。虽然如此，隆美尔还是准备按照那条"穷寇必追"的原则行事。就在攻取托布鲁克的当天，隆美尔向他的非洲军团颁布了如下命令：

非洲军团的各位将士们！

你们如此迅速地占领了托布鲁克，使得迈尔迈里卡的大会战，戴上了最后的王冠。我们一共俘获了 4.5 万名以上的战俘，毁灭和俘获了 1000 辆以上的装甲战斗车辆和 400 门火炮。在这个长达四个星期的艰苦奋斗中，由于你们的忠勇用命，才使得敌人不断受到打击。你们的攻击精神完全克服了他们原欲发动的攻势。更重要的,是他们把强大的装甲兵力都丢光了。对于这些"超人"的成就,我应该向我们的全体官兵,致上最高的谢意。

现在正是完全歼灭敌人的时候。在没有把英国第八集团军的最后残余兵力扫荡完毕之前,我们还不能休息。在未来的时日中,我要求大家再次尽最大的努力,达到胜利的目标。

隆美尔

隆美尔取得的胜利使整个纳粹帝国沉浸在欢乐中,希特勒突然将隆美尔晋升为元帅更使这种狂欢达到了高潮。这是德国军人可能获得的最高荣誉,一旦成为元帅,也就意味着可以流芳千古了。第二天,隆美尔才从无线电里得知这一消息,当时他只有50岁。他那个时候太忙了,所以在以后几天,都还没有想到调换制服上的肩章——两根交叉着的权杖。一直等到他抵达阿拉曼之后,凯塞林元帅才提醒他这件事,并送给他一副自己的肩章。到了9月间去谒见希特勒的时候,隆美尔才真正地收到了他的元帅权杖。那个时候他写信给他的太太说:"我宁可他再给我一师的兵力,而不想要这个空头衔。"当然,隆美尔也许生来就适合做一名元帅,21日当天的下午,在他尚未得到任命之前,他未经希特勒或墨索里尼的同意,就已经自作主张地下达了进军的命令,而他明知意大利军方是反对这样做的,因为他们想巩固边境的胜利。

不过,此时的第八集团军甚至在隆美尔还未到达之前便从边境仓促撤退了。隆美尔在6月24日就得到希特勒的批准,可以进军埃及，但他的装甲兵却未发现敌人的踪影，英国人撤退的速度比预想的要快。由此可见，隆美尔的大胆进军是有其道理的。因为里奇决定放弃边境，他在边境还有3个几乎完整的步兵师，另外还有1个师的生力军正在来援途中，而能投入战斗的坦克数比德国非洲军要多两倍。第八集团军司令里奇原本的打算是在马特鲁港抵挡德军，就在此时人事安排出现了变动：英国军事当局在25日决定由英军中东总司令奥金莱克将军接替里奇，直接指挥第八集团军的作战。早在6月中旬时，国务大臣理查德·凯西就军务方面向丘吉尔提交了一份报告，他在其中指出奥金莱克作为整个中东军的司令，应对北非战场予以足够的重视：

> 至于奥金莱克本人，我对他的领导和他利用现有兵力指挥战事的方法，抱着一切可能的信任。我唯一的希望是，他能同时分身两地，既在这个蜘蛛网的中心，又亲临前线指挥第八集团军作战。我最近几天有时甚至这样想，他最好到前线亲自指挥战事，而让他的参谋长暂时留在这里负责；但是，他不以为然，我也不想强迫他这样做。这是奥金莱克指挥的战役，而关于他下属的领导问题，应由他自行决定。

凯西的这个建议正合丘吉尔的意思，一个多月前当丘吉尔和奥金莱克围绕何时出兵进攻的问题而闹别扭时，他就曾建议过："中东总司令因为职责过多而捆住了手脚。尽管他全部工作都取决于这次战役（指在北非的沙漠之战——引者注），而他却只把这次战役看作是他职责的一部分。来自北方的危险（指德军有可能从东地中海和中东地区发起攻势——引者注）始终是存在着的，他认为有责任予以重视；而我们这些在国内的人，处于能更好地做出判断的地位，对这一点却不能同意。"结果奥金莱克依旧坚持自己原先的想法，让里奇独当一面指挥第八集团军。英军在贾扎拉的防线被突破以后，丘吉尔曾在电报中严厉地责问：里奇将军打算把贾扎拉的军队撤到何处？此时丘吉尔对里奇的不信任已经很明显了。英国丢失了托布鲁克以后，里奇所提出的在马特鲁抵抗德军的方案，更加深了丘吉尔的不满。当时在开罗的中东防务委员会在给首相的报告中提出的具体办法是：

> 第一个办法是，在国境线的防御工事中同敌人作战。由于没有足够的装甲部队，这种办法有使我们失掉防守国境阵地的全部步兵部队的危险。第二个办法是，利用高度机动化的部队在国境线上拖住敌人，同时把第八集团军的主力撤退到马特鲁港的防御阵地。这种做法与我们空军的牵制作用配合在一起，将使我们得到一个争取时间的最好机会，以便改编和建立一支能够进攻的战斗部队。……我们已决定采取第二个办法。

可想而知这项过于"胆怯"的报告，丘吉尔肯定是不会满意的。他当时的反应就是"我不喜欢这个决定"，并且就整个中东英军的部署向奥金莱克指示：

> 1. 帝国总参谋长迪尔和我都热切地希望你们能在塞卢姆国境线上坚决抵抗。敌人无疑已遭到极大压力。强大的援军正在

途中。争取一个星期的时间,可能具有决定性意义。我们不知道新西兰师离开的准确日期,不过原来希望是在本月底以前。第八装甲师和第四十四师即将到达。我们同意史末资将军的意见,即当来自北方的危险减轻时,你可以从第九集团军和第十集团军自由抽调人员。那样,你就可以用现在驻于苏伊士运河以东的三个师轮番猛攻了。

2. 你所报告的情况(指将英军撤回到国境线后的马特鲁港——引者注)自然使我甚感尴尬,因为这样一来简直等于使我们回到18个月以前的状况了,而我们在这18个月中所做的工作,又得从头做起。虽然如此,我并不认为我们不能有效地守住尼罗河三角洲,同时我还希望,敌人对我们的惊人打击,不会使任何人得到错误的印象。我深信,你的坚定意志、决心和做好随时冒险的长期准备,一定能恢复原来的形势,特别是大批援军即将到达,情况就更会如此。

3. 在华盛顿这里,总统对已经发生的事件深有所感;他和美国其他的高级当局都表示愿意给我们最大的帮助。他们授权我通知你,曾在加利福尼亚受过沙漠作战特殊训练的美国第二装甲师即将于7月5日左右开往苏伊士地区,8月间可以到达你那里。你不必再按原来计划把印度师和第二百八十八印度装甲旅送回印度。除参谋长在电报中所说的以外,目前又在采取另外的措施,以便把原定送往印度的飞机转到利比亚战场……

4. 目前你的主要工作在于鼓励你的所有部队坚决进行抵抗,而不要接受那种由于看到隆美尔那么一点点重装甲部队而做出的反常决定。一定要使你的全部人力在这个危急关头发挥充分的作用。英王陛下政府很愿意同你分担这次最积极、最勇敢的防御中的责任。

回到战场上来看,我们在前面讲到,隆美尔在24日获得元首对他进攻计划的首肯之后,就越过边境突入到了埃及。奥金莱克将军也于25日抵达马特鲁,从里奇手中接过了第八集团军的直接指挥权。他同首席参谋研究了这个问题之后,撤销了坚守马特鲁的计划,决定在阿拉曼地区打一场比较机动的仗。为了阻止敌人前进——即便只是暂时的——他作了如下的部署:英军第十军会同第十印度步兵师和英国第五十步兵师扼守马特鲁防线。在其南边,是第十三军指挥下的第二十九印度步兵旅和新西兰师;前者防守布雷区之间的一个六英里宽的缺口。第一装甲师和第七装甲师防守沙漠侧翼。这虽然是一个会在英国国内引起恐慌的决定,因为阿拉曼是在马特鲁后方120英里的地方,已经深入埃及的腹地,而且距离英国在中东的咽喉亚历山大港也很近。然而,后来的事实证明奥金莱克的决定是明智的。

奥金莱克不仅要面对来自国内舆论对他的压力,同时他还面临着英军本身的压力。从马特鲁向阿拉曼撤退使军队和物资的运输遇到了很大麻烦,到处都是一片混乱。加之长时间以来屡屡败于隆美尔之手,英军士兵的信心几近崩溃,根本无法组织起一支整齐的战斗队伍。隆美尔越过边境以后,其追击速度之快也使英军的部队根本没有整编的时间。

然而,隆美尔要发动一场准备周到的攻击也是没有时间的,由于兵力不足,他只得依靠快攻和奇袭。英国装甲部队的坦克已达160

辆，其中一半是威力巨大的美式坦克，而德军只有60辆坦克和少量意大利坦克。3个德国师的步兵总数只有2500人，而6个意大利师的总兵力只有6000人左右，以这样薄弱的兵力进攻，完全只有靠大胆冒险。但靠了精神作用，再加上速度，隆美尔的冒险又成功了。这也可以证明拿破仑的名言"精神重于物质"似乎确实有至理在焉。3个遭严重削弱的德国师带头前进，于6月26日下午发动进攻。第二天，3个师都穿过了英军的布雷区，从后面威胁着坚守马特鲁的英军第十军。当与德军交火的第十三军撤退9个小时后，马特鲁的守军才得知消息并赶紧撤退。所幸的是，这支守军趁天黑分成小队，大部分人总算趁机从南面突围逃走，但仍有6000人沦为俘虏，其数目比隆美尔的整个突击部队还要大，还扔下了大量给养和装备，使隆美尔又一次得到了补充。与此同时，隆美尔的装甲先头部队迅速推进，速度是如此之快以至于英军想在富卡（Fuka，位于马特鲁和阿拉曼之间的海滨公路上）抵挡一下都不行。28日傍晚，德军到达那里的滨海公路，追上并击溃一个印度旅残部。第二天早晨，又包围了从马特鲁逃出来的几个纵队。在马特鲁港肃清残敌的第九十轻装甲师，于当天下午沿着滨海公路重又向东挺进，并在午夜时分追上了装甲先头部队。6月30日清晨，隆美尔已在欢欣鼓舞地写信告诉妻子："马特鲁港昨天已经攻克了，八路军又继续前进，直到深夜才停下来。我们早已向东面前进了60英里。离亚历山大港已不到100英里了！"现在，隆美尔的兵锋直指英军在北非的心脏，进入埃及大门的钥匙似乎已握在了他的手中。

可是，就在胜利似乎在望时，隆美尔减缓了速度，他想等意大利军开到后再逼近阿拉曼防线。迅速的行动是隆美尔屡次以少胜多

阿拉曼战场

的法宝，然而很多情况下恰是由于他的闪电般迅速，会让他的友军和其他德军部队跟不上脚步，结果反而阻止了隆美尔战略目标的实现。意大利军队被隆美尔的先头部队抛在后面，直到30日的夜间他们才赶上来。这一次的延误竟然为隆美尔的失败埋下了隐患。在当天的追击中，同样也是因为德军先头部队的神速，他们在进逼阿拉曼的时候却没有发现，英军装甲旅的残余部队仍然滞留在海滨公路以南的沙漠里，根本不知道隆美尔的部队已经超到他们东边去了。于是他们得以重新集结，安全地往阿拉曼防线集中，而没有被隆美尔所包围。

1942年7月1日，星期三，隆美尔开始了进攻。这一天是非洲争夺战中最危险的时刻，对双方来说都是如此。英国方面自不待言，他们在物质力量占绝对优势的情况下却主动后撤120英里，必然是背负了极大的舆论和心理压力。而此时的隆美尔也已成强弩之末，他这次的往东跃进既是有史以来的极限，也是他最后一次的纵跃。这一天标志着一系列阿拉曼之战的开端，实际上自7月以后在阿拉曼地区发生了一系列战役，称之为"阿拉曼会战"似乎更为在理。但是由于10月份的那次战役如此出名，以至于被后世评论家赋予了极高的意义，目前似已独享"阿拉曼之战"的美誉，后来也被看作第二次世界大战整个北非战场的转折点。但是真正的转折往往并不是由最后一战的那个结果所定义的，因为轴心国军队与英军在阿拉曼地区的首次交手，就已经出现了新的势头，这是以前的战争中不曾出现的。如果单从作战目标之实现与否来看，则隆美尔进军亚历山大的目标则是完全破灭了，因而这第一次的阿拉曼之战，其转折意义同样不可忽视。

隆美尔到达阿拉曼的消息一传来，英国的舰队便离开亚历山大港，经由苏伊士运河撤入到红海，而开罗的作战指挥部已开始忙着销毁档案，浓烟从烟囱升向天空。军人们幽默地称这一天是"纸灰星期三"（Ash Wednesday）。曾经历第一次世界大战的老兵们，还记得那是1916年索姆河战役开始的纪念日——那一天英军损失了六万人——此乃英国有史以来最严重的损失。开罗的人们看到黑烟滚滚的文件纸灰，自然认为是英军逃离埃及的信号，火车站上挤满了人，全都准备逃走。世界上其他地区的人也都感觉到这是英国在中东的末日来临了。

不过前线的情况却刚好相反，英军并没有像后方那样丧失希望。即便全军都要崩溃了，也总会有一个人是冷静而理智的，这个人就是奥金莱克将军。在他的指挥下，英军的阵脚已经稳定下来，并且制止了隆美尔的进攻，他们的信心开始增强了。英国在阿拉曼一带的防线，在奥金莱克的精心部署下已经完备起来。这个防线由四个要塞构成，在从海岸线到卡塔拉盆地之间延绵35英里长。这个盆地的特点在于多盐水沼泽和松软沙漠，在这样的地貌上无法开展装甲部队的迂回行动。第一个要塞就是海岸上的阿拉曼，它也是防御最强大的阵地，由第一南非师负责守卫；第二个要塞在阿拉曼以南的代尔谢因，由第十八印度旅据守；第三个要塞被称为"巴布卡塔拉盒子"，位于代尔谢因以南的七英里处，防守任务由第六新西兰师承担；最南边的那个要塞是"纳克卜德瓦伊斯盒子"，它与第三个要塞间的距离为14英里，第五印度师负责该处的防务，这中间的14英里空隙则交给小规模的机动部队来布防。

7月2日，隆美尔继续进攻，但德国非洲军只剩下不到40辆坦克能投入战斗，士兵都已极度疲劳。直到下午，才又重新进攻。但不久之后，他们望见了两大批英国坦克，也就停止了进攻。这两批坦克，一批正挡着他们的去路，另一批则从侧翼包抄过来。奥金莱克是位非常杰出的将军，隆美尔本人也承认这一点，他在战时笔记中写道："奥金莱克将军在这个时候亲自指挥阿拉曼的战事，他颇有技巧地运用兵力，战术水准要比里奇高明得多。他对当前情况的观察很冷静，不管我们如何行动，都无法引诱他上当。"奥金莱克早已看出隆美尔的进攻部队的弱点，并布置了一场他希望决定胜负的反击，但他的部下却未能完全执行他的命令，使他的计划成为泡影，但隆美尔的进攻计划也告吹了。7月3日，隆美尔又一次发动进攻，但他能投入战斗的坦克只剩下26辆了。其结果是遇到英军装甲部队阻击后，倒退了九英里才稳住了阵脚。对阿拉曼防线一连攻了三天却徒劳无功之后，隆美尔决定：如果第二天攻击还是无效，他就暂停这一次的攻势。他之所以作这个决定是由于英军的兵力在不断增强，而非洲军各师的战斗力又逐渐减弱。此时每师的兵力总数大约只剩下1200人到1500人左右。到了7月4日，隆美尔忧伤地承认，由于英军的顽强抵抗，自己的兵力已经耗尽。他发动的冲击，不仅被一一挡开，而且一次次遭到回击，终被击败。他的部队人数太少，又太疲乏，暂时不可能重整旗鼓。他不得不停止进攻，让部队休息一下，即使这样做可以让奥金莱克调来增援部队，也只好如此了。

  此时，奥金莱克已经重新掌握主动，甚至在增援部队到达之前，他也快要反败为胜了。现在，我们可以喘一口气，谈谈这位十分不幸、但是又十分杰出的将军了。这位将军是位具有灵活头脑和伟大性格的人，他在逆境中能够坚定不移，严守个人节操。尽管这些素质使他成为一个具有伟大人格的人，但作为一位战区总司令，他却不能左右逢源、官运亨通。1940年春季，奥金莱克奉命指挥在挪威北部的联军，从这时起，他就开始和丘吉尔发生联系，直到1942年8月中旬，这种关系才告结束。我们在前面就分析过，丘吉尔出于政治需要，总是催促部队立即发动攻势以迅速夺取胜利，而奥金莱克总是采用现实主义的观点，爱惜士兵的生命，总是本能地对抗丘吉尔的压力。他认为，要想成功就需要兵力、装备和时间。遗憾的是，他的意愿总是不断地被丘吉尔打断，从这种角度看，隆美尔的成功多少是间接得到了丘吉尔的帮助，否则在数量上总是占优势的对手面前，他早就被压垮了。

但丘吉尔在下院辩论时，却从来不肯承认自己的失误，把英军的失败完全归咎于隆美尔太强大了。奥金莱克是位善于动脑筋的将领，当他发现在"十字军"战役中，德军的坦克、反坦克炮和步兵密切配合给自己造成了惨重的损失时，他决定采取一种比较接近对手的新编制，把装甲师分为两个旅群：一个装甲旅群，每个坦克团都配备摩托化步兵营，另一个摩托化旅群，以在装甲旅群突破对方防线后快速跟进。每个装甲旅群都配备自己的野战炮、反坦克炮和高射炮。不幸的是这种改组尚未完毕，他就被迫投入了战斗。但是后来在冷战时代，所有"北约"（NATO）和"华约"（WTO）的陆军都已采取了奥金莱克的装甲步兵的联合编制，而中国陆军的合成军也与此大体相似。这足以证明他的确具有创造性思维和过人的远见。作为一个军事改革与创新者，奥金莱克始终是曲高和寡，不曾得到应有的尊敬。而他的德国对手隆美尔和其参谋长拜尔林，倒是对他充满了敬佩之意，他们一直感到不解，为什么英国人竟然没有了解奥金莱克的天才，实在太奇怪了。

奥金莱克不仅好几次对隆美尔造成了威胁，并在1941年底迫使其后撤，而且在1942年7月的这次阿拉曼首次会战中，同样表现出了他坚强的性格。集合一支打了败仗而又作过长距离撤退的兵力，对于指挥官的能力实在是一种超出常规的考验。大难临头之时，奥金莱克毫不退缩，毅然亲自接管指挥权，同时他也表现出高度的智慧，断定隆美尔虽然表面上势如破竹，却已是强弩之末。因此，奥金莱克坚决地命令部队反过头来进攻，并把反攻的目标定为意大利部队，以迫使隆美尔调动他的德军来进行前后奔走的救援行动，并最终拖垮和击败他。到7月16日，隆美尔在这种打法面前完全丧失了主动权并被迫采取守势。隆美尔在次日写给妻子的信中承认："就军事方面来看，我们此时的处境实在糟透了。敌人正利用他们的优势力量，尤其是在步兵方面。他们把意军部队各个击破。而德军的兵力也太脆弱了，不足以独立支持危局。情况实在糟得令人想哭。"

可惜的是，奥金莱克没有能把自己的昂扬斗志逐级贯彻下去。虽然他在他足智多谋的参谋长多尔曼·史密斯的协助下策划了一个个头等的战术，却都在执行者"三等"车厢中出了毛病，车厢的通道也不畅通。原因在于，英方有着一支英联邦各国分遣队混编的杂牌军，他们处于极端紧张的状态，他们的司令官被各自政府提出的种种令人焦虑的问题、警告弄得心神不宁。结果，奥金莱克无法完全落实他的指令，而丘吉尔又不允许他用足够的时间来融合这杂牌军使之成为步调一致的军队。这样，就形成了一种僵持的局面，奥金莱克的反攻没有成功，而隆美尔也无法前进。但总的来说，奥金莱克获胜了，因为他总算达到了他的基本目的，那就是阻止隆美尔前进。虽然"就地歼灭隆美尔"这个本来可以做到的事由于军队的不协调未能成功,但也算值得欣慰的了。

从以后的局势发展趋向看,第一次阿拉曼之战应该算是一次关键性的作战,也是英军一次决定性的胜利。它在最危急的关头挽救了中东,并替奥金莱克的后任铺平了道路。所以,这应该算是奥金莱克最伟大的成就。不过,当时人们并不这样看。在伦敦,丘吉尔正在为自己的职责苦斗,下院一位暴躁的议员安耐林·贝万(Aneurin Bevan)——此公即便在左翼的工党中也是激进分子——对丘吉尔的抨击是,他在议会的辩论中虽然一次又一次地赢得胜利,但在战场上却是一次又一次的失败。在7月2日这一天,议员们对丘吉尔的攻击更是群情激愤。一位议员指责英军的失败在于军队有按部就班的思想:"在这个国家里,人人嘴边都挂着这样一句富有讽刺意义的话:'如果隆美尔是在英国军队里服役的话,他将仍旧是一名中士。'"然而当丘吉尔站起来讲话时,他照样把这些责任推在他的将军身上,于是他又幸免了那一天的灾难。其实英军的最根本问题,隆美尔在很大程度上也看出来了,这就是前文提及的"步兵心理",令人惊奇的是,早在北非激战正酣之时,李德·哈特就已经指出了英军的这个缺点。而同期的隆美尔,他也看到了李德·哈特写的这篇文章,他在战时笔记中写道:

在这次会战之后,我曾看到英国著名军事评论家李德·哈特的一篇文章,他认为英军在非洲战役中所犯的最大错误,就是英军将领始终摆脱不了步兵战争的思想。对此我也有同感。英军的指挥官并没有从1941年到1942年的失败中学到新的教训。

　　当一个国家的军官团已经发展成形且具有悠久的传统之后，它的典型特征就是不肯再接受新的思想和发明。因为这个缘故，普鲁士的军队才会被拿破仑击败。在这次大战中这种情形更为明显：在德国也和在英国一样，有许多军人的头脑都已经僵化了，对现实缺乏适应能力。他们制定了一整套军事思想，连细枝末节都规定得非常仔细，认为这是一切军事智慧的最高权威。任何新的思想只有在符合他们的标准时，才会被接受。任何在这些标准以外的东西，都被他们当作是一种"赌博"；即令是成功了，也认为这不过是偶然的幸运而已。由这种态度所产生的主观偏见，其后果真是糟不可言。

　　在军事伦理学方面，一个光荣的传统很重要，但是就军事指挥方面而论，这却是一个极大的包袱。现今指挥官的职责要时常注意利用新的技术，改革旧有的技术；并能针对着此时此地的现实条件，随时调整他的战争思想。假使环境需要，也应该能使他的思想，从里到外彻底改变。

7月之战结束时，英国人普遍产生了失望的心情，虽然奥金莱克实际上打了胜仗，但人们并不满足，英国人需要一个大的胜利，需要彻底粉碎隆美尔的胜利。他们开始回忆起英军一连串惨痛的失败，认为这些失败都是错误的领导所造成的，从而产生了必须更换高级司令官的迫切心情。正如往常一样，当丘吉尔把责任往下推时，下面的批评总是针对最高阶层，而不是针对出差错的下级。奥金莱克的反攻失败后，士兵的信心就又动摇了，现在必须恢复他们的信心。

在这样的情况下，调换司令官是最简便的补救办法，也可能是必不可少的一种兴奋剂，且不管对被撤换的司令官是多么不公平。政治家的特性在此处又彰显出来，即他为了实现那个最后的或者最高的目标，可以暂时将其他价值都摆在次要位置。

丘吉尔决定飞到埃及去估量一下形势，他在8月4日到达开罗。丘吉尔既承认又说出了口——奥金莱克已经抵住了逆流，但他内心对于奥金莱克的去留问题早已下了大致的决心。在他看来，第一次阿拉曼之战的胜利抵不过贾扎拉的惨败和托布鲁克投降的耻辱——虽然这笔账应记在他乱下指示的账上。同时由于政治原因，丘吉尔也必须采取行动，一方面连续的失败早已引起英国人民对政府的不满，所以他急需一头替罪羊；另一方面，在英美合作的体系中，英国日益屈居下风，丘吉尔个人要想与罗斯福的威望相对抗，就非常需要一个纯粹由英军获得的胜利。丘吉尔最后试探了奥金莱克，逼迫他立即行动，重新进攻，奥金莱克却坚决抵制，认为必须推迟到9月份才能发动进攻，因为部队需要休整训练。由于他表示短期内无法创造丘吉尔所需要的胜利，他在8月5日终被免职。然而，他的后任蒙哥马利，一直到10月份才发动进攻，比奥金莱克的日期还往后推迟了一个月。

九
阿拉曼之战

现在，应该提一提另一位北非之战的主角了，他就是后来晋升为元帅的新上任的英军统帅蒙哥马利。在希特勒和德军统帅部看来，与苏德战场的巨大集团军群的搏斗相比，隆美尔在阿拉曼的战斗不过是一场战争游戏。而在丘吉尔和英国人的心目中，阿拉曼之战却代表着命运的转机，值得鸣钟庆祝。而蒙哥马利在沙漠中对抗隆美尔所取得的胜利，也迅速地提高了他的声誉。

蒙哥马利于1887年11月出生在伦敦肯宁敦区圣马克教区的一个牧师家庭。1901年14岁时才正式上学，他的文化成绩并不优秀，但是体育成绩非常好。1907年他幸运地考入了桑德赫斯特皇家军事学院。1908年12月毕业后，加入了驻印度的皇家沃里克郡军团，成为一名少尉排长。

在第一次世界大战期间，蒙哥马利曾在法国、比利时的战场服役。当时他曾身负重伤，差点送命。1918年大战结束后，他担任师司令部中校一级参谋。1920年，蒙哥马利进入坎伯利参谋学院继续进修，同年12月毕业后，曾参加过爱尔兰战争。1926年1月，他重

蒙哥马利在巡视英军坦克的行进动向，这张照片中戴着黑色贝雷帽的形象后来成为他的身份标识

回参谋学院任教官。1934年调任奎塔参谋学院的主任教官。1937年起调任第九步兵旅旅长，因带兵有方，得到时任南部军区司令韦维尔的赏识。1938年10月任驻巴勒斯坦第八师师长，参与镇压巴勒斯坦人的武装暴动，被晋升为少将。1939年8月，调回国内接任以"钢铁师"著称的第三师师长。

第二次世界大战爆发后，蒙哥马利率领第三师随同英国远征军横跨英吉利海峡，进入法国作战。1940年5月，德军闪击西欧时，他与法国和比利时军队并肩作战，后来他又不得不随英法盟军从敦刻尔克撤回英国，他曾参加过这次战略撤退的指挥。1940年他先后任第五军、第十二军指挥官。同年12月又升任英格兰东南军区司令，负责选拔、调整、培养各级指挥官，严格训练部队，提高军事素质。蒙哥马利在后来的战争中逐渐发展了自己的指挥原则乃至统兵理论，他的这种总结归纳能力与他早年的军校教官生涯有着密切联系。

一度时常被人提起的蒙哥马利的名言是："假如你能给予你的部队、你的人民和你的政府一个胜利，他们也就不会多关心任何其他的事情。"阿拉曼之战就属于英国人迫切需要的那类罗马式的胜利，在此之前英国第八集团军"虽勇敢但屡遭挫折"。奥金莱克虽然在7月份已使隆美尔受到了一次决定性的打击，但英国民众是不会看到它在战略上的实际意义的。从感情上来说他们已受不了表面上的全面惨败，盼望有一种胜利的征兆出现，丘吉尔当然更是如此。奥金莱克作为一个纯粹的军人，缺乏政客的那种狡黠灵活，因而他也就不懂得对战果宣传的重要性，结果就被撤换了。而蒙哥马利却深谙此道，所以他的胜利毫无疑问地成为狂欢庆祝的借口。胜利的曙光似乎突然出现，这对英国人来说，已经证明了阿拉曼战役是一个真正的转折点。而按照常理，一个赢得如此重大胜利的人，依照定义应该是一位伟大的将军。于是，后世的人们自然要问，这场会战的性质是否因其后果的影响而被拔高了呢？

从某种意义上来说的确如此。因为轴心国尤其是德国，从未倾尽全力来与英国争夺北非，隆美尔一直是在处于劣势数量的兵力条件下作战，只是由于他的机敏和英军战术的重大缺陷，才多次使他得手。而英国方面对这次战役的胜利却志在必得，在此形势下，隆美尔的失败只是迟早问题，蒙哥马利的声望和胜利显然被夸大了。但从另一个角度看，他的声望毕竟是以其军事才能为基础的，他是一位真正的军人，这点是十分重要的。

某些指挥官的素质在其一生中是逐渐增强而不是向另一方面扩展，蒙哥马利就是其中之一，童年是成年后的基础，成年并不能使童年的气质发生实质性的改变，而只是加强它。无论是在他军事生涯的哪一个阶段，也无论是在哪个战场，蒙哥马利的天赋才能、坚强而有弹性的性格以及气质上的矛盾色彩都从未改变。作为一位指挥着庞大军队的元帅，他在自己的家庭中却不能轻松地治理出良好的秩序。蒙哥马利的矛盾心理有许多来源。其祖父罗伯特爵士是印度战争中的英雄，其外祖父却是一位忠厚长者，他的父母在性格上更是如水火般不相容。他的父亲是一位有圣者之风的主教，而母亲则是一位意志坚强的女性，对孩子有强烈的影响。蒙哥马利自己曾表露过："确实，我可以说我本人的童年是不愉快的。这是由于我母亲同我在意志方面的冲突引起的。我的早年生活充满了激烈的斗争，而在这些冲突中，我母亲总是胜利者。我一不在，她就会嚷道：'快去看伯纳德在干什么,叫他停下来。'我经常挨棍打,但这些不断的惩戒怎么也没有制服我。……我从不掩饰我的过错,接受一切处罚。母子双方都显然有错。就我而言,虽然我过早就从生活中知道恐惧,但我所受的这一切的实际结果也许是有益的。要是我那倔强不羁的性格不加以抑制的话,我可能会使某些人感到更加无法容忍。不过,我经常怀疑母亲那样对待我是否过分了一点;是否应该如此管教,我也是怀疑的。"虽说母子关系紧张,但是蒙哥马利对父亲却充满了敬意和热爱,"我崇拜他。对我说来,他总是像一个朋友。如果世上真有圣贤,那就是我的父亲。我母亲总是硬要他按她的意思办事。母亲掌握全家经济,她每星期给我父亲十先令,这些钱还得包括他每天在'文艺协会'午餐的费用,如果一星期未到他央求母亲再给一两先令的话,他就会被严厉地盘问。可怜的好人啊,我想他最后几年一定过得不愉快。他想干些什么,从未被准许,也得不到关心和护理,要不然的话,他也许可以多活几年的。"在这样一个母亲强势而父亲处于妥协地位的家庭中,也就不难理解这对子女的成长会带来怎样的影响。所以蒙哥马利在心理上是一种不平衡的混合体,具有服从和反叛两种矛盾趋势,这一点在他一生中都未曾改变。

他具有一个清醒的、果断的头脑,一种与学术和艺术无关的敏锐的观察力,一种固执己见的自信,一种接近于狂妄的勇气。他仁慈而富于同情心,粗犷而不忽略细节。他有执着的宗教信仰,有一种勃勃的雄心,一种特殊的以自我为中心的倾向。一个不试图掩饰自己奇才的人,毫无疑问会引起他人的敌视,尤其是保守分子的敌视。蒙哥马利对他年轻时的那些英国军官几乎没有什么放在眼里的,在他看来,那些"善战将军"都担任高级指挥。他们在职的时间实在太长了,他们拿军中的要职,玩一种抢椅子的游戏,但是音乐一停,椅子却从不拿走。①而到了1939年二战全面爆发时,英国陆军的高级将领中几乎没有一个思想激进的,而蒙哥马利那种自命不凡的态度成了他人际关系的致命伤。他几乎在有意无意之间把所有的人都得罪了。尽管有这些缺陷,由于他所拥有的军事天才,他在英国陆军中还是可以勉强出人头地,但在和美国人协同作战时,他的性格就使他自己和他的国家都吃亏不少。

不过,蒙哥马利就任第八集团军也有点偶然:此前,戈特将军已被任命为第八集团军司令,但他的座机被一架德军战斗机击中,他在这次空难中丧生。于是蒙哥马利才接替了他的职务。因而,要想衡量蒙哥马利的指挥之道,就可以提出这样的假设:如果不是蒙哥马利,而是戈特指挥会怎样?答案是明显的,戈特虽是沙漠战的老手,但早已疲惫不堪,且又缺乏杰出的指挥才能,在他指挥下的第八集团军不会是一支合成部队。事实上,奥金莱克也是受到了戈特失误的影响,因为他的好主意不能得到切实的贯彻。而蒙哥马利则迅速地克服了上述的缺陷,从而使英军迅速地恢复了生机。这是因为,他到达北非以后,通过对第八集团军的了解和分析以后,发现这支军队主要是由平民组成,而不是以职业军人为主的。他从而认为,指挥这些人不仅要有一个指导人物,而且要有一个众人心目中的焦点人物。换句话说,指挥官不仅是个首脑,而且是个能带来

---

① 抢椅子游戏(musical chairs),椅子数须比参加游戏者少一,游戏者在乐声中以单排绕椅而行,乐声一停,每人须抢椅坐下,每次淘汰一人,并拿走椅子一把,而抢到最后一把椅子者为优胜者。详见《蒙哥马利元帅回忆录》,上海:上海译文出版社1982年版,第20页。

好运的"福星"。而先前第八集团军的历任指挥官,他们的作战部署往往无法有效贯彻到中下层,很大原因即在于此。

蒙哥马利上任之后,立刻向其部下传达了自己的意志,并使部队受到他人格的感召。他造成这样一种印象:这是他的军队,并且只有他知道正确的方向。第八集团军本是一支杂牌部队,包括澳大利亚人、新西兰人、南非人、印度人和英国人,把一种新的意识和信心向他们灌输需要高超的领兵之道。能够做到这一点,也就无异于不战而胜。从阿拉曼到突尼斯,他的人格魅力始终不衰,他的意志控制也始终不放松,假使说他的行为近似粗鄙,他的个人崇拜作风令人感到肉麻,但和他取得的胜利相比,这些缺点都显得微不足道。相比之下,奥金莱克在具体的军事指挥上也许比蒙哥马利强,但却缺少他那种感召军队的个人魅力。然而,培养起对统帅人格魅力的崇敬,只是外在的表现形式,这必然是基于一种坚实而系统的领兵之道,具体来说,蒙哥马利的指挥原则究竟是怎样的?蒙哥马利在其回忆录中进行了详细的阐述,他开宗明义:

> 我的指挥原则虽然需要详加阐明,但它可归结为一个词:领导。
>
> 我对领导一词所下的定义是,"它是团结男女大众实现共同目标的能力与意志,也是鼓舞人们信心的一种品格。"仅有能力还是不够的,领袖必须乐于发挥他的能力。因而他的领导是以真理与品格为基础的。在目的性中要有真理,品格中则要有意志力。

然后他提出对于统帅来说非常重要的情感因素,即决策力。

领袖人物的言和行必须产生有效的影响。至于他能做到什么程度,取决于他的个性——感情"白热"的能力,也就是说,领袖人物的内心要燃烧着激情之焰,要具有抓住人心的吸引力。关于领袖,我个人想要知道的是:

他的目标是什么?

他是否全力以赴?

他的才能与资质,包括知识、经验与胆识如何?他能否做出决定,对此承担全部责任,必要时又敢冒风险?

在建立了一个组织,作出明确的重要决定之后,为了顺利、迅速贯彻总体计划,他愿意授权别人,分散权力吗?

做出"决定"至关紧要。现在有一种倾向,即回避做出决定,拖拖拉拉,希望船到桥头自会直。军事领导的唯一方针是行动上要果断,临危时要镇静。这个原则对政治领导也是适用的。我认为领导必须了解他自己的要求是什么,必须明确他的目标,然后竭尽全力去达到它。他必须让每个人都知道他的要求和基本方针。事实上,他必须给以强有力的指导和明确的领导。

对于领导的这种决策力,必须使之转化成部队的气质,即"他有必要创造我所谓的'气氛',使他手下的指挥官生活和工作在这种气氛中"。蒙哥马利十分不赞同历来指挥官的官僚做派,在战争计划阶段的商讨,应该讲究实效性,指挥官亲临现场很重要:

当战场上进行着积极行动时，务必要注意"会议"的地点。指挥官在通过深思熟虑，通过同参谋人员的研讨，以及通过视察而和下级保持密切联系后，应该了解他要求做什么，是否可能做到。假如有必要同下级举行会议，那是为了下达命令。他决不应该叫他们"上来"开这样的会；他必须到前方的下属部队中去。这样就没有人越俎代庖了。为了要下级出主意而开会，这是能力不强的指挥官采用的办法。

在作战中，指挥艺术在于懂得没有一个情况是相同的。每个情况必须当作一个全新的问题来研究，做出全新的答案。

我始终认为，一支军队不只是集许多个人和许多坦克、大炮、机关枪等等而成；军队的力量也不是正好等于这些东西的总和。一支军队的真正力量是，而且必须是，远远超过它的各个部分的总和。外加的力量，来自士气、战斗精神、领导与被领导之间的相互信任，特别是对高级指挥的信任，伙伴关系的素质以及其他的无形的精神素质。

认为命令一旦下达，就无事可做的想法是错误的。你得注意，命令是否根据你的意图执行。指挥官一旦决定了计划的大纲以及实行的办法，应该草拟开始阶段的作战命令或指令，而不借手于他的参谋人员。参谋人员和下级应该根据指挥官亲笔写的东西着手进行更细致的工作。这样可以把错误减至最低限度。这就是我当营长以来所采用的方法。

蒙哥马利把军队看作是一种非常脆弱、敏感的工具，因而必须十分小心谨慎地维护：

很容易损坏。这个工具的基本成分是人。把军队带好，懂得人的本性是必不可少的。人们蕴藏着巨大的情感力量，它们是积极的，建设性的，应该给予发挥的机会，因为这种力量使人感到温暖，能激发人们的想象力。如果对于人的因素持冷漠无情的态度，你将一事无成。但假如你能赢得官兵们的信任和信赖，使他们感到他们的利益在你手里万无一失，这样你就拥有无价之宝，有可能实现最伟大的成就。

他也极为重视士兵们的"士气"，在他的回忆录中曾多次提到：

在战争中，士气是唯一的最重要的因素。战时，要使士气旺盛的最好办法是打胜仗。优秀的将领是以尽可能少的伤亡去赢得战役的胜利。即使伤亡惨重，只要打了胜仗，官兵们知道这些代价不是白花的，加上对伤者悉心关怀，对死者收埋致哀，仍可保持高昂的士气。

为了保证这种士气的发挥，指挥官的人选也非常重要：

我的工作时间也许有三分之一用于人员的考虑上。在处理下属的问题上，强烈的公正感是很重要的，因为这也是对人的全面考虑。我亲自掌握包括营团级在内的指挥官的任用权。唯一的选择标准是，过去的成绩、领导才能与工作能力。我的任务就是要了解所有指挥官，坚持高标准。优秀的高级指挥官一经选定，一定要加以信赖，并给以最大限度的"支持"。任何指挥官有权得到他的直接上司的帮助与支持。得不到时，他可以把这归结为导致失败的一个因素。假如他获得了他所指望的帮助而失败了，那么他就该离开。当一位军官升任更高一级的指挥官时，有时认为他不学也知道如何处理新岗位上的工作，这是一个很大的错误。旅与师、师与军之间存在着很大差别。被提升的军官在新岗位上需要帮助与指导，我有责任加以关心。

作为一名统帅，不应该事无巨细都亲力亲为，这不是明智的为将之道，而应该"抓大放小"：

> 极端紧要的是，一个高级指挥官绝不应埋头于琐事堆中。我总是注意这一点。我经常花不少时间考虑、思索主要问题所在。在战役中，一个指挥官必须考虑如何击败敌人。假如在事务堆中不能自拔，对于真正大事倒反视而不见，他就不能做到这一点。不抓大事，而把注意力花在对战役无关紧要的次要事情上，他就不能成为参谋人员的坚强靠山。琐事细节是参谋们的分内事。指挥官整天忙于琐事，没有时间静心地深思熟虑，绝不可能制订出高水平的作战计划或者有效地进行大规模的作战行动。

与隆美尔一样，蒙哥马利很在意将领是否能在前线亲自指挥，甚至对指挥官发布命令的具体细节也有讲究：

> 在战斗中，必须亲自指挥作战，可以通过视察下属司令部，

给以口头命令。指挥官必须训练他的下级指挥官和他的参谋人员按他的口头命令进行工作与行动。遇事要书面命令而不敢放手按明确、简要的口头命令行事的军官,是毫无用处的。集团军里发的文字材料太多了,谁也没有认真阅读并很好地理解它,甚至连认真阅读一半材料的也没有。

自然,指挥官一定要懂得如何对下级发布口头命令。下属各不相同,因而需要不同对待。人们的反应各不相同,有些人满足于总的指示,有些人喜欢更详细的指示。但最终指挥官与下级之间是会就这个问题建立起相互信任的。一旦有了相互信任,就再也不会有困难和误会了。必须进行直接的亲自的指挥。为此,在战斗中保持联络官制度是很有价值的。我自指挥一个步兵旅以来,一直采用这种制度。

作为一个牧师的儿子,蒙哥马利自然也会从信仰的角度来考虑军队的作战:

最后,我认为,今天的指挥官要具有一种固有的宗教上的真理感才能鼓舞庞大的军队,各个下属部队甚至士兵们,带领他们去取得伟大的胜利。他必须准备承认真理感,并据此来领导他的部队。他必须密切注视部队的精神状态,他相信用以鼓舞官兵的精神目标是正确的、真实的,并对每个人都解释清楚。他必须这样做,否则就没有持久的胜利。我相信,所有领袖都是以精神素质,即鼓舞人们追随他的力量为基础的,而这种精神素质可以用在好的方面,也可以用在坏的方面。过去不少事例说明，这种素质专门用于个人目的，因而是坏的或部分是坏的。无论何时，只要是用于个人目的，到头来无不垮台了事。坏的领导，可能暂时取胜，总是包含着自取灭亡的种子。

当然，即便阐释了那么多领兵之道和战争的艺术，在1942年夏末的这个季节，可能都并非最紧迫的。在阿拉曼会战的这个危急存亡之关头，倒是他下面的这句话点醒了那些军事精英们，自然也是当时的英国最需要的，那就是："任何领袖，不管多么伟大，只有取胜，才能持久。战斗决定一切"。

1942年8月，蒙哥马利接替了奥金莱克对第八集团军的指挥权，同时奥金莱克的中东部队总司令职务也交由哈罗德·亚历山大（在此之前亚历山大将军是英国第一集团军的司令，为英美在法属北非的登陆做准备）执掌。在8月8日丘吉尔写给奥金莱克的信中，首相克制了自己先前与中东总司令的分歧，从大局着眼仍建议由奥金莱克担任新析出的伊拉克和波斯战区指挥官：

亲爱的奥金莱克将军，

6月23日你在给帝国总参谋长的电报中提出了解除你在这个战区的指挥职务的问题，并且提出亚历山大将军可以是继任人选。当时军队正处于危急之中，陛下、政府未能采纳你的高尚的建议。同时，你正照我历来的希望，遵照我5月20日电报中对你提出的建议，对战事采取了有效的指挥。你阻止了形势的不利发展。目前，战线已经得到了稳定。

现在，根据你自己提过的理由，战时内阁决定，改组的时

哈罗德·亚历山大将军

刻业已到来。我们计划将波斯和伊拉克从目前中东战区划出。亚历山大将受命指挥中东战区,蒙哥马利统率第八集团军。我提议你指挥伊拉克和波斯战区,包括第十集团军在内,总部设在巴士拉或巴格达。现在这个战区的范围确实比中东战区要小,但是,几个月以后,这个战区可能成为决战的场所,而且,第十集团军的增援已在途中。你对这个战区既有特殊的经验,又可与印度保持联系,因此我希望你能以历来所表现的大公无私精神同意我的愿望和指令。亚历山大即将到达,而且,当然除了由于敌人的行动而有所变动外,我希望下周初能在西部战线最顺利而有效地办理交接事宜。

如果你愿意,我将非常高兴地在任何方便的时候见到你。

相信我,

你忠实的

温斯顿·丘吉尔

与此同时,第八集团军下属的两个军的指挥官也重新任命,他们分别是第三十军的指挥官利斯中将和第十三军的霍罗克斯中将。

隆美尔于7月份在阿拉曼战线受阻以后,在八月底又发动了第二次攻势,结果这次战役就以阿拉姆哈勒法之战(Battle of Alam el Halfa)为后世所知。所谓的阿拉姆哈勒法之战,实际上应该称作第二次阿拉曼会战,隆美尔向开罗和尼罗河三角洲的最后冲刺在此受阻,蒙哥马利开始使英军交上了好运。8月中旬,疲惫的隆美尔得到了2支增援部队,1个德国伞兵旅和1个意大利伞兵旅,其他一些损失也得到了部分弥补。在重新发起进攻的前夕,他的2个装甲师大约已有 200 辆装炮坦克，2 个意大利师则有 240 辆。意军的坦克是老式的，德军却获得了新式的 III 型和 IV 型坦克近 100 辆，IV 型坦克装有 75 毫米新式长筒炮，这在质量上是一项重要的改进。但是，英军在前线的坦克已增至 700 多辆，其中 160 辆是新式的格兰特坦克，所以德军在武器装备上仍然处于劣势。

英军的防卫前线的兵力部署，仍然是由那 4 个步兵师分别守卫各要塞，不过他们的力量已经得到增强。这个部署是由多尔曼·史密斯设计的，并且在 7 月份时就已由奥金莱克批准部署，蒙哥马利来到以后并没有做出明显改动。此后阿拉姆哈勒法战役得胜，外界却纷纷把功劳全归到蒙哥马利身上，蒙哥马利开始也乐得装糊涂，后来受到奥金莱克的指责，他才改变腔调。而且，接任奥金莱克的亚历山大将军在其报告中也曾澄清事实：

> 这个计划是尽可能对从海岸到鲁瓦伊萨特岭之间的地区作坚强的防御，同时在阿拉姆哈勒法岭上另设一个坚强的防御阵地，当敌军企图在鲁瓦伊萨特岭以南进攻时，从这里则可以威胁其侧面。现在指挥第八军团的蒙哥马利将军，在原则上是采纳了这个计划，而我也完全表示同意，并希望敌人若能给予我们足够的时间，则他也就能够增强左（或南）翼，来改变我们的地位。

英军的北部和中部防线的工事都非常坚固，只有在南面阿拉姆纳伊尔岭旁的一条防线，防卫较为薄弱，隆美尔要试图突破也只有此一条路，而这一点已在奥金莱克的预料之中。这样一来，既然不

英军在阿拉曼战场

可能出其不意地袭击目的地，隆美尔就不得不在时间上与速度上来个乘其不备、出奇制胜了。这次新的进攻隆美尔是这样计划的：

  我们准备由德意两国的步兵发动一次夜袭，占领这些位置，然后装甲部队跟在后面一拥而上，把敌人赶开。以后就由非洲军和摩托化军的一部分继续向东进攻，预计在上午以前到达哈马姆的西南，距离起点约为25英里到30英里。我们的防线南端由意军第十军负责防守。第九十轻装师和意军第二十军的一部分掩护八路军的侧翼，一直到英军在阿拉曼的防线及其以东的地区，他们负责击退英军的攻击，据我们的估计，在作战的最初阶段，这种攻势一定会相当猛烈。

  在拂晓的时候，八路军的摩托化部分（主要是非洲军）应该向北猛冲，一直到达海岸，接着从那里朝东攻入英军的补给地区，并企图在开阔地上作一次决战，当我们的摩托化兵力进入英军补给地区之后，可能就会把英军的摩托化兵力吸引回来，使他们没有余力去攻击第九十轻装师。于是英军的装甲部队就可能会被切断，而无法有效地作战。这个计划若要成功，全依凭英军官兵反应速度的迟缓。根据我们过去的经验，他们总是需要相当的时间才会做出决定，然后付诸实行。所以一切事态都必须快速行动。这个决定性的战斗绝不能成为静态的。利用留在阿拉曼防线的少数德意军步兵兵力不断攻击，可以把大量的英军钉死在那一条防线上。真正决战的地方却是在英军的后方，凭着八路军在机动战争上的优越素质，和军官的高度指挥技巧，就足以抵消八路军在数量上的劣势。当他们的补给来源被切断之后，这些留在前线上的英军就只有两条路可以选择：不是在原地死拼到底，等候被歼灭；就只有突围遁去，向西逃走，埃及的战事也就完结了。

但是，当隆美尔在8月30日晚发动进攻时，却发现英军的布雷带纵深比预计的要长很多，这就延缓了非洲军进攻的步伐，使他们无法到达指定的目的地。英军十分顽强地防御他们的据点，德军的进展一再受到延迟。这种激烈程度确实印证了隆美尔在作战计划中的预料。进攻既然受到阻滞，就使得火线上的英军有时间把警报送回他们的总部，英军指挥官也因此而能谨慎地采取必要对策。这个空隙时间对他们来说具有极大的价值，因为他们可以趁机调集机动化兵力，给予任何突入的德军部队迎头痛击。结果一直到第二天清晨，隆美尔的先头部队才前进了8英里左右，而英国空军已开始了对德军的猛烈轰炸。德军第二十一装甲师指挥官俾斯麦将军因触雷被炸死，而非洲军司令瓦尔特·内林将军也在空袭中受了重伤，他的职务只好由军参谋长拜尔林中将接替。

隆美尔发现作战计划的第一步——突袭——已经受挫，他就想停止进攻。但是他同拜尔林商议之后，还是决定对有限制的目标进攻。由于前一阶段英军赢得了反应时间，他们的装甲兵力已集结好，随时可以采取行动，所以隆美尔不可能再继续东进以拓宽阵线，因为那样将使他们受到南面的英军第七装甲师和北面的英军第一、第十装甲师的连续威胁。他命令非洲军提前调头向北转，冲向阿拉姆哈勒法岭的主高地（即"一三二高地"，Point 132）。此地的守军是英军第二十二装甲旅，而英军第八装甲旅则布置在距该旅东南面约

10英里的地方。

把两支主力装甲部队拉得这样开是冒风险的，蒙哥马利敢于这么干，是因为他拿得准这两个旅各自的装甲实力都与整个德国非洲军相当，可以独当一面，静候友军的援助。由于隆美尔不得不比原来的计划提前调头北转，德军就直接攻打、而且单独攻打英军第二十二装甲旅——因为此时英军第八装甲旅还未赶到。不过，德军也延误了攻击时间，直到黄昏才动手。原因在于他们连续不断地遭到英军的空袭，燃料和军火护送队都未及时赶到，加之遇上了一片软沙地，大大减缓了德军进攻的速度。等他们终于开近阿拉姆哈勒法岭英军第二十二装甲旅的主阵地时，首先遭到那些部署得当的英军坦克的猛轰，接着又遭到英军后援炮火的攻击。德军的屡次进攻和局部的侧翼行动全被遏制住了，直到天黑战斗才结束，为英国守军挣来了难得的休息，并使德军情绪普遍低落。当然，这次进攻这样轻易就流产，倒不在于德军真正被击退，而是他们的燃料几近枯竭，隆美尔于是下令撤销了全力夺取一三二高地的命令。自从第一次阿拉曼战役以来，德军虽然收到了一些增援部队，但是它在补给方面却一直存在问题。隆美尔自己曾分析其原因，首先是7月底以来英国空军将攻击重点转到德军从港口到前线之间的交通线上，他们袭击德军的运输队，并且炸沉驳船和沿海船只。德军有限的空军在前线上忙得抽不出身来，更是无法对后方补给提供保障。其次则是，由于意大利海军缺少护航驱逐舰，德军的大批补给船不得不以班加西或托布鲁克为终点，这就加重了德军公路运输方面的负担。而且托布鲁克又在8月8日受到英军的猛烈轰炸，其主要的码头被炸毁，吞吐量减少了20%。

这样，到了9月1日清晨，德军燃料依然非常缺乏，隆美尔只得放弃在当天大战一场的打算。当时非洲军处境十分尴尬，夜间遭到英军轰炸机的轰炸，白天遭受英军的炮轰，损失越来越大。蒙哥马利在确定隆美尔不再东进以抄他后路时，命令另外两个装甲旅转向集中配合第二十二装甲旅。现在，英军终于把自己强大的力量集中到一起，重击隆美尔这个早就该被击倒的对手了。当天下午，蒙哥马利下令进行一次反击，以便取得主动。而德军装甲部队经过几天的战斗消耗，所剩燃料大约只够各队行军60英里。靠着第十五装甲师一个师的兵力继续进攻，在击毁了相当数量的英军战车之后，这个师的主力居然到达了一三二号高地正南的地区，到此他们的燃料也差不多用光了，于是这个局部性的攻击也只好停止。

因此9月2日这天，隆美尔下令停止进攻并逐步撤退。白天，只见面向阿拉姆哈勒法岭的德军人数逐渐减少，并开始向西移动。但是，英军要求跟踪追击却没有得到批准，因为蒙哥马利对这只"沙漠之狐"仍然是心有余悸，过去英国装甲部队常被诱入隆美尔的陷阱，现在应该避免重蹈覆辙。另一方面，蒙哥马利命令新西兰师——该师部署在阿拉姆纳伊尔岭，正处于德军发动进攻的起点北部——在其他部队的增援下，要在第三天即9月3日夜间，向南发动进攻，以截断隆美尔的后路。但是到9月3日，隆美尔的部队开始了全面撤退，英军只有跟踪出击。当晚英军发动了"瓶封"行动，企图把德军封进"瓶子"里。但到后来，进攻组织得混乱不堪，遭到严重损失后终于停止。随后的两天，非洲军继续逐步撤退，英军已不再发动攻击来切断他们的退路，只有一些先头小分队极其谨慎地跟踪追击。

9月6日，德军到达原来战线以东6英里的高地防线就停止后退，显然要在那里固守。次日，蒙哥马利在中东总司令亚历山大的同意下，决定停止这场战斗。就这样，隆美尔才占有南面这一块有限的地盘。他的损失惨重，即使占有这块地盘，也不能算是什么安慰，因为他的战略意图已失败了。第八集团军的士兵终于亲眼见到了似乎不可战胜的对手的撤退，即使只是后退几小步，他们也认为这一事实要比未能切断敌军退路更为重大得多。这是局势已转变的明显标志，蒙哥马利在士兵中树立了新的信心，士兵们对他的领导才能坚信不疑了。他在回忆录中的描述显得不无得意：

>　　（阿拉姆哈勒法战役胜利后）士气提高了，这是因为高级指挥官的预测得到了应验。我们打赢了，伤亡又少。这对士气的影响是极其重要的。回想我刚到沙漠的头几天里，集团军司令部事事抓紧，并宣布改组，以确保沙漠之战的胜利前景，从而消除疑虑不安情绪。所有这一切使大家感到欣慰。总的气氛看来是不错的，听来也是不错的，可是今后又将怎样？当然，大家有迫切的愿望，乐于试一试，使这种气氛继续起作用，信心也因之与日俱增。但是，使官兵们对我，对我的方法，以及如果你愿意这样说的话，对我的预言，产生决定性的信念的，还是靠阿拉姆哈勒法这一仗。有了这种决定性的信念，才有可能去打阿拉曼这一仗。
>
>　　总而言之，我所要求的都在这次战役中做到了。除了士气得到恢复以外，第八集团军还在它的新任指挥官领导下进行了一次试验。各级指挥官、参谋、部队，从我以下，与空军一起

作战赢得了胜利。

蒙哥马利在战后写给英国朋友的信中诙谐地说:"我与隆美尔的初次交锋是饶有兴味的。……我感到我在这场球赛中赢得了第一轮,这一轮是他发的球。下次该轮到我发球了,现在的比分是一比零。"

当然,蒙哥马利的胜利也不是无所缺憾的,事后就有批评认为,如果蒙哥马利毅然下令全面反击,可能早已摧毁了隆美尔的非洲军,因为非洲军实际上已到了崩溃的边缘。蒙哥马利未能这样做,失去了一次获得重大胜利的良机。但从另一方面讲,他也没有犯什么错误,而以往的若干次战斗,隆美尔在处于劣势时,总是利用他对手的举棋不定或行动迟缓而赢得胜利,如果这次也是如此,他还是有可能取胜的。蒙哥马利自己对停止追击的解释有两个理由:"第一,我不大满意八路军的训练水平,装备状况也不好,整顿需要时间;第二,我现在不急于迫使隆美尔撤至阿盖拉阵地。假如我们要贯彻上级的命令,首先就要让隆美尔愿意坚持和我们打,然后把他打得一败涂地。这在他过去是从未有过的,他也曾常常退却,那往往是出于后勤方面的原因。一旦我们准备就绪,我们就可同隆美尔在一条很长的、易受攻击的交通线的末端(而我们的交通线则较短)决一雌雄,这是显而易见的。假如他要在阿拉曼和我们打,他的处境就将是这样。"虽说他的这个解释有"事后诸葛亮"之嫌,但是也应该看到,他在当时没有给隆美尔以任何可乘之机,迫使他付出重大伤亡后空手而返,终究是蒙哥马利掌握了战场的主动。由于英方的增援源源不断地到来,德军的补给却愈发艰难,因此下一场战役对隆美尔来说已是"无希望的会战"了,只有从这种角度才能正确评价蒙哥马利的功绩。

　　从战术上讲，这一战也有其特殊的价值。这不仅是因为防守的一方获胜，而且决定胜负纯粹是靠防守，并没有发动任何反攻，甚至也没有真心想开展反攻。这与二战中的大多数战场的"转折"恰成鲜明的对比。虽然蒙哥马利在他的防御战得胜后决定放弃进攻，从而丧失了包围并消灭隆美尔部队的机会——一刹那间的极好机会，但也无损于这一战作为整个战役的转折点这一潜在的决定作用。从那时起，英军对于最后胜利已经很有把握了，士气当然空前高涨，从而使他们在数量上一直占有的优势变成了真正的优势，而德意军队却看不到可以消灭对手的希望，一心认为不管做出什么努力和牺牲，也不过是将最终的悲惨结局推迟一下而已——轴心国军队的消耗太大，在埃及和苏德战场上的高加索北部的攻势好像两只巨大的手臂向前伸出，可是却再也没有什么后援可以提供了。于是，这两只伸出的手臂软弱无力地垂了下去，只有等待对方宰割了。

　　现在，时间对盟军是有利的，随着时间的推移，美国的军用物资也大批地运来，德意方面的补给线却不断受到日益加强的英国空军的攻击，德方的空中优势开始丧失了。这种局势的转变，对于隆美尔的处境显然十分不利，虽然他和他的副手施图姆将军还信心百倍地宣布，为对付预期的英军进攻，德军将实行防御攻势，并还有可能打到亚历山大港。但是他私下里也认为，由于这次攻势的失败，德军想要占领苏伊士运河地区的最后希望也终于消失了。现在由于美英两国的强大工业力量，已经可以看出非失败不可了。希特勒虽然持比较谨慎的看法，但他认为至少守住阿拉曼防线应该是没有问题的。

在盟国方面，丘吉尔对进攻的拖延十分恼火，在 9 月 17 日向前线的亚历山大将军发出电报催促：

> 我正在急切地等待着你来电说明你的意图。我原和你商定，在 9 月的第四个星期发动进攻。以后你曾声称，由于最近的那次战役——这次战役已使敌军受到很大削弱——重新集结兵力等等工作需要多花一点时间。我并不想知道你的计划或准确的日期，但我必须知道定在哪一个星期，否则我就无法对整个战局作出必要的判断。

但是蒙哥马利并不如首相那么心急，他相信必须要等到准备工作全部就绪，并且对胜利相当有把握时才动手。他认为必须要在领导、装备和训练三个方面做好准备，而尤其是训练方面的不足更是叫他担忧。他在回忆录中说起一件事，很能证明他对部队的这种担忧："我很快体会到第八集团军官兵的素质虽然很好，却是未经训练。他们已经打了许多仗，但所受的训练却很少。我们刚获得了一次决定性的胜利，但它是在一种阵地战的形态下获得的。在未经严格的事先训练之前，我不准备把部队投入到全面攻势中去。我还记得我在视察某部队，问及指挥官是否训练他的部下军官并且是怎样训练时，我所感到的吃惊情况。这位指挥官不假思索地回答说，他已把这个任务交给副手了。那天晚些时候，我碰到这位副指挥官，我说，'据说你负责训练本部队的军官，告诉我，你是怎么做的。'他回答说，他并没有做，而是由指挥官做的。我便下令立即为该部队配备一名新的指挥官。很清楚，谁也没有训练所属军官。"

重要的是，中东总司令亚历山大也支持蒙哥马利的决定，他向丘吉尔解释道："由于没有开阔的侧翼，战役只能分阶段进行，以便在敌军的防线上突破一个缺口。"构成装甲部队主力的第十军是这次攻击的先锋，将在白天通过这个突破口向前推进。该军要到10月1日才能领到全部武器和装备。然后还要训练几近一个月才能担当起这个任务。他认为，最初的突破进攻必须要在月圆的时候进行。这将是一场主要作战行动，它要花费一些时间，而如果要使装甲部队能有一整天的时间来解决战斗，就必须在敌人的战线上打开一个足够大的突破口。由于自1942年年初以来英国遭到一连串不幸事件，丘吉尔的政治地位十分不稳，只能屈从对方的意见，把进攻推迟到10月下旬——即比奥金莱克原定的9月份整整晚了一个月。

到10月中旬，蒙哥马利已为大规模进攻集结好了部队，总计有15万人和1114辆坦克。而隆美尔则拥有2个德国装甲师，3个德国步兵师，2个意大利装甲师，5个意大利步兵师，总计有9.6万人和大约500多辆坦克。英军的编制则为两个军——第三十军和第十三军，在兵力和坦克上都占了绝对优势。10月9日，同盟国的空军从埃及和马耳他岛出动了500架轰炸机，开始对意大利南部和轴心国在昔兰尼加防线后方的补给基地、海港以及机场进行有组织的轰炸，以削弱德意军的战斗力。

为什么亚历山大坚持必须要在月圆时发动进攻？是因为根据计划，一方面，进攻要从夜袭开始，以抵制敌军的防御火力；另一方面，要在敌方布雷区开出路来，又需要有足够的月光。这样，英军就将发起进攻的日期定在10月23日晚上。

像往常那样，在英国最高当局和前方统帅之间，围绕开战时间问题都有各自的考虑。丘吉尔要求提前发动进攻的一个重要因素，是因为英美两国已经制订了一个庞大的"火炬"作战计划，准备在法属北非联合登陆，而计划发动的时间是在11月初。如果阿拉曼的行动太过延后的话，就可能让美国人早已在北非登陆威胁德意军后方，那样的话就会使人们认为，没有美国人的帮助，英国人什么也干不成。但是，亚历山大却认为，他在阿拉曼的进攻计划——"捷足"作战计划只需比"火炬"作战计划提前两星期发动就可以了，因为在北非的另一头的登陆也能获得成功的话，他这一头的作战获胜的把握更大。"决定因素是，我坚信我在没有准备好之前就进攻，即使不引来灾难，也有招致失败的危险"。这些论点终于占了上风，所以尽管他的建议日期比丘吉尔早先向奥金莱克提出的日子要迟一个月光景，丘吉尔还是同意把进攻时间推迟到10月23日。

而此时，英军的兵力，无论在数量和质量上所占的优势都是空前的。其中，英军除了原有的格兰特坦克外，还从美国运到了大批更新式和更高级的谢尔曼坦克。德军的一般反坦克炮都不能击穿谢尔曼和格兰特坦克的装甲，而这些新式美国坦克都配备有高爆炮弹，能在远射程内就把对方的反坦克炮摧毁。面对英军的500辆新式坦克，德军只有30辆IV型坦克可以与之匹敌。在空军的优势方面现在也已发生了逆转。英军共有1500多架一线飞机，而德意军队总共只有350架左右的飞机能支援前线的装甲部队作战。德国最高统帅部对分配在北非的空军力量从未加以重视。隆美尔在回国休养期间曾向元首大本营汇报及此，当时"在元首大本营里面，还是充满十分乐观的思想。尤其是戈林，更把我们的困难说得一钱不值。当我说到英国的战斗轰炸机曾经用40mm的炮弹，把我们的战车击毁的时候,这位帝国大元帅认为这一点有损他的面子,马上高声喊道:'那是不可能的。英国人只懂得如何制造刮胡子的刀片。'我回答他说:'帝国大元帅先生,假使我们有那些刀片,我们也一样可以击毁敌人的战车。'"此外,前已述及,英国空军和海军的潜艇协同扼杀德军装甲部队的海上供应线,这一间接的战略行动对这一战的胜负关系更大。10月份,由于英军的干扰,德方送去的供应到达非洲战场上的连一半都不到。大炮的弹药非常缺乏,简直没有什么可以回击英军的炮轰。最重大的损失是油船统统被击沉,在英国开始动手时,德军的装甲部队油料只够使用3天了。这样,就大大降低了德军的机动性,而这种机动性,从来是德军装甲部队最主要的优势。由于给养的损失,轴心国的士兵生活条件恶劣,引起了疾病蔓延,而且还传染到了隆美尔本人。他在8月份的阿拉姆哈勒法大战之前已卧床不起,虽然在战斗中,他勉强指挥了作战,但病情加重,所以在9月份只好回欧洲疗养。他的职务由施图姆将军暂代,非洲军司令的空缺则由托马将军替补。这两个司令官,都是从俄国前线调来的,由于隆美尔不在,他们在部署上也出现了很多漏洞。

10月23日晚上10点,英军1000多门大炮狂风暴雨般轰击了15分钟之后,步兵发起了猛攻。战事开始进行得很顺利,多亏了德军缺少炮弹,所以施图姆只得制止德军轰击英军的集合位置。但是,布雷区的深度和密度成为较大的障碍,清除的时间比预计的要长久,天亮时,英国装甲部队还停留在通道上,或者刚出通道就被堵截。与此同时,第十三军在南面助攻,也碰上同样的困难,在第二天就放弃了进攻。蒙哥马利在24日的日记中写道:

"根据我的命令，我希望装甲师往外打。但是，看来下面有点松劲，早上我发现他们采取了一种静止的方针。高级指挥官不想急于挺进，也因深恐坦克部队伤亡过大。据报告，敌炮都是88毫米……"可以看到，即便在隆美尔已经处于绝对劣势的情况下，他的独创——即用88毫米高炮打坦克——仍然给英军带来了极大的心理威慑，短期内他们还未能意识到自己的强大优势在哪里。但是，此时德军比英军的处境更为糟糕，施图姆在乘车到前线去时，碰上一阵猛烈的炮火，从车子里摔了出来，因心脏病而丧命。那天傍晚，希特勒打电话给隆美尔，问他能否回非洲，隆美尔只得结束在奥地利的疗养，于10月25日乘飞机回到非洲，傍晚到达阿拉曼附近，负责防务。那时的防务已大为削弱，而且在白天的反击中，白白损失了半数能用的坦克。

10月26日，英军重新进攻，但是他们推进的企图却受到阻遏，装甲部队白白付出了极大的代价。英军已不可能把插入发展为突破，大规模展开楔形攻势的装甲部队，陷入反坦克炮的强大包围圈。英军装甲部队的指挥官在第二天晚上就已提出异议，反对用装甲部队在这样的狭道上杀出一条路来，等到装甲部队仍然在狭窄的战线上推进而遭受到更多损失时，官兵们对最高指挥的布置不当就十分不满了。由此发现，虽然蒙哥马利努力按照自己的理解去训练这支军队，但是在长久以来的"步兵心理"惯性之下，英军仍无法适应将装甲部队作为进攻主体的战术，在这种情况下，即便他们占据着优势，在进攻的势头上他们也要被对方压过去。蒙哥马利尽管仍旧摆出一副信心十足的气派，可他一眼就看出，他的首次行动已经失败，突破口已遭堵塞，他必须制订一个

英军进攻

新的计划，让主力部队休息一下再行进攻。他为新的进攻计划取名为"增压"作战计划，这个起得很好的名称显示了他的智慧，因为它给人的印象是一个截然不同和更有成功希望的计划。而隆美尔此时也在向上级告急，他的燃料越来越少，部队装甲损失惨重，形势已变得十分危急。但他的上司却仍然相信隆美尔善战的名声会使轴心国再次赢得防御战的胜利。

英军第七装甲师已调到北面来增援，而隆美尔也在迅速地调整自己的部队，第二十一装甲师和一个意大利师向北开进。而英国第十三军在南面的助攻，也并没有达到预定的目的，既没有分散敌军注意力，也未能使敌军的部分装甲部队留在南面。双方主力向北转移，在战术上对隆美尔是有利的，英军无法采用任何战略性的技巧来围歼隆美尔，只能完全依靠硬攻和消耗战。幸运的是，英军在数量上占极大优势，即使比德军消耗得多，只要痛下决心"消耗"下去，他们还是会获胜的。此时德军的坦克在英军猛轰之下已经有点撑不住了，隆美尔自己也承认，英军的重炮在进到 2000 码到 2700 码的射程时就开始对着德国的反坦克炮、高射炮和战车作集中的射击。在这种距离内，德军炮火无法穿透英军战车的厚重装甲。英军战车的弹药经常由装甲弹药运输车来加以补充，所以可以不惜成本地作战——对于一个目标，有时发射 30 发以上。由此可以看出，与隆美尔的那种集约化的、高技术的战争手法相比，英军的这种粗放型作战只有富人才能打得起。

蒙哥马利的新攻势从 10 月 28 日开始，从已在敌军前线打开的大缺口向北面的沿海地带推进。蒙哥马利的计划是先掐掉敌军在沿海的"口袋"，然后再乘胜沿着滨海公路向西挺进，到达富卡，可这个新攻势在布雷区搁浅，再加上隆美尔把第九十轻装甲师调到这一侧来回击，这次新攻势就又停了下来。但隆美尔已经觉得很幸运了，因为他的兵源越来越少，非洲军只剩下 90 多辆坦克，而英军还有 800 多辆坦克可供使用。因此，英军虽然付出了 4∶1 的代价去消耗德军坦克（即德军每损失一辆坦克，英军就要损失四辆），但坦克的优势比例却仍在上升，现在战场上德军与英军坦克数量上的对比已变为 1∶11 了。尽管以 1∶4 的代价摧毁了敌方坦克，但自己仍然处于绝对的劣势，此种局面，不要说隆美尔，恐怕任何军事天才也无能为力了。隆美尔在 29 日给他妻子的信中说："情况非常严重。当这一封信到达你手中的时候，我们不是守住了，就是被打垮了。情况并不乐观。在夜里，我躺在床上，两眼睁得大大的，根本就无法入睡，因为我肩上所负的责任实在是太大了。到了白天，我疲倦得要命。假使这里的情况恶化，结果将会怎样？这个念头日夜以继地在我头脑中盘旋着。假使不幸真是如此，我实在找不到一个可以逃出危险的办法。" 10 月 30 日，隆美尔向上级报告，认为英军如果继续施加强大压力，他的部属肯定抵挡不住，而当他的预备队也消耗殆尽时，英军就可以为所欲为地西进。

蒙哥马利一看出向沿海的冲击遭到失败，就决定恢复原来的进攻路线，趁敌军后备部队北移而取胜。这是一着妙棋，也是他为人灵活的一个例子。但他的部队却没有这样灵活，所以重整队伍后，新攻势一直拖到 11 月 2 日才发动。但再一次被隆美尔阻挡住了。隆美尔用他的残余装甲力量进行反击，使英军的坦克损失了 200 多辆，而他自己的坦克也被击毁 60 余辆。在连续受阻之后，这一次又停滞不前，不要说丘吉尔焦虑不安，就是蒙哥马利也不再像他表面那样

阿拉曼战役

自信,他私下承认他是忧虑的。英军进攻的暂时停顿给德意的最高统帅部造成了错觉,他们认为守住阿拉曼防线是完全可能的。11月2日,希特勒给隆美尔发了一封热情洋溢的电报。而当这份电报抄达隆美尔手中时,已经是11月3日的正午:

隆美尔元帅览:

在你今天面临的这种环境中,唯一的办法就是坚守不动,把一人一枪都投入到战斗中去。我们会全力来帮助你。你的敌人,尽管其兵力占了优势,但也已经到了强弩之末的阶段。在历史上,坚强的意志胜过较大的兵力的例证不胜枚举。对于你的部队,你可以告诉他们只有两条路好走,不成功便成仁!

希特勒

从表面看,英军受阻,似乎局面不怎么样,但在那一天结束时,隆美尔的兵源已经枯竭。事后令人惊异的,是隆美尔这点菲薄的兵力竟然防守了这么长的防线,进行了如此顽强的抵抗。在11月2日的战斗结束时,德国非洲军只剩下2000多人,坦克只剩下30辆,而对手则拥有10万大军和600多辆坦克——英军对德军的坦克优势已成为20∶1了。当天晚上,隆美尔决定分两步撤退到富卡阵地,德军正照此计划撤退时,正好收到了希特勒的电报——不惜一切代价守住阿拉曼阵地。隆美尔过去既没有吃过希特勒干预的苦头,又没有感到非要违命,于是就命令停止撤退,并召回已在后撤途中的纵队。

德军这一转向,既不可能就地进行有效抵抗,也不可能回到阿拉曼,结果此时英军已经逐步压了上来,这是天赐良机。蒙哥马利发现德军的撤退迹象后，立即恢复了自信，命令部队迅速出击，4日凌晨，他的三个装甲师终于突破德意军防线，并奉命掉头北转，去堵截敌军沿滨海公路撤退的路线。现在的确是切断并歼灭隆美尔整个军队的大好时机，因为德国非洲军司令托马已在早晨的混乱中被英军俘获。然而，隆美尔毕竟不是在斯大林格勒指挥第六集团军的保卢斯元帅，事事都听从上级的命令，他一发现形势危急，立即置上级的命令于不顾，决定把他的部队完整地从阿拉曼撤出，决不拖下去让他们送死，他认为这是他的责任。德意军队尽管已陷入混乱，但一接到隆美尔发出的撤退命令，他们就飞快行动，纷纷挤入留待他们使用的运输汽车。而英军却又因谨慎小心，犹豫不决，行动缓慢和近程调动的老毛病而没有及时乘胜追击。隆美尔对蒙哥马利评价不高，这也是一个重要原因，否则，隆美尔的军事生涯早已就此结束了。

英军三个装甲师穿过突破口后，朝北突破也只有10英里，由于英军这样近程掉头推进，非洲军残部便乘机迅速横跨一小步，堵击英军。结果英军被这层薄薄的火力网制止，直到下午德国装甲部队开始撤退后英军才开始推进。接着天黑，英军便小心地停下宿营。这样，英军就远远落后于大部分德国残余部队后面了。11月5日，英军的一次次截击行动又是距离太近，速度太慢。11月6日，等到英军的三个装甲师终于在富卡和巴库什四周合围时，后退的敌军早已溜走，他们俘获的只是几百个散兵游勇和几辆燃料耗尽的坦克。

现在要追上隆美尔的部队，只有靠英军的第一装甲师了。第一装甲师在首次错过德军之后，奉命长途迂回，穿过沙漠，并切断马特鲁港以西的滨海公路，但因缺乏燃料，两次被迫停止进军，而第二次离滨海公路只有几英里，等于眼睁睁地看着德意军队从眼皮下而溜走。11月6日下午，沿海地带开始下雨，入夜下得更大，英军的所有追击行动被迫全部停止，隆美尔得以安全脱逃。事后英军便以大雨为借口来说明自己为何不能切断隆美尔的退路。蒙哥马利当时还将这一延缓的责任推到了后勤部门去，认为补给跟不上导致英军无法全速往前追踪。这当然是经不起推敲的，因为英军的行动迟缓，追击时不带够燃料，加上天黑又不愿行军——所有这些，都延误了可以全歼"沙漠之狐"的战机。

11月7日晚，隆美尔已撤到西迪拜拉尼，他在那里短暂停顿。原因在于，他的运输队还在塞卢姆至哈勒法亚的山地之中蜿蜒，他需要等他们跟上来才能继续前行。这支队伍在途中曾经遭到英军的空袭，所以稍微延误，但是次日他们就整顿好了继续出发。因而到了9日上午时，他们已经赶了上来，于是隆美尔命令继续向昔兰尼加的边境地带撤退。他虽然已从蒙哥马利手中溜掉，但他力量太弱，不可能在边境或更后面的昔兰尼加再建立一道新防线。为等待供应送到，经过短时间停战后，英军继续前进，但这已是跟踪，而不是追击。隆美尔过去一次次似乎是在不可能状态下发起的反击，给英军留下极深刻的印象，所以英军不是穿过班加西沙漠走捷径去截住隆美尔的退路，而是小心地沿着海岸迂回进军，先头装甲部队直到11月26日才到卜雷加港，而隆美尔则早已重新占领那个咽喉阵地而隐蔽起来。隆美尔的部队在撤退时遇到的麻烦，主要是因为缺少燃料，等到在卜雷加港得到补充和增援，他开始喘过气来了。

英军为进攻卜雷加港阵地，等待增援和供应，又停战两个星期。蒙哥马利回忆道："当八路军迫近阿盖拉阵地时，我觉察到在第八集团军官兵中有一种焦虑情绪。许多人已经来过这里两次。而这两次，都因隆美尔作了准备把部队前出至开阔地带，而将八路军赶了回去。因此我决定必须很快攻下阿盖拉，以免拖久了，士气可能低落。但它是一个难攻的阵地。"为此蒙哥马利准备了一个就地消灭对手的计划，一面发动正面猛攻压住隆美尔，一面派出另一支强大部队作远程迂回侧击，以堵截隆美尔的退路。正面进攻定于12月14日发动。但是，隆美尔已在12日晚上逃走，英军的计划就此落空。隆美尔事后对英军的这次失误评论说："英军指挥官的计划里有一个极大的错误。经验应该已经告诉他们，我们绝不会在梅尔沙隘道之线接受会战。他们不应该首先轰击我们的据点和防线，应该等到他们的迂回兵力运动完成之后，再同时实行双管齐下的攻击。"隆美尔迅速退到布埃拉特阵地附近，那里位于卜雷加港以西250英里。

年终时，隆美尔仍在坚守布埃拉特阵地，因为蒙哥马利的这次进攻，必须休整一个月左右，以等待供应和集结部队。而隆美尔的实力却远远没有恢复，他的供应船只一艘一艘地被击沉，数字准确得连隆美尔自己也感到不解——事实上，英军早已破译了德军的密码，因此，当隆美尔收到他的供应船已经出发的电报时，英国潜艇也同时得到了出击的指令，这样，隆美尔还未交手，脖子几乎就被套住了。没有燃料，他的装甲部队不仅不能作战，连逃跑也不可能。然而，希特勒和墨索里尼却还在做自己的美梦，还想要隆美尔守住非洲。隆美尔在抵达卜雷加港后，就接到命令，要不惜一切代价守住那条防线，对此，隆美尔直率地告诉巴斯蒂科元帅，要在沙漠边境"抵抗到底"的命令，肯定会使他的残余部队覆灭——"我们不是提早四天放弃这个阵地，就是在四天以后，不仅丧失了阵地，也丧失了整个军队。"

由于面对绝对优势的英军，隆美尔的部队已日渐陷入绝境。一个日益明显的事实是，北非战场尽管在开始时有很多现代战争特有的戏剧性场面，但随着战争双方对新的作战方式的熟悉，从阿拉曼作战开始，双方的交战已发展成一场典型的拼物质的战斗。在这场战斗中，无论是司令官的军事天才还是士兵的勇敢精神，都弥补不了由于海外补给线的无能为力而造成的灾难性的局面。而德意轴心国不仅在运输的途中老被英军击败，而且由于苏德战场上局势向着不利于德国的转变，使希特勒根本不可能抽调更多的坦克和部队去装备隆美尔。就此而言，德意军队在非洲的失败是大局已定的事了。

因此，隆美尔存心说服希特勒正视实际形势，决然飞到东普鲁士的元首总部去见希特勒，这件事很能反映隆美尔的性格。隆美尔的笔记中详细说明了当时的情景：

……我把本集团军在会战中和退却中所遭遇到的一切困难，都做了详细的叙述。一切都足以证明在作战的执行方面，我们是毫无过错的。

我说：经验告诉我们，船运的情况总无改善的可能，所以应该把放弃非洲战场当作是一个长期的政策。对于一切的情况应不再存任何幻想，一切的计划必须以可行为原则。假使这个集团军还留在北非，结果必然是全军覆没。

我希望能对我的意见作一次合理的讨论，所以还想把话说得更详细一点。但是我却无法再说下去，因为一提及战略的问题，马上就好像是点着了一桶火药一样：元首突然大发雷霆，连珠炮一样地向我反攻，把一切的责任都推到我们身上。多数的大本营高级人员也都在座，他们之中的很多人连一声枪响都没听过，对元首所说的一切，无不点头称是。

为了举例说明我们的困难，我说在非洲军和第九十轻装师一共1.5万人的战斗部队当中，只有5000人还有武器，其余都是赤手空拳的。这句话又触发了他的怒火，他硬说是我们自己把武器都丢光了。我对于这一类的无理指控提出强烈的抗议。我说：在欧洲的人根本无法想象当时的战况。我们的兵器都已给英军的轰炸机、战车和大炮打成碎片了，我们能使全部德国摩托化部队逃出，可以说已是一个奇迹了，尤其是在燃料那样缺乏、常常一天只能退却10英里的情况下。

可是根本就没有讨论之余地。元首说在1941年至1942年的冬天里就是因为他下令在东线实行坚守，所以才挽救了苏联战场上的危机。所以，他还是坚持己见。我现在才开始明白希特勒是个不肯面对现实的人，他的感情冲动得使他完全丧失了理智。他说为了政治上的需要，必须在非洲守住一个主要的桥头阵地，所以绝不可以退出梅尔沙隘道（即卜雷加港）防线……

虽然最后希特勒答应给隆美尔一些补充，但隆美尔对希特勒的信念已经动摇，并第一次感到，这场战争德国已经输定了。

但是，隆美尔在归途中到罗马时，发觉墨索里尼虽然也不愿放弃非洲，但比希特勒要通情达理一些：墨索里尼也承认，要把足够的供应由水路运到的黎波里，再转运到卜雷加港，是困难重重的。因此他总算得到墨索里尼的批准，在布埃拉特布置一个中间阵地，把步兵及时调到那里，万一英军进攻，他兵力不足的部队残部就撤退。隆美尔立即照此执行，英军一露出发动进攻的迹象，他就摸黑溜走。而且他准备一直退到突尼斯边境和加贝斯咽喉地带，在那里他不会轻易受到蒙哥马利的诱捕，也可以用比较近在手边的增援部队展开一次有力的反击。9日晚上，意大利步兵师最后一部分也平安无事地撤走了。而在对面的英军阵地，拥有7000辆战车的大军正在集结。这时的隆美尔时时刻刻都期待蒙哥马利弄清事实真相，期待着一场疯狂的坦克大冲锋。他要趁蒙哥马利聚集好部队，准备最后一击的一刹那把自己的部队撤走，使蒙哥马利扑个空。当蒙哥马利的炮火开始猛袭时，卜雷加防线上已空无一人。就这样，蒙哥马利自吹自擂的一场攻势就以失败而告终。12月13日晚上，隆美尔写道："英军宣称抓到100名俘虏。我们立即着手调查，结果证明该报道纯属谎言。八路军没有损失一个人。"

尽管如此，隆美尔毕竟是在撤退——尽管是一次成功的撤退，而蒙哥马利却在迅速地前进，不管他谎报了多少战果，他总算给了丘吉尔和英国人民所盼望的胜利——"沙漠之狐"已被击退并开始逃跑了。正如他在阿拉曼之战开始时发布的指令中宣称的："即将开始的战役将是历史上决定性的战役之一，而且还将是这次战争的转折"，事实证明了他是对的。虽然阿拉曼战役的胜利其重要性根本无法与斯大林格勒之战相比，但它向轴心国传播的信息却是完全一样的，那就是德意法西斯的大势已去，走向灭亡的路途已经开始了。

我们有必要提到的是，隆美尔在阿拉曼之战结束后，对这次会战进行了总结，他主要从补给和制空权两个方面探讨了德军失败的原因。并且根据自己的调查研究，他列举出了德国空军在这次会战中出动的飞机架次，与英国的空军架次做了比较，我们姑且录之于此，以结束本章。

为了留待后世史学家去作公正的评判，关于阿拉曼的当时的情况，我再综合简述于下：

要想使一支部队支持得住会战的压力，其首要的条件就是需要有充分的武器、燃料和弹药。事实上，在双方还没有交手之前，会战的结果在军需官手里就早已决定了。再勇敢的人没有枪炮也无法作战，或是有了枪炮而没有充足的弹药，其结果也是一样的。而在机动性战争中，即令武器和弹药都很充足，也仍需要大量的车辆和燃料，才得以发挥真正的效力。无论是在数量还是素质上，补给维持的情形就算不能胜过敌人，至少也要和敌人处于平等的地位。

第二个重要的条件，是在空中方面至少应能与敌人维持大致的均势，假使敌人拥有空中优势，而且也知道如何充分利用这种优势，那么我方将蒙受下列的损失：

（一）敌人利用其战略空军，可以切断我方的补给线，尤其是海上的补给线。

（二）敌人可以自空中发动一个消耗战。

（三）敌人凭着空中优势，可以使我方在指挥上处处受到限制和阻挠。

在将来的地面会战之前，一定先有一次空中会战。空中会战的结果即足以决定哪一边在作战和战术两方面，会受到上述限制。甚至在以后的整个会战中，都将处于劣势，而必须向这种不利的状况妥协。

若就我们的情形而论，上述两个条件皆无法满足，所以我们打败仗实在不冤枉。

因为英国人在中部地中海握有制空权，再加上我以前解释过的种种理由，使八路军即令在平时，其所获得的补给数量也只够维持生活而已，想建立一条防线是不可能的。反之，英军的补给数量多到超过"令我们害怕"的程度，在过去的任何战场上，从来没有像这一条短短的阿拉曼防线，曾经使用过这样多的重型战车、轰炸机和大炮，甚至还有不尽不竭的弹药供应。

在阿拉曼上空，英国人的制空权可以说是太完整了。在某些日子里，他们的轰炸机出击800架次，战斗机、战斗轰炸机和低空攻击机出击2500架次。而我方的俯冲轰炸机最多出击60架次，战斗机最多100架次，且数字还一直往下降（此处专指德国空军而言，此外意大利的飞机也出击约100架次，详见下表）。

阿拉曼会战中德国空军的出击数字

日期	总架次	战斗机架次	投弹吨数
1942.10.24	107	69	5.0
1942.10.25	140	49	22.0
1942.10.26	113	63	28.1
1942.10.27	147	78	29.1
1942.10.28	163	106	20.2
1942.10.29	196	125	29.1
1942.10.30	200	112	30.5
1942.10.31	242	128	43.3
1942.11.01	141	80	12.8
1942.11.02	175	111	20.7

十

巴顿与"火炬"作战计划

第二次世界大战爆发时，轴心国军队最初在北非的登陆和作战，是单方面地自西向东的扩展，因为当时他们的敌人只有一个，那就是英国在北非的军事存在。但是当战争接近尾声时，轴心国部队却同时遭遇到东西两个方向上的夹攻，最终不得不收缩到突尼斯境内。而这一格局之形成，始于1942年的"火炬"作战计划：就在蒙哥马利向阿拉曼的德意军队发起进攻的两周之后，11月8日，同盟国军队在法属北非登陆。

"火炬"作战计划是一个酝酿了很久的计划。从它最初的源头直到最后形成详细的作战计划，经历了错综复杂的谈判与调整，其中还包含着英美两国政界和军界的微妙关系。这一构想酝酿于1941年夏季，当时丘吉尔就向英国参谋本部提出，是否可以考虑让西方同盟国军队在北非登陆。当时他预计英军的反攻将在11月间推进到的黎波里，这样将会诱使法国在北非殖民地的最高军事长官魏刚将军脱离维希政府，加入到盟军方面来。但是很快英军在北非就被隆美尔打得落花流水，自身也仅有招架之功，更遑论进逼的黎波里。于是丘吉尔的这个设想——当时命名为"体育家"（Gymnast）计划——也就成了空中楼阁，暂时被搁置。

1941年圣诞节前，丘吉尔参加了同盟国在华盛顿举行的"阿卡迪亚会议"，当时他旧案重提，认为应该将"西北非计划"作为"收紧对德包围圈"的一个步骤。他告诉美国人，为了在阿尔及利亚登陆，他已拟定好一个计划，只要第八集团军在昔兰尼加能取得决定性大捷，即可向西推进到突尼斯边境。他同时建议美军在得到法国同意的前提下在摩洛哥沿岸着手登陆。罗斯福总统赞同这个计划，他一下就看出了这个计划在全盘战略中的政治收益。丘吉尔在发给内阁和参谋长会议的报告中详细列举了他和罗斯福总统的谈判情况：

> 总统和我于昨夜（12月22日）讨论了北非局势。赫尔先生、韦尔斯先生、霍普金斯先生、比弗布鲁克勋爵和哈利法克斯勋爵也参加了讨论。
>
> ……
>
> 2. 我们一致认为如果希特勒被阻于苏联，他就一定会企图做点别的事，而他最可能采取的路线就是由西班牙和葡萄牙进入北非。我们在利比亚的成就，以及和法属北非携手的前景，是使希特勒想（如果他能够的话）尽快地占领摩洛哥的另一个理由。同时，根据报告，似乎威胁还不是迫在眉睫的，这或许是因为希特勒现在手中还有足够多的事情要做。
>
> ……
>
> 4. 曾有各种建议：
>
> （1）美国政府可以用非常严肃和坚决的措辞对维希说明这

是他们重新考虑他们的处境而站到保证使法兰西复国的这一边来的最后一次机会。作为这样做的表征，可以邀请贝当派魏刚代表他出席在华盛顿举行的一次同盟国会议。

（2）可以根据由于英国的推进和美国的参战并有意派遣一支军队到北非来而根本改观了的北非局势去同魏刚打交道。

5. 在另一方面，有人建议说，采取这种程序的结果可能是得到贝当和魏刚的圆滑诺言而德国人却同时获知我们的意图，因此，如果要打这些交道，合适的办法就是不管接到邀请与否，都制订出进入北非的一切计划。我着重指出由于美国参与这事，在法国，以及在北非的法国军队中，可能产生巨大的心理上的影响。赫尔先生认为当事情发展下去时，很可能在北非会出现一个领袖。总统说，他急切要使美国的地面部队尽快地在能够有最大助益的地方进行支援，并赞同在随便哪一种情况下，即不管接到邀请与否，都把进入北非的计划准备好的那个意见。

6. 大家同意把这项计划交与各参谋部根据下述的这个假定去研究，即在那个区域内预先制止德国人是至关紧要的，而且利比亚战役如所预期的那样已经获得完全的胜利。大家承认船舶问题显然是一个最重要的因素。

7. 我陈述了利比亚战事的进展情况，总统和其他美国人显然对此有了很深的印象并受到鼓舞。

……

在这段时期，虽然罗斯福总统对丘吉尔的计划相当赞赏，但是作为军人的他的陆海空三军顾问却怀疑该计划是否可行，他们的主要担心是，这个计划会影响对希特勒占领下的欧洲早日发动比较正面进攻的前景。不过,他们最终也表示,对这项已更名为"超级体育家"(Super-Gymnast)的作战计划要继续加以研究。然而,1942年上半年,英军在隆美尔的打击下仍然连遭挫败,这项计划就不得不一再往后拖延。对于丘吉尔来说,没有什么比这种拖延更令人尴尬的了,这就有助于我们理解为什么他总是急迫地催促前方将领早日反攻。当6月下旬托布鲁克陷落时,丘吉尔正在华盛顿访问,他说:"这是我在大战期间所能回忆起来的最大打击之一。它不仅在军事上的影响是严重的,而且,它还影响到英国军队的声誉。"但他立即得到了罗斯福总统极其慷慨的援助,尽管美国陆军也急需装备,可罗斯福还是把300辆最新式的谢尔曼坦克和100门自行火炮送给了丘吉尔。如我们所见,这些装备后来在阿拉曼战役中发挥了极大的作用。

不过,虽然英军在北非的形式岌岌可危,远东地区的战事也不容乐观,但是这倒使得丘吉尔建议美国介入北非战场的要求变得更理直气壮了,因为作为盟国的美国,是不能眼见英国在北非被赶下地中海而见死不救的。此时正巧英国的帝国总参谋长迪尔元帅在华盛顿担任联合国参谋首长会议英国代表团团长,首相就通过迪尔元帅向罗斯福总统提出:应该重新启动"体育家"作战计划。可以想见的是,美方的军政大员对这个计划是没有什么兴趣的,乔治·马歇尔将军认为"体育家"作战计划是对总体战略的破坏,不仅很难奏效且浪费军力。海军作战部长欧内斯特·金上将也表示反对:"如果要提供这个作战所必要的船只,就不可能在其他战场上执行海军的任务。"同时他们也一致认为,既然英国人不准备在1942年登陆,那么即便到了下一年他们也不会做好准备。英国之所以说将此计划延后一年,并不真的是登陆部队训练尚未完成的缘故,他们只是不愿意如此冒险而已。但是这次罗斯福总统再次压服了他的三军参谋的意见,他指出,如果他们无法说服英国人在1942年就参加对法国登陆的作战,那么他们只有两个选择:要么对法属北非发动攻击,要么对中东战区进行大量援助。于是,在几经周折之后,美军终于同意了丘吉尔在北非登陆的计划,并同意将该计划改名为"火炬"作战计划。为了安抚美国军方的对立情绪,丘吉尔主动示弱,他在9月15日给罗斯福的电报中也承认了小伙伴的身份:

> 我认为,我在整个"火炬"计划中,在军事和政治方面,都是你的副手,我只要求能把我的意见在你面前明白地提出来。我们将有一座力量极大的无线电台,战斗开始时即可启用,因此如果你预先把你对法国的呼吁书和其他宣传资料灌好录音,那么这些声音在播音时将嘹亮至极,压倒一切声浪。我们英国人只有在你认为适宜时,才参加战斗。这是一次美国的军事行动,我们在这次行动中当你们的助手。

美国参谋长会议转而接受丘吉尔的法属北非登陆计划,一个重要的原因可能是,如果按照罗斯福的另一个方案,即将大部兵力直接送往中东,那么可以肯定的是这些美国军队将要受英国人的指挥,毕竟中东地区是英国的主要战区之一。而如果在法属北非登陆,由于英国人在那里的势力薄弱,那么美国人即便仍要和英国人混合在一起,但是至少美军可以在自己人的统帅下作战。

虽然美国人决定实行"火炬"计划,但是在盟军在何时以及何地实现登陆的问题上，英美双方仍有争议。关于登陆的时间问题，丘吉尔希望越快越好，因此英国的参谋长会议将时间定于 10 月 7 日。美国方面则认为，这个问题最好交由作战行动的统帅艾森豪威尔将军来决定，到 9 月中旬时，艾森豪威尔将 11 月 8 日定为实施登陆作战的时间。而在登陆的具体地点方面，英美双方的分歧就更大。英国的想法是将登陆地点选择在地中海南侧的北非海岸线，这样将有利于英国海军直接奔向突尼斯对轴心国军队实施打击。不过美国方面也有自己的考虑，他们认为由于法国维希政府（Régime de Vichy）对西方盟国的态度很不明朗，在法属北非的突尼斯登陆有可能引发当地法国军队的抵抗。而且如果美国海军进入地中海内，德国很有可能联合西班牙的佛朗哥政权，使其封锁直布罗陀海峡（此时西班牙在北非的摩洛哥仍占有一块殖民地，即西属摩洛哥），以此卡住美军的退路而形成瓮中捉鳖之势，那样风险就太大了。因此他们认为应该将登陆地点选择在摩洛哥面向大西洋的那侧海岸，具体来说就是卡萨布兰卡地区。应该说，美国人的担心是不无道理的，因为法属北非的情况确实相当复杂。自 1940 年 6 月法国投降以后，英国与法国政府之间的关系就出现了 180 度的大逆转。当年 7 月份法国贝当元帅组成的傀儡政府迁往维希，随后宣布与英国断交。此时法国政府仍维持着相当数量的舰队，为了防止这些舰队被德国所用来攻击英国，丘吉尔决定先发制人，对停泊在奥兰（奥兰是阿尔及利亚的第二大城市，位于地中海瓦赫兰湾南岸，阿尔及尔西南 430 千米的位置）等地的法国舰队实施打击，这项命令被迅速而坚决地贯彻。对英国来说，打击昨日的盟友当然是件非常痛苦的事，但是却由此而激化了法国对英国的强烈敌意。正是因为这种敌意，使

1942年盟军想在法属北非登陆的前景显得更加不明朗。他们的这种担忧在英国人看来，则是太缺乏战略进取心的表现，丘吉尔一直希望在地中海这个"欧洲柔软的下腹部"实施间接打击，以牵制德国对苏联的进攻，这样他在斯大林那里也显得更有底气一些，所以英国自然希望登陆地点在北非海岸。

英美双方几经磋商，最后决定的计划是对双方意见的折中，也就是说将在三个地区同时进行登陆作战，具体的部署是：第一，沿大西洋海岸登陆夺取卡萨布兰卡的任务，规定由乔治·巴顿少将指挥的纯粹美国部队担任，共24500人，由一支102艘的舰队运送；第二，夺取奥兰的任务交给中路特混舰队，由劳埃德·弗雷登德尔少将指挥，共有18500名美军，但由英国海军护航；第三，进攻阿尔及尔的东路海军特遣部队则完全由英国人组成，其指挥官是海军少将巴勒斯。不过其突击部队则是由英美双方各9000人组成的，指挥官由美国人陆军少将查尔斯·赖德担任，而且在英国的海军陆战队中先头部队是由2000名美国人组成的，他们希望将英国部队尽量装扮成美国人的样子，以减少法国军队在看见英国人时条件反射般的抵抗。

战场上的计划部署虽已妥当，外交上的种种努力也在同时跟进。登陆之前的外交序曲，活像一出间谍小说和"西部小说"混编的历史剧，而且还有滑稽插曲。既然要在法属北非登陆，那么就必须试探法国政府对此行动的真实态度如何。美国驻北非的首席外交官罗伯特·墨菲积极为登陆铺平道路。他特别倚重法国在阿尔及尔防区部队的司令马斯特将军和卡萨布兰卡防区部队司令贝图阿尔将军。因为此前马斯特曾力求一位同盟国高级军事代表秘密前来阿尔及尔举行会谈。经过一番折腾后,作为"火炬"行动联军副总司令的马克·克拉克将军总算带着自己的4名参谋人员到达法属北非。他们先是乘飞机抵达直布罗陀,再由英国的"天使"号潜艇载往北非。到达海岸附近已经是10月20日的清晨,而双方约定好的碰头地点在阿尔及尔西边约60英里的地方,因此就无法在光天化日之下躲过法军的监视前往指定地点。克拉克一行人只能潜航在海面以下等到天黑。而那些原本在碰头地点等待的法国人见克拉克迟迟不来,只得各自返回。后来从英国潜艇上发了电报给直布罗陀,再经直布罗陀转往阿尔及尔,才通知到墨菲和几位法国军官在次日晚间折回碰头地点。到第二天的夜里,克拉克一行才在一盏小灯和四艘帆布船的帮助下登岸。

克拉克只是单单告诉马斯特,美国准备派遣一支大部队前来北非,而且有英国海空军的支援。但是他并没有将盟军登陆的具体时间和地点明确地告诉马斯特,这固然是为军方保密起见,但是对马斯特这种协助盟军至关重要的人物也保密,就给后来盟军实际登陆作战带来很大麻烦。由于事先没有任何的通知,马斯特等北非的将领也不清楚盟军的具体部署,结果英美部队在登陆时遇到了法军的激烈反击,损失颇大。正在密谈进行时,一队法国警察闯入他们会面的别墅,要求进行搜查。克拉克等人匆匆躲进了别墅附带的空酒窖。恰巧在这个节骨眼儿上,有位潜艇机组人员忍不住要咳嗽,为了不让他发出声音暴露行踪,克拉克塞了一块口香糖给他做止咳药以堵住他的嘴。过了一会儿他向克拉克要求再来一块,说嘴里那块已经没有什么味道了。克拉克回答说:"一点也不奇怪,因为给你的那块我已经嚼了两个钟头了!"待到警察离开以后,他们也就赶紧脱身，等到上船的时候又遇上了麻烦，恰巧遇到海水涨潮，他们的帆布小船被冲翻了，克拉克差点被淹死在水里。一直到拂晓时分他们才顺利登上潜艇返航。

这次会议上讨论的一个重要问题，就是要选出最适当的法国首脑来带领北非法军向同盟军一边靠拢。虽然北非法军总司令朱安曾私下表示同意如此行事，但他同时表示他不愿采取主动，而更愿意"作壁上观"。他手下的一些主要司令官威望不够，对维希政府的命令同样不愿意表示明确的漠视或违抗。尽管很多军官对在德国卵翼下的维希政府不满，但谁也不愿主动地投向英美军队——不少法国军人对英国军队还有很深的成见，这不仅是因为奥兰事件的记忆犹新，而且也部分因为法国的投降，英国的顽强抵抗使他们有一种深深的屈辱感。另一方面，一直参加抵抗运动的"自由法国"领袖戴高乐将军也遭到排斥，他同西方盟国关系太亲密，不易为北非法军所拥护。1940年他对抗过贝当元帅，以后又参加丘吉尔进攻达喀尔、叙利亚和马达加斯加的一系列军事行动。因而，无论是效忠于维希政府的法国军官，还是那些渴望摆脱德国羁绊的人，都不愿接受他的领导。

在这种情况下，从罗斯福总统以下的美国人都欣然接受马斯特将军的意见，认为吉罗将军是领导北非法军的最合适人选。吉罗的经历颇富戏剧性，他在1940年5月任法国陆军司令官，曾被德军俘虏，但在1942年4月设法逃出，到达未被占领的法国南部地区，他一答应拥护贝当政权就获准住下。他在里昂附近住下来，尽管受到监视，却在那里同法国本土和北非的许多法国军官取得联系。这些人和他一样，都想依靠美国的援助来反对德国的统治。吉罗跟他的一位支持者说："我们不是希望美国人来解放我们,我们希望的是他们帮助我们自我解放,两者并不完全一样。"他同美国人私下谈判时,曾提出一个条件,就是在有法军作战的法国领土上,应该由他担任盟军的总司令,并想当然地认为美国人已经完全同意了这一点。所以,当吉罗知道登陆北非的指挥权在艾森豪威尔手里而不在他手里时,他十分激动。在与英美首脑人物的争论中,他说他的军衔是元帅(此时的艾森豪威尔是美国陆军中将),如果担任最高指挥官以下的任何职位,他的国家和他本人就要威信扫地。不过,11月8日,英美方面同意他将是北非法国军政首脑之后,他不再吱声了。英美盟军登陆北非作战的"火炬"行动就此拉开帷幕。

西路特遣部队指挥官巴顿选择的主要登陆地点,是卡萨布兰卡以北的费达拉以及麦赫迪亚和萨菲。美国舰队横渡大西洋以后,于11月6日驶近摩洛哥沿岸。当时的气象预报曾说8日的风浪将大得无法登陆,但休伊特海军少将的专家却预计风暴即将过去,于是他决定冒险执行在大西洋沿岸登陆的计划。结果证明他对了,11月8日那天海面上已风平浪静。这种情况比巴顿预测的要好,在上船前的最后一次会议上,他的一篇发言是夸夸其谈、慷慨激昂的典型。由于当地人曾说,这个地方一年之内只有12天适合登陆的天气,他曾挖苦海军人员的登陆计划不出五分钟就会完蛋,现在的情况却等于打了巴顿一个耳光。当然,巴顿后来名噪一时,这除了他本人的传奇色彩外,多半也要归功于电影《巴顿将军》的影响。巴顿具有天赋的攻击精神,对于攻击具有强烈的信心,在距登陆作战不到两天的时候,他在日记中就写道:"40个小时以后,战斗就要打响了。情报非常的少,我们要在这紧急关头最迅速地做出决定。不过我坚信，肩上的责任越重大，头脑里的思路也就会越活跃，上帝一定会保佑我，我可以做出决定，而且可以做出正确的决定。我的一生好像都在这一刻凝聚。在这次任务完成后，我感觉到，上帝用他无所不在的手把我推到命运的下一级台阶上。如果我尽心做好我职责的每一件事，其他事情也都会迎刃而解。"作为一名将领，他比大多数指挥官更能将其本人的强烈进取意识灌输到部队中。他已经证明他能把征来的新兵在很短的时间内变成精干的军人，而美国的领袖们却对新兵能否打仗常常持怀疑态度。因为考虑到美军有可能派往北非和中东作战，巴顿在美国西南部开办了一个沙漠战训练中心，对人员进行严格的逼真训练，于是在决定执行"火炬"作战计划时，巴顿训练的部队派上了用场。巴顿在登陆之前曾夸口说，"历史上从来没有海军按照预定的时间和地点把陆军送上岸的。但如果你们在费达拉 50 英里以内的任何地方，并在指定登陆日的一周内把我们送上岸，我就会勇往直前，取得胜利"。

卡萨布兰卡的法军师司令官贝图阿尔将军欢迎美军登陆，但米什利埃海军上将却未见到美军，于是他下令反击任何入侵者，结果法军陷入了混乱。幸好如此，巴顿的部队才顺利地登陆。等到法军的炮火猛烈起来，已不能对美军构成什么威胁了。然而法国海军的存在始终是个威胁，结果在卡萨布兰卡港外，美法两国海军打了一场略带古风的海战。巴顿在回忆录中记下了当天上午的海战场面：

> 对我们来说，今天是个非常重要的日子。早上 7 点 15 分，敌方的六艘驱逐舰，从卡萨布兰卡开出，我方射程内的所有军舰都朝它们开炮，"马萨诸塞"号舰持续炮击"巴特"号舰大

约30分钟。对峙中，敌方两艘驱逐舰中弹起火，它们退进了港口。早上8点，海战正式开始了。我想取一些东西，手枪及所有物品都放在我的小艇里，小艇拴在吊艇柱上，我只好让一名士兵去取这些东西。正在这时候，敌方派出了援军前来助阵，一艘轻型巡洋舰和两艘大型驱逐舰从卡萨布兰卡开出，为了摧毁我们的登陆艇，它们拼命地攻击海岸和海滩。"奥古斯塔"号全速前进，不忘开炮还击。我们的登陆艇被敌方第一发炮弹炸得粉碎，只有我的手枪还完好，大约8点30分，敌方驾驶着轰炸机，对我们的登陆舰艇开始狂轰滥炸，"奥古斯塔"号前去全力掩护。同时，我们和法国军舰的战斗又打响了，战斗激烈持续了约三小时。当我在主甲板上指挥战斗时，有一发炮弹落在我身旁不远的地方，炮弹爆炸激起的水花，淋了我满身。战斗越来越激烈，我不得不转到司令舰桥上，但仍然不时有炮弹在我身边落下，有一发甚至比上次离我更近，因为我位置较高，激起的水花没能打湿我的衣服。海上烟雾蒙蒙，敌方趁机偷偷向我们靠近。发现敌人的企图，我们的军舰还以颜色，对着敌舰拼命开火，以Z字形行驶，拐着大弯曲折前进，防止敌舰靠近我们的潜艇。战斗中，我观望远方，只能勉强看见敌舰的轮廓和我们炮弹在远处爆炸的火光。……

在激烈的海战中，法国海军大体上被消灭，而美军的运输船队也惊出了一身冷汗。但是，在巴顿将军正为他的供应跟不上而发怒时，以达尔朗海军上将为首的当地法国政府已于10日发布了停战命令，于是巴顿便暂驻摩洛哥待命。

此时，法军的态度仍是暧昧的。一方面，法国人对德国复仇的劲头依然存在。另一方面，又深受维希政府观点的影响。这种观点认为，法国已经没有任何盟友了，因为英国人和德国人一样，想要抢去法国的殖民地，以至一些法国将军发出了"保卫帝国以反对一切来犯者"的命令。在突尼斯，侵略者明显是德国人，但在法属北非的其他地方，德国人只不过在回击新的入侵者——英国人和美国人而已。据说，一位海军上将就提出了"究竟谁是敌人？"但谁也无法回答这个问题，谁也没有给这些法国军人一个明确的回答，应该打击谁。结果，法国人对于英美的登陆部队，就本能地作了一些反抗，但又未抵抗到底。11月11日，正在北非视察的法国海军上将达尔朗突然宣布脱离维希政府，命令法军停火，加入英美联军。

希特勒虽然对"火炬"作战计划事前没有什么准备，但是对法属北非将来可能成为盟军重返欧洲的跳板，他并不是无所察觉的。1940年法国投降后，希特勒为了安抚已经合作的法国，对法属北非的问题也比较放任。由于希特勒无法直接对北非实行控制，而取道西班牙进攻直布罗陀的办法又被佛朗哥拒绝，所以德国在法属北非就以维持现状为目的，它只能依靠维希政府间接控制北非，而维希政府本身对北非的控制也相当有限，结果就是德国对法属北非基本没有控制力。但是到此时盟军已在西北非登陆，德国对此的反应却具有惊人的速度。希特勒当即命令他的部队和意大利军队一道开进法国南部尚未被占领的地区（1940年法国投降后，德国只实际控制了占国上面积约五分之三的北部地区，余下约五分之二的南部地区由贝当元帅领导的维希政府统治），并同时夺取突尼斯的海空基地。德国的机械化部队很快占领法国南部，同时有六个意大利师从东部长驱直入。11月9日下午，德国战机开始飞抵突尼斯，到次日已有2个团到达，其他部队还继续源源而来，其中包括第十装甲团、第334师、第501战车营，配备了最新式的虎式坦克——它的前装甲厚102毫米，火炮口径88毫米；此外尚有哥林装甲师和9000名意大利军。假使隆美尔在三个月前，就能获得如此兵力的哪怕一半，则阿拉曼之战的局面也许就会大不相同了。而现在，当"火炬"作战计划开始时，盟军大规模部队源源不断地涌入法属北非，相比之下轴心国的这点兵力似乎又太少了，这不能不说是希特勒在战略时机选择上的一个失误。

希特勒原本的打算是，借由入侵法国本土而达到胁迫法属北非的目的，然而其结果却是这次入侵刺激了法国人的民族感情，反而使那些犹豫不决的法国北非部队倒向英美盟军一方去了，这十分明显地减轻了英美军队遇到的抵抗，并使艾森豪威尔将军可以在很快站稳脚跟后，指挥美军第一军团东进，以攻占突尼斯和比塞大等港口为目的。11月12日，阿尔及利亚东北部的波尼港口被中部特遣队海运的陆战队所占领，3天后美英两军的伞兵也降落在特贝萨和苏克阿尔巴附近，随之又利用了所有的运输工具，载运了2个旅的兵力迅速前进，在与运到北非的德军混战了一场后，于11月25日，英美联军又到达突尼斯西南面。

交战双方的部队都在"战雾"中摸索，谁也摸不透对方的底细。但在这一关键时刻，盟军显得过于谨慎，而德军反而显出了敢打敢冲的猛劲。德军的俯冲轰炸机，更使盟军心神不宁，神经紧张。艾森豪威尔和克拉克将军驱车至前线视察时，发现"敌人当时还控制着制空权，所以无论到前方地区的任何地方去行动，都是一件令人

德国在北非战场后期所使用的虎式坦克

紧张的事。监视哨密切注视着天空,只要天空一出现飞机就必须立刻下车分散开来。当然也有飞机最后弄清楚是友好的,但即使侥幸碰到这种情况,也没有人敢继续驱车前进。我们所有的人都成了辨别飞机的专家,不过我还没有看到谁老远就能辨别得如此有把握,以至愿用自己的生命去冒险。前方地区的卡车驾驶员、工程兵和炮兵,甚至步兵,都必须经常保持警惕。他们对这种情况的不满反映在他们日常的谈吐中。我们常常听到这样一些话:'我们那些不顾人死活的空军到哪里去了?为什么到处都是德国飞机?'只要敌人还拥有空中优势,我们的地面部队就会毫不犹豫地咒骂'飞行员'"。后来,艾森豪威尔在12月7日写给朋友汉迪将军的信中说:"我认为,描绘我们以往所有军事行动的最好办法,就是说明这一切军事行动都违背所有公认的军事原则,同军事教材中规定的一切作战和后勤方法都格格不入。"到11月底,由于英国的"因循守旧"和法国的"迟疑不决",德国和意大利军队占领了整个突尼斯,同隆美尔的非洲军团会师了。德军投入这次作战行动的兵力很少,而且只为了一个有限的目标:经过突尼斯把从的黎波里撤退下来的军队撤走。而英法军队坐失了这个良机,则必须付出重大代价才能重新补偿自己的损失了。

12月1日和2日,由安德森将军指挥的盟军终于向突尼斯方向发动进攻,但被德军发动的一次反击所击退。在冯·阿尼姆上将指挥下的德军,在12月10日用30辆中型坦克和2辆虎式坦克重新开始翼侧冲击,但被一个法国炮兵连所阻击,德军想离开公路进行包抄,一时又陷入泥沼,又因后尾受到美军一支装甲部队的威胁,只得撤退。可是,后来却间接地意外获得成功:当时天色已晚,美军

B装甲战斗群从暴露的阵地开始撤退，一听到虚报的德军威胁的谣言，便沿着迈杰尔达河附近的一条泥泞小道掉头，有不少残余坦克和其他车辆陷在那里动弹不得，只好全部放弃。这场灾祸使同盟军早日向突尼斯重新进军的前景暂时暗淡下来。当时美军B装甲战斗群只有44辆坦克可投入战斗，不到满员的四分之一，德军的两次反击，在打乱同盟军的计划方面是大有成效的。

已成为新到非洲的第五装甲集团军的最高司令官阿尼姆上将，在更多的援军开到后，着手把包括突尼斯和比塞大在内的两个环形阵地扩大为一个总桥头堡，用100英里长的一连串防卫哨所连接起来，分为三个防区。而当时大雨滂沱，天气恶劣，盟军的集结也耽搁了下来，这样，安德森就把重新进攻的日期推迟了。但在12月16日，这位统帅决定在24日发动进攻，以便步兵趁月圆时进行夜袭。进攻任务交给英军第七十八师、第六装甲师和部分美军一起执行。为了取得展开阵势的余地，初袭的目标一是收复"久留山"，一是重占更北端的466高地。由于天气恶劣，这两场进攻都成为混战，又发展成为长期的拉锯战，因此主攻不得不延期。到25日，德军原来的阵地已完全收复。由于上述挫折，再加上倾盆大雨，使得整个战场成为一片沼泽，艾森豪威尔和安德森无可奈何地决定放弃进攻计划，盟军在"抢占突尼斯"的战役中失败了。

然而，塞翁失马，焉知非福。盟军这次虽遭失败，反而带来空前的鸿福。因为没有这样一场失败，希特勒和墨索里尼就不会有时间、也不会有勇气派出更多的援军源源不断开进突尼斯，将防卫这个桥头堡的兵力增加到25万人以上。如果希特勒早些给隆美尔以如此兵力，埃及或许早已被攻占，但希特勒当时却不愿这样干，他和德军统帅部的人们都乐观地认为,隆美尔的威望和指挥才能,可以绰绰有余地抵消敌军源源不断增长的实力。结果等到隆美尔失败后,现在才将大军运来,又犯了一个错上加错的错误——他们现在不得不背临敌人占优势的大海作战,一旦失败,就会成为瓮中之鳖。等到1943年的5月份,轴心国部队被击败时,他们在欧洲南部几乎不剩一兵一卒,因此盟军在入侵西西里岛的行动中,就相当轻松了。要不是盟军在12月的这次挫败,希特勒是不会多送来这批"猎获物"的,而盟军重入欧洲的计划也会遇到更大的麻烦。丘吉尔称为欧洲"软腹部"的地区——即南欧地区,实际上是山岭起伏的地形,对任何进攻军队来说都是极其险恶的"硬地",只有事先将那里的守军清除干净,才会成为真正的软腹。希特勒增兵突尼斯,实际上起到了帮盟军清除意大利南部守军的作用。同时,一直夸夸其谈、后来名声很大的巴顿将军,从执行"火炬"计划开始,就想一展身手,但却苦于没有时机表现自己。而希特勒的增兵和盟军在12月的挫败,终于给了他一个难得的机会,向朋友和敌人显示在巴顿的指挥下,美军是如何英勇善战的。

十一
永别了，非洲

当盟军由于1942年12月的挫败与轴心国在突尼斯形成对峙的局面时，1943年1月14日，丘吉尔与罗斯福又开始会晤，讨论未来的战争指导问题，地点则选在卡萨布兰卡，也就是巴顿军队登陆的地方。他们在会晤中讨论的范围遍及全世界，而关于北非战役所作的决定则是：一旦北非战役结束，盟军就应入侵西西里岛，而当东部的英国第八集团军进入了突尼斯以后，亚历山大将军即应升任艾森豪威尔将军的副帅，并兼任第十八集团军群的总司令，统一指挥在突尼斯境内的一切陆上兵力。不过最重要的政治性决定，却是罗斯福和丘吉尔二人决定要迫使德、意、日三国无条件投降，这个决定使其他一切决定都为之黯然失色了。

1月14日，罗斯福总统与先期到达的丘吉尔进行了会晤，后者在回忆录中表达了他当时在这片"桥头堡"地区的愉快心情："这块被征服或解放了的土地，是这位伟大的战友和我不顾他的军事专家对他的劝告所获得的，我能在这块土地上与他会晤，至感欢欣。"此后，艾森豪威尔将军和亚历山大将军也先后抵达卡萨布兰卡，作为美英两国军方的主要代表，他们除了要向两个首脑汇报当前战场情况以外，还需要进一步加强联系和沟通。在丘吉尔发回给内阁的报告中，他对北非战场的进展感到很满意，并且对未来战局也信心十足：

……（亚历山大将军）在总统于15日召开的会议上清晰、准确、充满信心地叙述了他的进展与意图，给所有到会的人士以极良好的印象。他希望能在26日攻占的黎波里，到3月中能用六师之众进攻马雷特防线。较少数的师可以及早调动。

因此，加上安德森的四个师，我们可以期望，将有第一集团军及第八集团军的10个英军师，可供进行争夺突尼斯顶端地带最后决战之用。

由于届时美国在突尼斯的兵力至多不会超过两个师，而且法军配备不良，英军在此战场将占绝对优势。在这种情况下，如果目前正在进行中的争夺的黎波里的战事进行得极为顺利，并且清理的黎波里海港也并不费事，沙漠集团军雄赳赳气昂昂地开到突尼斯战场，将是有决定意义的。英军增援人数之众多，显然将使我们在最高统帅部有更大发言权。昨天晚上，我根据帝国总参谋长的意见，提议在适当时机，应以亚历山大来补艾森豪威尔的副司令之缺，因为克拉克已被任命为美军第五集团军司令官了，总统对此提议反应良好。如任命一名英国将领来统率全突尼斯的部队，可能会与法国人发生龃龉，而这样做，就可不至发生这样的事。

我们能在此间会晤，并且亚历山大将军也能参加这次会议，诚属幸事。艾森豪威尔将军即将对斯法克斯发动一次极为大胆、果敢的进攻，因为他想据守该地，并部分仰仗马耳他供应他的给养。这一战役显然必须与亚历山大的进攻行动一致，否则正当沙漠集团军在的黎波里按兵不动，重新补给汽油、给养、并且需要仰仗港口的情况之际，在斯法克斯的美军将要受到德军的猛攻。

因此我把亚历山大与艾森豪威尔拉在一起，他们两人不论是单独举行会谈，或是与帝国总参谋长及马歇尔一起举行会谈时，都相处得非常好。其结果是他们彼此有了很好的了解，并约定在必要时互相拜访。艾森豪威尔如释重负，因为他认识到亚历山大的部队很快就可到达，并且是拥有十分雄厚的力量，而且，他现在已不再是孤军作战来维持局面，而是能够利用一支的确相当强大的联合兵力来作战了。这四个人一致认为，在突尼斯，只要我们不犯错误，一定可操胜券。我个人对于局势这样发展感到极为满意。

显而易见的是，在北非战场形势已大致确定的情况下，战胜轴心国军队只是早晚的问题了，因而英美两国在这个问题上达成共识相对容易。

与上一个会议决议相比较，有关敦促德意日三国"无条件投降"的决定，其地位更显重大，因为这不仅奠定了大战最后阶段同盟国政策的基石，而且这个决议之形成，中间曾经历了相当的反复，无论是当时人还是后来人，对这个决议的产生过程都有种种不同的说法。以下简要梳理这个"无条件投降"决议出台前后的情况。

根据罗斯福第三子伊利奥·罗斯福（Elliott Roosevelt）的记载，罗斯福是在1月23日会餐的时候首次提出"无条件投降"这个说法，并认为这是为俄国而设计的，因为俄国人不可能希望比这个更好的事情。他还说，晚餐以后丘吉尔和霍普金斯都曾与罗斯福一同商议那份即将发布的重要的联合声明。凌晨两点以后，丘吉尔准备离开罗斯福的房间，当时他举起他那不离手的酒杯："无条件投降"，语气中并没有惊叹号，只有坚定的意志。伊利奥后来也曾说，丘吉尔"想了一下，皱了皱眉，又想了一下，最后脸上泛出微笑，终于说'这句话好极了'"，言外之意是说，丘吉尔当时并不太赞同罗斯福提出的"无条件投降"这个说法，但是出于维持团结的缘故又不便直接提出质疑。

然而，根据丘吉尔发回给英国战时内阁的报告，我们就发现，早在这封1月20日就发出的电报中，丘吉尔已经提到了有关"无条件投降"这个说法。这封电报里面的一部分是这样说的：

……我们正预备起草一项有关此次会议的情况的声明，以便在适当时机对记者发表。我们打算在此项声明内宣称，美国与大英帝国决心将战争毫不容情地进行到底，直至德日两国"无条件投降"为止，不知战时内阁对此有何意见，希能见告。文中不提意大利，是有意促使三国早日散伙。总统赞同这一做法，因为它将鼓舞我们在各国的朋友……

这也就是说，从英国的官方文件中看出，丘吉尔对"无条件投降"是早有准备的，而绝不像罗斯福之子所讲的那样是经罗斯福总统提出，丘吉尔当时甚感吃惊而又隐忍了此事。丘吉尔本人不仅提供了这份20日的电报，而且他还进一步引用了第二天（即1月21日）英国内阁回复他的电报作为旁证：

副首相及外交大臣致首相：

  内阁一致认为，如将意大利除外，恐有不利，因为那样的话必然会在土耳其、巴尔干诸国以及其他各地引起疑虑。我们还认为这样做对意大利也并不会起什么好作用。如果让他们知道大难即将临头，反倒更会使意大利的士气产生对我们有利的影响。

从这封内阁发给首相的电报中可以看到，丘吉尔在前一天的确曾将当时正在起草中的联合声明里的"无条件投降"这句话告诉过战时内阁，他们也绝未对此表示任何反对。他们表示有异议的地方只是在于，意大利不应排除在这范围之外。因而，在"无条件投降"这个问题上，应该说丘吉尔和罗斯福一直是立场一致的，不存在什么本质分歧。然而有人注意到，在1月24日举行的记者招待会上，当罗斯福总统说到盟国要迫使所有敌国"无条件投降"时，丘吉尔曾感到有点惊讶，以此来说明丘吉尔本来并不赞同"无条件投降"。实际情况是，丘吉尔感到惊讶的并不是所谓"无条件投降"，而是罗斯福讲到的"所有敌国"，这样就把意大利也给包括在里面了。而我们知道，丘吉尔是希望暂且不要把意大利放入这个范围中的。虽然在21日内阁的回电中，阁员们曾就此问题向丘吉尔表示了不同意见，但是在随后的几天内，丘吉尔并不曾有机会就此问题与罗斯福磋商。当时他们正忙于调停戴高乐将军和吉罗将军两人的关系，自然也就无暇顾及此事。

丘吉尔不仅历来就支持"无条件投降"，而且他在许多场合发表演讲来阐述在这个问题上的具体主张，在其回忆录中也用很大篇幅来澄清当时的种种误会。他究竟为什么会如此在意此事？因为在大战接近尾声时，就已经有很多分析说英国将在欧洲战事结束后退出战争，而将太平洋和远东地区的烂摊子留给美国和苏联去收拾。那么为了早日结束欧洲战争，自然应该让德国和意大利尽早放弃战争为好。如果提了"无条件投降"，将会迫使轴心国的普通人民和军队决心孤注一掷、决一死战，这样反而会大大拖延战争的结束。当然，这种推断的论调在战后曾经很风靡，而且也不是捕风捉影。在卡萨布兰卡会议期间，美国军方代表就曾在联合参谋长委员会讨论期间，表示过这种担心，即一旦德国被击败后，英国将会退出战争。当时丘吉尔曾以最明确的言辞表示过，"此事不但与我国利益有关，且与我国的荣誉有关，英国议会与英国人民在击败德国后，将尽全力击败日本的决心是毋庸置疑的。"因而这样就更可以看出，英国在这场世界性的反法西斯战争中的坚定立场，也显示出丘吉尔作为一个卓越政治家的特质。

在厘清了卡萨布兰卡会议的相关问题后，我们将目光转回到战场上。

在1942年12月的攻势失败后，法军在突尼斯中部建立了一条战线。他们在朱安将军的指挥下从特贝萨出发，占领了横贯突尼斯全境山脉的各个隘口，以便夺取通往凯鲁万平原的通道，他们想通过这个行动把突尼斯境内的德军同隆美尔的非洲兵团分隔开来加以消灭。1943年1月，为了防止被分隔，德军指挥阿尼姆元帅调动新到的坦克向法军阵地进攻。法军以劣势的兵力顶住了德军的凶猛攻势长达一个月之久，他们伤亡惨重，但只丢掉了东部的山岭。吉罗将军这时才算放弃了法兰西的民族主义，答应将法军并入盟军的防御部队。而此时，英军在北部作战，美军则在突尼斯南部作战。

自去年12月中旬以来，蒙哥马利的集团军就停留在诺菲利亚附近，他的意图是想等到自己的兵力增强以后，再对隆美尔开展新的攻势。"我决定让第八集团军稍事休息，以便振作精神为最后'冲刺'到的黎波里做好准备。的确，官兵们理应休息，对此，我很坚决。我命令就地休息，在圣诞节之后再发动攻势，我们要在沙漠条件许可下，以最愉快的方式度过圣诞节。当时气候寒冷，火鸡、葡萄干、布丁、啤酒等全都要到埃及订购，在参谋人员努力下，这些东西全部按时运到。"而此时的隆美尔日子就没那么好过了，虽然他还在蒙哥马利兵锋以西140英里远的布埃拉特阵地，但是却面临着巨大的压力，圣诞节之前一周，墨索里尼从罗马向隆美尔发出电报，又开始对战局做幻想，这封电报在隆美尔看来简直是语无伦次："尽量抵抗，我再重述一遍：用一切的德意两国部队在布埃拉特防线上，尽量抵抗到底！"隆美尔当时的看法是，"我早已尽了最大的努力，把沙漠战争的艺术要点，解释给我们的最高当局听，并且曾经特别强调说明：过分重视土地的得失，完全是一种错的成见。唯一重要的守则就是：一直保持运动的态势，非要找到一个有利的战术形势，否则不和人决战。以我们现在所面临的情况而论，这个唯一的有利位置就是加贝斯防线。"同时，他也发现在墨索里尼和意大利最高统帅部参谋长卡瓦莱罗之间似乎有分歧，卡瓦莱罗不像墨索里尼那么神经质，他避免对意军前线做直接的命令。隆美尔抓住了这个机会，见缝插针地说服了卡瓦莱罗同意他往后撤退：即非摩托化的意大利部队撤退到塔尔胡纳—霍姆斯一线，此地在布埃拉特以西 130 英里，距离的黎波里很近。此后卡瓦莱罗为了防止突尼斯北部美军的攻击，要求隆美尔将一部分德国师调到加贝斯咽喉地带去防守，这个安排正中隆美尔下怀，他原本就希望将仅剩的装甲部队尽量往突尼斯的海湾地带转移，那里的地形很适合防守，短期内英军无法取得优势。于是他将第二十一装甲师派去驻守加贝斯，自己只留下了第十五装甲师的 36 辆坦克和意军桑杜罗师的 57 辆老式坦克。

当蒙哥马利在 1 月 15 日发起攻击时，隆美尔的主力部队已经撤走，步履缓慢的英军只是在布埃拉特以西的阵地才发现隆美尔的后卫，他们这次又扑了个空。而隆美尔的非洲军经过一周的时间，已经从布埃拉特一口气退到了马雷特防线（Mareth Line）。在破坏了附属港口设施后，隆美尔放弃了利比亚的首府的黎波里，准备与突尼斯北部的德军会合。当蒙哥马利的军队因忙于重建的黎波里港口而被阻滞时，隆美尔就决定趁机打击突尼斯南部的美军，以肃清他的后方。应该说他此时的方略仍然是无懈可击的，因为在兵力处于绝对弱势的情况下，即便占据有利地形也不能保证绝对的安全，真正制胜之道还是他从前所秉持的那种集中有限兵力，分别实施打击，以迅猛的速度在敌人立足未稳时加以消灭。而隆美尔的这次打击，开始了二战中美军与德军的首次正面交锋。

这次开战说来是富有戏剧性的，因为隆美尔一再违背上司的命令，不断地后撤——十分明显，他如不迅速行动，可能早已成为蒙哥马利的俘虏。违命取得胜利当然可以原谅，但抗命后撤却不可饶恕，结果在1943年1月26日，他接到了解除他职务的电报，这使他愤愤不平，然而，这位喜欢战斗的人不甘愿如此灰溜溜地离开非洲，他决定在新的继任者到来之前发动一次攻势，而选定的目标则是美国人——他已和法国人、英国人作过战，因此也想尝尝与美国人作战的滋味。而2月2日，隆美尔的继任者意大利将军乔万尼·梅斯已到，但他却不急于接任，他认为自己能成为隆美尔的继任者，是他一生中最大的光荣，因而这也是隆美尔没有马上离任的原因。当然，最重要的也许是，隆美尔想在他走之前打一个胜仗，给他的非洲生涯画上一个明亮的尾巴。他之所以特别想与美军作战，是想向全世界证明，他的士兵尽管经过2000英里的后撤，仍然能够打败拥有优势装备的艾森豪威尔的美军。

　　隆美尔这次攻击的目标是美军第二军，这个军由美国第一装甲师和第一步兵师组成，和他们在一起的还有集结在该地区的美国第三十四师。其兵力分布在从山地通往海岸的道路上，这些道路地形险要，构成了天然有利于防守的态势。但恰是这个"天险"造成了美军疏于防守，艾森豪威尔此前在这里视察时就曾讲过：

> 我发现了一些令人不安的事情，其中最主要的是苟安心理，这表现在有些人毫无道理地拖延不去加强一些山口的防御阵地。这是因为这些司令官缺乏训练和经验。有一个地点根本没有布雷，理由是防御的步兵到这里刚刚两天。那个司令官还傲慢地解释说，他已制订了一张地雷防御图，准备第二天开始布雷。我们在突尼斯北部已有了经验，敌人往往在到达一个地点后两小时内就能构筑一个足以抵抗反攻的坚固的防御阵地。敌人在

夺取一个丘陵或其他地势后,一贯的做法是立刻布雷和建立机枪阵地,还要在附近部署后备力量,以便随时能使用这种力量有力地抗击我们的进攻部队。这些战术教训显然被一些司令官忽视了。

2月14日早上6点,德军发动了代号为"春风"的攻势,德国空军给以强有力的支援。阿尼姆将军的副将齐格勒将军指挥第二十一装甲师和第十装甲师的援兵攻击第二军的费德阵地,他们的两支小型战斗群从阵地的隧道中伸展出来,迅速地将第一装甲师的先头部队"A"战斗群夹住猛攻,至下午5时该部已经溃逃。德军第二十一装甲师也派出兵力往南做一个迂回,包围了美军的其余部队。虽然有很大一部分美军成功逃脱,但是他们的武器装备损失惨重,他们在这次战斗中损失了40辆坦克。由于美军先前一直将防御重点对着北方的阿尼姆将军,未曾想到隆美尔会以急速从自己的南面后院发动突袭,因而艾森豪威尔被这次进攻打得晕头转向。美军狼狈地逃窜到下一个城镇斯贝特拉,为德军留下了44辆巨型坦克和26门大炮,还有若干战利品。

美军的"C"战斗群对德军的进攻仍然不相信,于是在第二天像公牛似的发起了反攻。他们在笔直的战线上向西迪布齐德推进了13英里,成群的重型坦克滚滚而来,甚至连敌情也懒得侦察,等它们一进入德军的大炮射程,暴雨般的炮弹就向这些坦克倾泻下来。德军齐格勒将军的第十和第二十一装甲师从两面夹击,完成了预定的任务。黄昏时分,美国人再次落荒而逃,损失了54辆巨型坦克和其他装备。艾森豪威尔由此对情报部门大发雷霆,他认为情报部门

北非战场　　十一　永别了,非洲

的失职是这次遭遇溃败的重要原因："参谋人员绝对相信他们手头所掌握的一些片面情报，而不考虑任何相反的可能性。他们断定，敌人一定要通过方杜克发动进攻，虽然我们驻在方杜克附近奥赛尔提阿山谷的侦察队坚决认为德军没有在该地区集结，但情报部门还是盲目地坚持它的看法，这样就促使集团军司令做出了错误的部署。"

隆美尔在仔细研究过作战地图后发现，要是他和齐格勒同心协力追击美军，穿过西部山脉，乘胜攻占那些隘口，岂不更妙！他的具体想法是："此时若能集中我方两个集团军的摩托化兵力，一直冲到特贝萨的后面去，一定可以迫使英美联军把他们的大部分兵力都撤回阿尔及利亚，这样就可以使他们的攻势准备大为延迟。这个攻击要成功，其基本的条件就是要在一击之下把敌人完全解决掉，所以打击力量一定要够强大，能迅速压倒敌人的任何顽抗，一直突破到底。向北面的突击已经深入敌后达到足够的深度，足以遏止敌人调集他们的预备队来守住那些隘道，以阻止八路军的前进。只要在道路上能够守住一些隘道和具有战略性的要点，我就很满足了，因为这样已经可以阻挡敌人对我方侧翼的攻击。"但阿尼姆根本没有隆美尔那样的气魄，拒不把齐格勒的部队交给隆美尔，隆美尔不禁大怒，要是这三个装甲师全归他指挥，他肯定会把艾森豪威尔打得丢盔弃甲。隆美尔为即将到手的胜利煎熬得几乎夜不能寐，决定将自己所有的兵力都投入战斗——不留一点预备队，而在以往任何一次冒险的战斗中，他都没有这么干过。罗马终于妥协，命令他指挥第十和第二十一装甲师，以及非洲军突击队。

2月19日，隆美尔下令进攻，他有三个方向的选择，他准备看哪一支部队的进展最快，就把第十装甲师投入那个方向。进攻本来一帆风顺，但因与阿尼姆关于指挥权的问题闹别扭，耽搁了过多的时间，使美国人在卡塞林隘口赢得了足够时间占领高地，阻止了勃劳威斯率领的突击队。隆美尔在斯比巴的另一支部队因地雷和泥泞也受到了阻碍。于是，隆美尔决定第二次从别的地方发动攻势，穿过卡塞林隘口由第十装甲师去截断美国人的退路。但2月20日上午7时，隆美尔赶回卡塞林后，却发现山口依然在美军手里，德军的装甲部队居然未能将山口攻下。在离隘口两英里的地方，隆美尔碰上了指挥部队的梅顿上校，隆美尔不禁大为生气，因为指挥官居然在后面指挥战斗，于是马上命令梅顿和他一起往前走。车子一直驶到山口处，隆美尔便在那里设下了他的流动司令部。

上午10点钟左右，冯·布罗赫将军赶到，隆美尔立即命令他亲自带领摩托部队战斗——这位行动迟缓的将军受到了严厉的斥责。他同时让勃劳威斯使用最新式的奈比尔威费火箭发射装置，这种六管火箭发射器把成吨的杀伤弹扔到守卫高山阵地的美国人当中，引起了极度的恐慌，美国人终于扔下了山口，开始逃窜。但在山口的另一边，梅顿的装甲步兵下午两点钟向隆美尔报告，有50辆美制半履带式车辆运来了大批部队，此外还有30辆重型坦克。隆美尔不顾美军兵力的增加，决定强行突破。当天黄昏时分，在山口以北两军展开了一场激动人心的坦克大战，德军的火箭炮大大发挥了作用，俘获了30辆半履带式装甲车。美军再一次退却了。

2月21日，隆美尔在战场上视察，"真正的隆美尔的节日"第二次到来了。一位下属在信中写道："就像以前那些日子一样，他突然出现在最前面的步兵和坦克中间，出现在进攻最激烈的时刻，在敌人炮火轰击时，就跟一个普通步兵一样迅速卧倒在地。每逢这种时刻，你可以看到战士们有神的眼光！有哪个指挥员能赢得这样的尊敬？"隆美尔自己极度疲乏，他的病痛折磨着他，但他却比任何时候都快乐，因为他再次使自己恢复了活力。但令人不解的是，这位一向喜欢冲锋的军人却突然调头回到卡塞林隘口，而不是乘胜追击。没有他在，第十装甲师向前推进的动力也就丧失了。此时，盟军的队伍正在逃窜，他们根本搞不清德军投入了多少兵力。由于隆美尔的停战，英美军队迅速地恢复过来，调来自己的增援部队，从而使得隆美尔可以获得一个巨大胜利的机会转瞬丧失了。事后隆美尔为自己的奇怪举动找了种种借口，但都不能使人满意。最真实的可能解释是，他跟美国人没有什么过不去的地方，他之所以马上回头，是想趁战胜的余威，亲自去和蒙哥马利这个在敌手中唯一占过自己上风的人算账。不言而喻，他使美军遭受了极为严重的损失：300人阵亡，4000人被俘，200辆坦克被摧毁，此外还被隆美尔缴获了60辆。在隆美尔这次突袭之后，艾森豪威尔将军调换了他的高级指挥官，甚至打发其中一些人卷铺盖回家。美军第二军调来了新任司令，一位隆美尔式的天职军人——乔治·巴顿。

2月23日，隆美尔从卡塞林隘口撤退，回到对付蒙哥马利的马雷特防线。就在同一天，他被提升为"非洲集团军司令"，奉命指挥在突尼斯的全部轴心国兵力。当隆美尔回到马雷特阵地之后，决定不等蒙哥马利的实力成长，即先行向他攻击。然而，此时隆美尔的作战计划已很难执行，意大利的梅斯将军坚持自己的意见，而隆美尔的实力早已削弱，不可能再像以往那样单独冲击。结果，这次进攻完全是以梅斯将军的兵力为主的进攻。更不幸的是，英军早已截获了德军的密码，对他们的军事行动了如指掌。3月6日，隆美尔发动的攻击遭到了沉重的挫折，他的145辆坦克损失了50辆，而蒙哥马利的400多辆重型坦克尚未投入战斗，于是下午5点，隆美尔取消了这次进攻。

三天之后，隆美尔决定离开非洲。事情的经过是这样的：隆美尔早先曾让两位集团军司令阿尼姆将军和梅斯将军对目前突尼斯的情况提出建议，他们两人都认为以目前的形势发展下去，是无法持久的。隆美尔进而指出："目前，这两个集团军在突尼斯所守住的防线大约长达400英里，其重点有二：一在突尼斯西面和西北面的地区中；一在马雷特防线上，夹在山与海之间。这一条防线差不多有350英里长，只有极薄弱的守军，由于我们缺乏部队，所以有些地方根本就没有防守。在第五装甲集团军方面，大部分正面都是山地，但即令是山地，敌人的步兵还是有办法通过，并可以绕到后面去攻击隘道上的守军。在两个集团军之间，在杰里德盐沼的两侧，都有一个大缺口。在干燥的季节中，这个地区极适合敌人摩托化部队的作战。"隆美尔又计算了盟军实力：战车1600辆、反坦克炮1100门、火炮850门、战斗部队约为21万人。盟军方面必然会采取正确的作战路线，用他们所有的兵力，从两面同时向这个桥头阵地实行夹击。轴心国的防线根本禁不起这样的攻击，步兵阵地很快就会被穿透。不需多久，所有的作战预备队都会用光。

然后又讨论到补给问题：若是构成一道坚固的防线对抗敌人的大规模攻势，那么轴心国每个月的船运量一定要增到14万吨。以过去的经验看，这个数字是绝对无法达到的。隆美尔在给元首的报告中总结道："鉴于目前局势的严重，我要求对突尼斯的战争长期计划，应有早作决定之必要。我们估计到了下一个满月的时候，敌人会发动他们的攻势。"

希特勒怒气冲冲地驳回了隆美尔的请求和建议。于是，隆美尔突然觉得自己病得已无法再支撑下去，决定马上回国治疗。他把指挥权交给阿尼姆，在和他的将军们告别时，阿尼姆恳求隆美尔能利用他的影响挽救两个装甲军团的命运："我们经受不起第二个斯大林格勒的打击。"隆美尔向他保证："我将全力做到这一点。"并许下诺言："如果最坏的情况发生，我会回来的。"

但事实上他是一去不复返了。当隆美尔回到德军最高统帅部，见到希特勒后，希特勒对他已大为不满，并暗示他已是"失败者"，隆美尔对此十分愤怒，但还是尽力地为自己的非洲士兵争取一条活路。希特勒不同意撤兵，但最后总算同意了收缩防线，这使隆美尔多少有一点宽慰，因为他总算为阿尼姆将军做了一点事。由于隆美尔一再要求撤兵的态度，希特勒就命令他请病假，不必再回非洲去指挥作战了。事实上，隆美尔已被解除了非洲军事的指挥职务，虽然正式的命令还要等一段时间。于是，这位在非洲战场获得了世界级军事名人声誉的将军，从此永别了非洲。隆美尔离开非洲，使巴顿失去了在北非与这个赫赫有名的敌手交战的机会，不能不说是一种遗憾，因为巴顿很想让这位对手试一试，美军的战斗力究竟如何，他甚至把这看成是自己遭到的一次重大打击。

就在隆美尔即将离开非洲的3月6日，巴顿于当晚10点到达了美军第二军司令部。由于巴顿的任命事先没有预告部队，第二军一下被震动了。艾森豪威尔认为，经历过这次作战的失败，第二军的士气已大受打击，因此必须要使部队立刻振作起来。而对这个工作，在陆军中只有巴顿最合适。巴顿将军领导灵活，坚持严格的纪律。

他希望通过巴顿发挥其个人影响力,使第二军能尽快恢复元气。部队应该吸取战斗经验和教训,对训练、纪律和迅速行动的意义要有深刻的领会。果然,巴顿到任后第三天,第二军的参谋人员就真的疯狂起来,可惜不是针对德国人,而是针对巴顿。

这种反应早在巴顿的意料之中,他就是要对美军严加管教,使他们懂得什么叫纪律。按一些随军记者的看法,巴顿的做法是"不民主和非美国的方法"。巴顿用规定早饭要在7点半完毕的办法,迅速结束参谋人员上班迟到的现象。接着,他制定了最严格的军风纪条例,规定每个军人都必须时刻戴着钢盔,包括护士在内。但第二军很多人认为巴顿只是说说而已,不愿认真对待巴顿的命令,巴顿亲自出去找到一批未戴钢盔的人,对他们训斥道:"我对任何一个不立刻好好执行我命令的兔崽子都不会容忍的。我给你们一个最后的选择机会——要么罚款25美元,要么送军事法庭。"这些人被迫每人交出25美元,对他们的新任司令官咒骂不已。巴顿进行处罚的时候,从来都不听任何解释。一个寒冷的下午,有个信号兵的中尉摘下钢盔换上针织帽。当他把钢盔举过头顶时被巴顿瞥见,当场罚款50美元。有人说,"巴顿似乎反应很快。如果你头皮发痒,最好隔盔搔痒,便可省钱。"《时代周刊》曾报道过一个通信员的故事:他在一次战斗中跑到前方哨所一位中尉那里,中尉以为上级对他作战有方表示赞赏,问道:"有什么消息?"一路跑来的通信员回答说:"上将命令你扎上绑腿。"不管这些做法是否吹毛求疵,巴顿的改革震动了第二军,迅速改变了它原先的软弱情况。现在,当战士们扎上绑腿和扣上钢盔时,他就不能不想起现在第二军的指挥已是巴顿,以前散漫的日子已经结束,今后应是艰苦征战的年代了。尽管这些

巴顿将军

改革使得一些人怨声不绝，但却在人们的头脑中留下了不可怀疑的印记：第二军的老板是巴顿。

巴顿原本打算撤换掉一些军官，但后来发现这些人都恢复了活力，便改变了主意，仍让他们担任原职。结果，在巴顿的严厉训斥下，奇迹出现了，仅仅11天，巴顿已把自己的战斗精神输入了他的部队，使他们与过去判若两人。在他的指挥之下，美军开始进攻，不仅收复失地，而且连战连捷。但巴顿仍不满意，因为不仅他面前没有隆美尔这样的对手好打，而且英军的亚历山大将军不安排美军主攻，因而巴顿愤愤不平。作为典型的英国人，亚历山大私下里瞧不起美国人。他在视察前线后写给帝国总参谋长布鲁克的信中抱怨道："除非我们参与，美军在欧洲战场的军事行动无论如何也不会起什么作用。"美国兵"茫然无知，缺乏训练，当然也不会太高兴"。亚历山大对艾森豪威尔、史密斯、巴顿的评价也不高。他写道："他们都不是专业的士兵，至少不是我们所理解的那种。"巴顿此时的职务虽已升为中将，但却被调离了第二军，由他的副手布莱德雷担任军长。在历史的这个关键时刻将巴顿从第二军调走是不公平的，因为盟军原本未能取得的重大胜利现已开始形成，应该允许巴顿在前线杀敌。而艾森豪威尔则认为，巴顿的主要使命是去激励那些新兵，使之具有作战能力，这一点既已做到，那么调离巴顿也是正常的。他给巴顿的新任务是策划进攻西西里的战役，总算使这位好斗的将军安静了下来。

巴顿将军的传记中有这样一段精彩的评述："巴顿的首要任务不是去夺取任何重大战役的胜利，而是要整顿一支由初出茅庐的战士组成的初战失利、名誉不佳的军队，向他们灌输严格的纪律和战斗精神，使他们能够担负起战斗任务。然而，巴顿因美军的一次偶然失利而被派至突尼斯的重要意义要远远超出他当前的使命。因此，在突尼斯出现了传奇般的美国三人掌军的佳话，这对欧战的胜利起了作用，这三位伟大的军人都是马歇尔慧眼识英雄挑出来的。从那时起，他们就十分和谐地一起共事，分工十分理想：艾森豪威尔组织协调，布雷德利是思想机器，巴顿是斗士。出现这样协调一致的三重奏在任何军队中都是了不起的。即使它出现于纯粹战争危机的关头。它的产生是不平常的，这是马歇尔精心撮合的结果。它经历了三位将军职业和个人关系的种种变迁，把三个人一直拧合在一起。"

1943年3月20日，蒙哥马利将军决定进攻，攻击留守马雷特防线的梅斯将军。蒙哥马利的强大装甲兵力以一个卓越的迂回运动，绕过了他的右翼，从而迫使他向阿卡里特干河阵地撤退。4月6日，蒙哥马利又再度进攻，迫使梅斯退到了昂菲达维尔。第二天，英美两支部队终于在加夫萨附近建立了联系，两支大军——从东向西进击的蒙哥马利和从西向东进击的美军会师了，这意味着轴心国军队在非洲的命运已不可逆转，他们的挣扎只不过能稍稍推迟被全歼的时日而已。

还在2月19日，亚历山大将军接任第十八集团军总司令之际，他就给自己规定了两项最重要的任务：一是赢得足够的海岸平原来建立机场，从而可以切断轴心国军队与西西里之间的空中交通线；二是以最快的速度来击毁轴心国的兵力，夺取突尼斯和比塞大来作为入侵西西里的基地。随着蒙哥马利大军的向前推进，亚历山大在4月中旬完成了第一个任务，那就是在沿海平原迅速地建立了许多机场，从而使盟军的飞机完全控制了天空。仅在4月18日一天，德方的运输机就有50架被击落。但第二个任务却还未能完成，这是因为，随着德军的后退，他们的战线便逐渐收缩，兵力也更为集中，加上多山的地形，都使得盟军更难于迅速地击败他们。轴心国的兵力现在已达20万人以上，相当于14个师，其中3个是装甲师。亚历山大为消灭这些兵力，集中了6个军的部队，一共有30多万人。更重要的是，轴心国的兵员中，大约有一半以上为后勤人员，坦克才120辆，而盟军手中的坦克却有1400辆，具有12∶1的优势。在这样的兵力对比面前，除非有奇迹发生，轴心国军队才可能逃生。当然，如果他们拼死顽抗，也会给盟军造成很大的损失。

亚历山大的计划，是由第八集团军在南面，对敌军的左翼发动攻击，以此吸引敌军的兵力。在北面再用美军第二军的兵力，来打击敌军的右翼，夺取比塞大。第一集团军则在迈杰兹巴卜附近，突入敌军防线的中央，以打通迈杰尔达河谷，并达到通往突尼斯的公路，法军则在北面作一些辅助性的攻击。当轴心国的军队被盟军在中央的攻击分裂为两部分后，他就准备把第一集团军的大部分向南转，把突破点右面的敌军往南赶，以免他们撤退到突尼斯东北角的邦角半岛，在那里固险死守。4月11日，亚历山大命令蒙哥马利把第一装甲师调去增强第一集团军的实力，并选定4月22日作为开始总攻的日期。在发动总攻势之前，由第八集团军先行攻击，以扫清外围。4月19日下午，第八集团军发动了攻击，攻下了昂菲达维尔。但在它北面，轴心国的抵抗极为强烈，所以到20日蒙哥马利决心放弃主力攻击，集中全力来突破海岸上的隘路。而在轴心国方面，当德军第五装甲师的阿尼姆将军知道盟军的意图后，就发动了一次猛烈的攻击，来阻挡第一集团军的前进。于是两军展开了一场空前惨烈的战斗，经过五天的激战，第一集团军的第七十八师才攻占了久留山，夺取了迈杰尔达河谷的控制权。4月25日，德军撤出了法西点以南的地区，美军和法军的部队都顺利向前挺进。

由于第八集团军的牵制性攻击已经失败，亚历山大便将其主力调来加强第一集团军的攻势。5月6日，第一集团军由第九军领先发动进攻，它准备以两个装甲师、两个步兵师的兵力，在炮兵和轰炸机的支援下，向前迅猛突进，切断敌军向邦角半岛的退路。亚历山大认为，假使自己的部队能严格贯彻自己的作战意图，"则我很有把握也让德国人去尝尝他们所发明的'闪击战'的滋味，并阻止一个非洲的敦刻尔克的重演。"在2000多架次飞机的轰炸以及400门火炮的支援下，英军攻击的强大压力使德军无法承受，他们很快开始崩溃。美军也顺利向前突进，并在5月7日与第一集团军左翼取得了接触。5月7日天亮时分，英军第六和第七两个装甲师即从马西科特前进，上午8时30分占领了圣西普利安，下午2点45分英军进入了突尼斯，不久之后比塞大也被美军占领。当混乱的情况一经控制，第七装甲师即按计划向北推进，而美军第一装甲师则向东推进。在两支前进的装甲部队之间，他们捕捉到了3个正在后撤的德国师的残余部队，这些残部在经过无望的抵抗后于5月9日向盟军投降。与此同时，为了切断夹在两个集团军之间的敌军，使其无法退入邦角半岛，第六装甲师和第四步兵师一同扫向从突尼斯通向该半岛的公路，第一装甲师则向它的右翼进逼。

在突尼斯湾的底部，盟军所遇到的第一个钉子是哈曼里夫（Hamman Lif）隘路，这里群山紧靠大海，平坦的海岸地带只有300

码宽。这一狭窄的隘道，被德军一支分遣队所占据，他们还得到从机场防线撤出的88毫米口径的大炮的支持，盟军的第六装甲师设法强攻，但却被挡住了两天。在盟军齐心协力的猛攻下，第六装甲师的步兵终于占领了俯瞰全城的高地，并用大炮分段清除大街上德军的火力点。5月10日上午，一支坦克纵队终于从波涛汹涌的岩岸边上绕过德军的火力点冲了过去，这才使德军的阵地受到了迂回攻击，从而拔掉了这个钉子。到10日黄昏时分，盟军已扩展到横越半岛的基线，到达了哈马马特（Hammamet），从而切断了敌军幸存的部队的联系。在以后的时间里，英军开始了胜利大进军。数百辆坦克怒吼着隆隆开进，经过了德国人的机场、工厂、燃料弹药库和炮兵阵地。他们根本顾不上去收容俘虏，而且似乎也完全没有必要了。

德军已处于极度的恐慌之中，当他们看到英国人的坦克开过时，简直手足无措。德军将领已无法下达命令，他已经与部下丧失了联络。在恐惧之中，他们被逃生的欲望驱使，纷纷奔向通往邦角的公路上去寻找船只，等到了滩头发现既无船只又无飞机时，军队就完全崩溃了。显然，德军的头脑和神经全已瘫痪，一切有组织的行动都变得不再有可能。截止到13日，所有剩下的轴心国司令官和他们的部队都投降了。先后有600来名人员渡海或乘飞机逃往西西里岛，此外在4月份还撤走了大约9000名伤病人员。至于最后盟军俘虏了多少人的问题，一直都悬而未决。阿尼姆将军和梅斯元帅都做了俘虏，实际被盟军俘虏的部队大约在10万人左右。不过亚历山大在12日发给丘吉尔的电报中预计得更为乐观：

结局已临近。冯·阿尼姆已被擒，看来俘虏势必超过15万人。一切有组织的抵抗已经瓦解，只有孤立的小股敌人还在坚持。我们缴获的大炮，看来要超过1000门，其中有180门是88公厘口径炮，另外还有坦克250辆和各种汽车数千辆，其中有许多还可以使用。在今天这一整天里，驾驶着自己车辆前来的德国俘虏，在从格隆巴利亚到迈杰兹艾尔巴布的公路上，形成了一个稠密的纵队。

我希望下一份说明本次战役正式结束的电报，在几个小时后可以发出。

5月13日下午2时15分，首相收到了亚历山大承诺的报告：

阁下：

我有责任向你报告，突尼斯战役已经结束。敌人的一切抵抗已经终止。我们已是北非沿岸的主人了。

这封电报虽极简短，却标志着经过了两年的拉锯战，北非战争终告结束。两次具有决定性的会战——阿拉曼会战和突尼斯会战，要算盟军的第一次伟大的胜利。最重要的成果是，它消灭了轴心国在地中海战场上大部分久经战斗考验的部队，不然的话，他们本来可用来堵截盟军对西西里岛的进攻的。同时，这两次战役也算给了英国人民和苏联盟友一个交代：他们在打击希特勒及其盟友时，总算做了点事。

当然，在两年多的时间里，隆美尔以两个装甲师和为数不多的步兵，顶住了整个英帝国的压力并屡次尽占上风，这不能不说是军事史上的一个奇迹。究其原因，除了若干其他因素之外，还因为当地人民痛恨老牌的殖民者，结果使他们把德国人看成了解放者，因为德国人打击的是他们痛恨的英法殖民者。当隆美尔进逼埃及边境时，开罗人民曾十分兴奋，他们很高兴看到这些平时耀武扬威的殖民者狼狈逃窜的场面。从这个角度看，北非战场有它的复杂性，它既是世界反法西斯战场的一部分，但又与欧洲战场有所区别——那就是殖民地人民盼望真正的解放，不仅从法西斯，而且从英法意这些老牌的殖民者的统治下解放出来，这是我们在分析北非战事时不应忘记的一点。

北非战役结束之时，丘吉尔正在他的第三次华盛顿之行途中。当时他不无骄傲地写道：

> 我已命令各教堂一致鸣钟。可惜我没有听到它们的音响，因为我在大西洋彼岸还有更重要的工作。当我接到国王下面这封亲切的来电时，我已经到达白宫了——

> 现在非洲战役已经光荣地结束，我愿意向你表示，我深深体会到这次战役起初的设想和成功的执行，主要有赖于你的远见和最初临难而不畏的毅力。这次非洲战役使我国，事实上使一切同盟国，再一次蒙受了你的无边恩惠。
>
> 国王乔治

十二
进军西西里

非洲战事的结束,除了其军事后果外,还使法国回到了国际大家庭。这同时也是法国政治、经济和帝国结构发生深刻变化的开始。一方面,与德国妥协的维希政府受到谴责,它的法律被废除,它的领导人受到惩罚;另一方面,盟国仍然没有平等对待法国,也没有把法国民族解放运动委员会看作是法国的合法政府。直到意大利战役以后,由于法国人出了一份力,盟国对它的态度才算改变。

1943年5月,在英国提议下,尽管美国不大愿意,盟国还是在华盛顿决定,在非洲取得胜利之后,再接再厉打垮意大利。当时正在华盛顿访问的丘吉尔,在与罗斯福总统会谈期间就当时战局专门做了讨论,他认为:

> 首要任务是在地中海。那里的最大的成就在于采用最有效的办法使意大利脱离战争。回忆1918年的情况,当德国可能退到默兹河或莱茵河并继续作战时,保加利亚的背叛使敌人的整个组织完全崩溃了。意大利的崩溃将令德国人民产生孤独的凄

凉感,也许就是他们覆灭的开端。意大利退出战争,即令对德国不会立刻形成致命的打击,其影响必定也是很大的。首先是影响土耳其,它在地中海常以意大利来同自己相比。美—俄—英三国对土耳其提出联合要求的时机到了:要求土耳其准许它们使用土耳其领土内的基地,以便轰炸普洛耶什蒂和扫清爱琴海。如果意大利脱离了战争,这样一种要求不至于不成功,提出的时间也要选择德国不能对土耳其采取强大行动的时候。把意大利排除出战争所发生的另一巨大影响是在巴尔干。巴尔干不同国籍的爱国者正处于困难的境地,因为他们受到大量轴心国军队——其中包括 25 个或更多的意大利师的压制。如果意军撤退,所产生的影响或是德国不得不放弃巴尔干,或是德国不得不从俄国战场撤出大量军队,以填补那里的空缺。在本年内,没有其他方法会对俄国战场做出这样大规模的援助了。第三种影响将是清除意大利舰队,这会使不少的英国战列舰中队和航空母舰分舰队能够前往孟加拉湾或太平洋与日本作战。

美国一开始不太赞同的原因在于,一则当时的运输船只不够,二则缺乏在地中海作战的经验,同时也为了不至于损害仍然放在优先地位的横渡大西洋、直接在英吉利海峡登陆的计划(即后来的诺曼底登陆),所以当时这个通过打击意大利发生效应的计划,只是一项次要的军事行动。据认为,在罗马或那不勒斯登陆都过于冒险,盟国于是决定在西西里登陆。这样做的最大好处是,可以保证地中海东西航道畅通无阻。艾森豪威尔的说法是,卡萨布兰卡会议上英美双方就讨论了在西西里登陆的可行性:"决定西西里军事行动的理

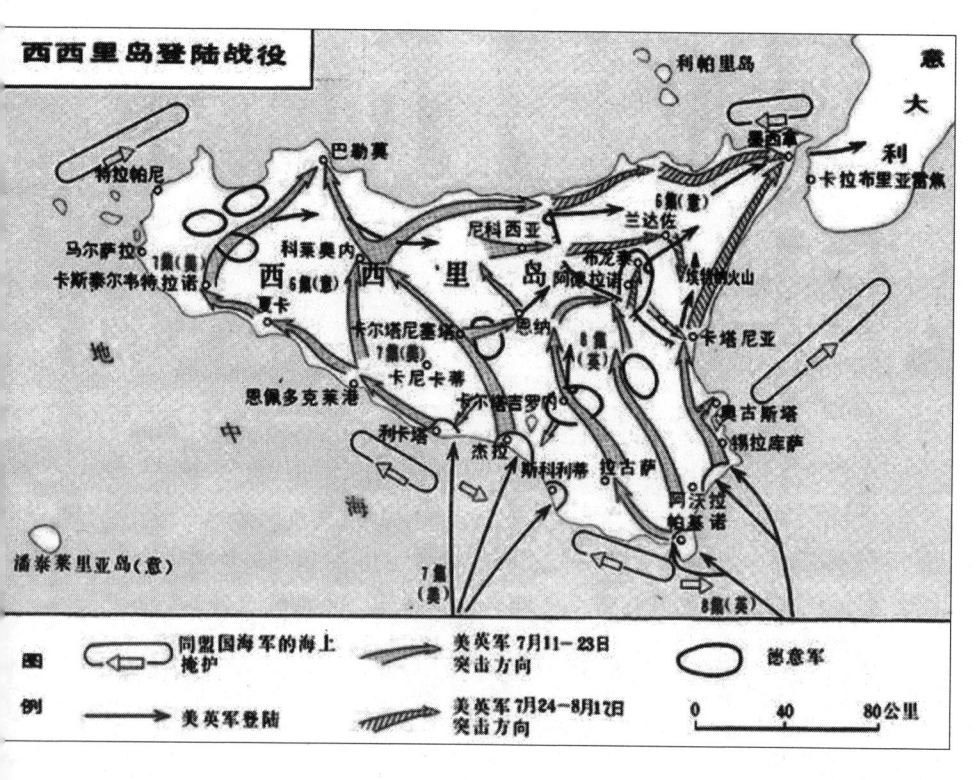

西西里岛登陆战役

由有两点：第一点，这一行动对于打通地中海航线有很大的、直接的好处；第二点，因为这个岛比较小，攻占之后，即便敌人发动大规模反攻，也至多牵制盟军有限的兵力。这个理由很受马歇尔将军的重视。此外，卡萨布兰卡会议的这个决定，防止了在该地区作不明确的战略进攻。成功的袭击虽然会把我们的轰炸机基地更向前推进，但是我们没有必要陷入一场不断消耗贵重资源的战役。"

当北非战事一结束，盟军便在整个6月份对西西里和距突尼斯50英里的小岛潘特莱里亚（Pantelleria）进行了持续的突袭。墨索里尼曾大言不惭地吹嘘说，潘特莱里亚"坚不可摧"。谁知该岛只不过遭到空袭，仅仅死了56人，伤了100多，1.2万的守军便在1943年6月11日向盟军投降了，这表明意大利所剩下的军队作战意志已非常薄弱。对潘特莱利亚岛开始轰击的那天，艾森豪威尔正陪同丘吉尔在非洲视察。当时他们俩曾打了一个小赌："他（指丘吉尔）估计岛上意军不超过3000人。要是我们俘获的意军超过那个数目，他将为这个超额数目中的每一个俘虏付给我五生丁。结果我们俘获了11000人，虽然我早已自然而然地忘记了这个开玩笑的赌注，但他立即付了钱；他自己计算了兑换率，并且说，他要按此价格（每人二十分之一美分）把我们所能抓到的俘虏全部买下来。"

事后回顾起来，当时盟军重返欧洲的行动是一个相当冒进的行动，因为当时对很多情况都没有把握。艾森豪威尔自己也说："从地形上看，班泰雷利亚岛对于实行突击有着几乎令人沮丧的障碍。它的地势完全不适宜于空降部队，而海岸线又峭壁重叠，部队只有通过岛上一个小港的入口才能从冲击舟登陆。"然而盟军进攻西西里的战役能顺利进行，应归功于一系列长期潜在的因素。首先由于希特勒和墨索里尼的盲目骄傲，他们都力图在非洲"保全面子"；其次由于墨索里尼怀着一种妒惧的心情对待德国人，不愿让他们在保卫意大利领土方面处于领先地位；最后则是希特勒和墨索里尼都判断错误，认为盟军不会在意大利登陆。而几个因素中，第一个因素尤为重要，在整个战争中，希特勒和德国总参谋部通常不敢在英国海军威力所及的区域内发动海外远征，起初是不愿调派隆美尔以足够的兵力去扩大战果，后来到已经绝望的时刻却又派那么多的部队去非洲白白送死，从而把本可以保卫南欧的精锐部队丧失殆尽，不自觉地帮盟军搞好了"清场"的工作，并使得盟军在西西里岛的战事能够轻易得手。

另外，还有一个临时性的事件致使希特勒对盟军登陆的地点发生了误判。由于德军在1942年11月出兵占领了法国南部，所以希特勒认为北非的英美联军极有可能会选择撒丁岛登陆，因为撒丁岛接近科西嘉岛，盟军将会以此作为跳板同时进攻意大利本土和法国南部的德军。正巧在这个时候，纳粹德国在西班牙的情报人员发现了来自盟军的内部密件，这个信件是从一具被海水冲到西班牙沿岸的尸体上找到的。情报人员发现这封由英国陆军大员写给亚历山大将军的信件暗示，盟军将在撒丁岛和希腊登陆，但是将派少量部队在西西里岛附近做佯攻，以迷惑德国的部署。而实际上这个事件完全是由英国的情报机构一手导演的，其计谋之精密巧妙，以至于德国参谋本部对此深信不疑。结果也就更加让希特勒相信，不必在西西里岛部署重兵。

盟军这边，对进攻西西里的计划似乎也没有紧迫感，登陆开始于1943年7月9日至10日夜间，虽然不能取得突袭的效果，但也获得了差不多是彻底的胜利。这里值得一提的是，这次是由8个师同时进行登陆袭击的，其规模之大甚至超过了11个月后的诺曼底登陆。第一天就有16万人登陆，一半是巴顿指挥的美军攻击西西里岛的南部滩头，另一半是蒙哥马利指挥的英国及英联邦军队，负责攻击锡腊库扎以南的东部滩头，他们没有遇到很大抵抗便踏上了陆地。他们由1000架飞机掩护和3200条船运送，并在世界战史上首次使用了登陆艇，这种船只是平底的，可以擦上海滩而不受伤，船首有自动吊门。支援他们的还有大炮1700门、坦克600辆，伞兵则在敌后夺占机场。船队的整个行动安排得十分周密，例如，在望得见西西里海岸的地方，从苏格兰调来的一师加拿大军队，准确地按计划在凌晨1点30分登上了从的黎波里驶来的驳船。仅有的麻烦是，有些"伪滩"在事先的侦察中没有发现，而且不少卵石滩头也未完全侦察出来，以至撞坏了一些船只，还有些伞兵空降过早，不幸落到了海里。

　　西西里的守军部分地做出了反应，并给未上过战场的美军新兵造成了一定的麻烦，因为一些美国新兵甚至不敢踏上海滩。这些士兵不离艇进攻，只会躲在舷侧射击。有的士兵还得哄着上岸。登上滩头以后，还得一步一步告诉他们怎么行动。幸亏巴顿此时还在"蒙罗维亚"号上，没看到他们这副狼狈相。好在意大利在西西里的10个师实力是很弱的，而且有半数是所谓海防部队，也就是胡子兵。德国向西西里岛北部派了七万人，其中有一师精锐部队，即赫尔曼·戈林的党卫师。不过，希特勒并不愿向意大利派更多的军队和装备，因为他担心这些反复无常的意大利人突然倒戈，从而把自己的部队隔断在意大利，无法退回来。后来的事实表明，希特勒的担心是有道理的。也正因如此，轴心国在西西里的防守力量与盟军的力量对比悬殊。尽管如此，盟军夺取最后的胜利还是花了不少力气。

这次战役给巴顿提供了一个良好的机会，使他多少能够按照自己的意愿办事。对于一个军人来说，这可是个千载难逢的良机，即使闭目想象一番，心情也为之激动：他能有幸率领一支全由美国人组成的集团军参加第二次世界大战的重大战役，只此一点就够了。巴顿的兴趣主要是打仗，至于在什么地方打，什么时候打，这些都无关紧要，关键是要让他能发挥自己的主动性作战。然而，命运对巴顿似乎不太公平，因为他遇到了自己营垒中一位强劲的对手来和他争夺胜利，这个对手就是刚打败隆美尔的蒙哥马利将军。

每次战争都会产生它自己特有的英雄，每支军队都会产生自己值得纪念的将领，这些卓越的领袖是战争胜利之本，因为胜利不是只靠武器精良，更要靠指挥有方。在第二次世界大战中，英国人为自己的英雄诞生等了很长时间，终于盼到了蒙哥马利——他终于打败了隆美尔这只"沙漠之狐"。于是，很自然的，作为进攻西西里战役总指挥的亚历山大将军，想让蒙哥马利获得更多的荣誉：他让蒙哥马利沿西西里东海岸直捣墨西拿，这是西西里岛上唯一真正的战略目标。亚历山大将军乃忠厚长者，他对蒙哥马利的信任与支持也是由来已久，蒙哥马利自己也曾说亚历山大"对我的作战计划从不多加评论或提出任何建议；他绝对信任我和我的班子。他一旦知道我们需要什么时，无不全力支持；他从未拒绝过任何要求。如果没有那样全力以赴、有求必应的支持，我们绝不能做好我们的工作"。

而巴顿呢,虽然他也率领着一支同样强大的集团军,却只能被迫扮演明显的配角,即保护蒙哥马利的侧翼。这是对巴顿实施自己抱负的重大打击,然而他表明了自己对上司的态度:尽管不满,但仍保证全力去完成任务。这与英国同僚们形成了鲜明的对比,他们老是牢骚满腹,甚至在战事进行了很久以后还坚持自己的意见。

与英国在二战时的很多将领相比,蒙哥马利无疑是一位杰出的军事干才,他把士气不振的第八集团军重新振作起来,这是一件了不起的大事。他知道隆美尔的弱点,不动声色地按自己的方法作战,从而将战场的主动权抓到了自己的手里。但他也是一个十分稳健的人,不愿做不明形势就冒险采取行动的事。隆美尔则正是摸透了他的这个特点,才得以平安地撤退了几千英里。因此,蒙哥马利的稳健往往也成为迟缓的代名词。这一点,在西西里的战役中,由于有巴顿这个对手作为对比,就十分明显地暴露了出来。

蒙哥马利部队和装备的登陆行动异乎寻常地顺利,他的第五步兵师于战役开始的第一天上午9时就从主要公路上进占了锡拉库扎。这是一个大港并且完好无损,而英国皇家海军已赶在陆军之前进占了奥古斯塔港。这样,蒙哥马利就顺利地得到了两个补给港,处于比巴顿优越得多的位置——巴顿一个补给港也没有,全靠从自己占据的那些滩头得到支援,其中至少有一个滩头遭到德军的猛烈攻击。更加糟糕的是,由于登陆滩头的各美军部队之间部分联系不畅,许多美国空降兵将要登陆的消息没能让岛上部队知晓,结果德军来轰炸美军的飞机和美军空降部队的飞机混在一起,美军地面部队不分青红皂白乱开炮,致使许多自己人白白送命。

与巴顿那边相比,虽然有着种种有利条件,但是蒙哥马利的军队却被敌军拖住了，由于不能按照他自己的说法以"闪电式"的进攻快速向北推进，致使敌手得以把抵抗计划"具体化"了。7月15日，一个数量上处于劣势但素质良好的德国军团挡住了蒙哥马利去墨西拿的通道，牵制住了蒙哥马利的优势大军。这种挫折显然是由蒙哥马利指挥上的优柔寡断造成的，因为他手下的将士很有魄力，照他们登陆时那股劲头早就该打到前面去了，但他们指挥官的脾性使他们放慢了速度，结果使德国人有时间从容地建立好了抵抗的阵线。现在，蒙哥马利的总体计划基本落空，这位一心想成为整个西西里战役主将的英国将军，显然感到自顾不暇。他非但没有按预期的速度前进，更糟的是他似乎连突破敌人防御的办法也找不到。当他发现通往墨西拿的沿海公路东侧被封以后，便想从左翼的117号公路突破，但此时这条公路已在美军手里，蒙哥马利便要求亚历山大让美军撤离公路，由他的部队接管。亚历山大迅速默许，事先也不同巴顿商量，就以命令的形式通知了巴顿。

巴顿在杰拉的司令部里接到了亚历山大的指令。若在以往，这道蛮不讲理的以牺牲巴顿来帮助蒙哥马利摆脱困境的命令，肯定会使巴顿大发雷霆，但这次他却表现出欢迎这道命令的样子，因为他发现蒙哥马利行动迟缓，自己主动作战的时机到来了。原来的总体计划是由蒙哥马利的第八集团军对墨西拿做决定性进攻，以第七集团军掩护其侧翼并分散敌军的兵力。亚历山大现在的命令却使得第七集团军逐渐成了进攻海峡的主力。

这一新的挺进计划将于8月1日开始发动，为了配合这次进攻还从北非调来了美国第九师和英国第七十八师作为增援，于是西西里岛上的盟军总数达到了12个师。英军在蒙哥马利的指挥下，不仅打得疲惫不堪，而且也开始染上了疟疾，第八集团军不得不采取守势，等待北非援军的到来。英军打击力量的迅速削弱正导致一种全新的局面，使巴顿得以发挥他的作用，不是到东路去为蒙哥马利增援，而是在西路发挥自己的主动性。蒙哥马利的作为不知不觉地改变了战役的方向，他原本希望剥夺巴顿对巴勒莫的进攻任务，结果却变成了自己主动将此任务还给了巴顿。7月25日那天，巴顿与副参谋长保罗·哈金斯上校飞往锡腊库扎与蒙哥马利一同商议。"当我们到达时，"巴顿写道，"没有人注意我们，直到我最终看见蒙哥马利。"蒙哥马利在他汽车的引擎盖上展开一张地图，开始就英军与美军的阵地问题达成一致意见。蒙哥马利被他部队所面临的困难弄得非常谦卑，建议巴顿可以使用从巴勒莫到墨西拿的两条路线，即113号公路和120号公路。113号公路沿着海岸线，而120号公路距海岸30—40公里，从巴勒莫东边的特尔米尼延伸到蒙哥马利希望占领的塔奥尔米纳。如果巴顿从西边到达塔奥尔米纳，而蒙哥马利从南边到达，那么英国第八集团军和美国第七集团军将使两个德国师落入陷阱。蒙哥马利以这种姿态承认他需要巴顿的帮助。他从未指望在8月底能攻克西西里。巴顿没有回答，但后来告诉他的参谋，战役可以在8月中旬结束。

巴顿让亚历山大同意他主动发起攻击，以改变盟军的被动局面，亚历山大知道这样会使英军处于尴尬境地，但从全局出发也只好同意。巴顿自己对亚历山大的尴尬处境看得很清楚。"我认为，"他在日记中写道，"在墨西拿半岛，那只熊盯在英军的尾巴上，我们可能得去帮帮忙。要是他们让我们使用117号公路，并让我们去自己占领卡尔塔吉罗内和恩纳，而不是等着他们，我们就会省下两天时间，这时已经到了北岸了。"巴顿早就厌倦了给蒙哥马利当保姆，现在口袋里有了亚历山大的指令，他便火速地投入行动。他把特拉斯科特的第三师、李奇微的第八十二空降师和加菲少将的第二装甲师组成了一个临时军，由凯斯将军指挥于7月19日向巴勒莫发动攻击。巴顿认为，亚历山大一点也不了解美军的实力和速度，他要用自己部队的战绩给朋友和敌人都留下深刻的印象。

美军果然没有辜负巴顿的期望，巴顿让部队拼命快跑，并三次采用小型两栖攻击舰登陆迂回在敌军的防线上，结果原定7月24日拿下的巴勒莫，在22日就被攻克了。24日，巴顿神气活现地举行了记者招待会，他说："先生们，我们走了200英里崎岖的道路才到巴勒莫。我们的推进速度之快，以及我们所经路途之艰难，比起德国人所经历的一切都有过之而无不及。我们没有给他们丝毫喘息的机会。"然后，他向记者公布了这次美军闪电战的统计数字：俘获敌军4.1万人，打死打伤6000人，击落敌机190架，缴获大炮67门。当然，巴顿没有把一切功劳归于自己，他好好地赞扬了率先冲入巴勒莫的凯斯将军。

巴顿对巴勒莫的突击，在战术上是一场漂亮仗，但在战略上的价值，则是大可怀疑的。由于巴顿兵锋转向西面，而蒙哥马利又被德军阻滞在南面，盟军原本的计划是想快速拿下墨西拿，把轴心国军队封在西西里岛这个"口袋"里，使之无法利用海峡逃跑。进占巴勒莫之后，盟军的重心在西边，使得轴心国部队可以向东收缩到墨西拿海峡，顺利转移至意大利本土。此后，墨西拿成为盟军最后攻克的据点，德军部队几乎完整无缺地撤了出去。从战略上看，盟军占领西西里是必然的结局，但结果却是他们按希特勒的条件——

即保全德军有生力量——得到了它。

此后，英军于8月5日方才推进到卡塔尼亚，而美军则在16日就已进入了墨西拿。目的虽已达到，成功却不彻底。由于希特勒的决定，德军已撤离了西西里岛——希特勒害怕德军再像在突尼斯那样被包围起来。结果，美军俘虏的20多万人几乎全是意大利人。未能将德军岛上部队歼灭，巴顿与蒙哥马利的钩心斗角应该负一定责任，但最主要的责任在亚历山大，他可悲的软弱与混乱，使部队在进攻时未能坚持最初设定的最具战略价值的目标。希特勒曾对他的装甲兵指挥官汉斯·胡贝指示："我们不再期望能够守住西西里岛。但重要的是打一场拖延战，以便为稳定大陆的局势争取更多的时间。然而，最重要的是在任何情况下都不得使我们的三个德国师遭受损失。最低限度也要保存下我们宝贵的人员。"从结果看，希特勒的目标完全实现，尽管盟军攻占了西西里岛。

盟军中唯一头脑清醒的是布莱德雷。他指挥美军第二军从中路直插墨西拿，尽管晚了几个小时因而未能截住从巴勒莫撤退的德军，但艾森豪威尔将军却看出了两个行动之间的根本区别——巴顿急攻巴勒莫为的是煊赫一时，而布莱德雷穿越高山险阻却是为了更为远大的目标。当然，巴顿达到了目的：他的部队进入墨西拿几小时后，英军才姗姗来迟。于是美军兴高采烈地为英军举行了欢迎仪式，并意味深长地高呼："你们这些游客，是从什么地方来到这里的？"赢得向墨西拿进攻的胜利，不仅使巴顿更负盛名，更重要的是替美国军人赢得了信心和自豪，去掉了他们一向对英国老兵留有的若干自卑感。同时，盟国和轴心国对于美军的战斗能力也开始刮目相看。但巴顿却为自己的虚荣心付出了惨重的代价，在8月份准备在诺曼底登陆的"霸王"作战计划时,艾森豪威尔向马歇尔将军推荐布莱德雷做驻英美军总司令,而没有推荐巴顿,从而使巴顿丧失了在二战中取得更大荣誉的机会。

蒙哥马利当然也意识到他的这次行动比在非洲所进行的另外几场战役差劲得多,所以他后来总是少谈此事,并对在整个意大利战役担任的任务有一种酸溜溜的味道。对于在西西里的作战,他自己也遗憾地说:"假如我们要在冬季来临之前充分利用在意大利所取得的胜利,那么必须争取时间。我们用五个星期攻陷了西西里。第八集团军伤亡达12000人。我认为,如果三军密切配合,可能所需时间更短,伤亡更少。"但他毕竟比巴顿幸运,当他越过墨西拿海峡开始对意大利本土进攻时,巴顿则留在西西里无事可做:进攻意大利的美军另外成立了一个集团军,改由克拉克将军指挥。

巴顿此时受到了"打士兵耳光"事件的影响。当时巴顿前往医院慰问伤兵,曾遇到由于战斗过度疲劳而无精打采的士兵。他认为他们是故作姿态,就不免火气大发,骂他们是懦夫并赏以耳光。据他自己说:"在医院里还有这样一个人,他想装成受伤的样子。我问他怎么了,他回答说实在受不了。我狠狠骂了他一顿,用手套打了他耳光把他赶出了医院。各连都应该处理这类士兵,如果他们玩忽职守,他们就应该因怯懦而受到审判和枪毙。明天我要为此发布一项命令……为了使一个婴儿成长,有时要打他一个耳光。"第二天他还真的煞有介事地向军队发出了这样一份备忘录:"我注意到,有极少数军人借口神经衰弱不能打仗,擅自去住医院。这些军人是懦夫,毁坏部队的声誉,丢指挥官的脸,他们毫无良心地让指挥官去经受战争的危险而他们自己却把医院当作避难所。各级指挥官应该采取措施查明,凡属这类情况者,不应送往医院,而应在本部队处理;对那些不愿意打仗的,人民应以临阵脱逃的罪名交军事法庭审判。"

此事引起不少记者的关切和议论,他们将此事反映给了艾森豪威尔。同时那些军医们也都不同意巴顿这种粗暴的"治疗方法",他们也向艾森豪威尔提出了抗议,这给他带来了很大麻烦。艾森豪威尔回忆说:

这件事闪电般地传遍了医院和附近的部队。不久,我接到医院院长的一份非正式报告。仅几个小时后又受到一群记者的访问,他们已到医院进行了采访。他们的报告证实了我接到的那份报告的内容。问题是怎么办?在前线,每个老兵都知道,采取严厉措施,以使部队中每个士兵迅速履行职责,这经常是必要的。在一个排或一个营中,若是有人畏缩或逃避,那就必须立即予以严厉惩处。士兵们只有当他们知道他们的长官要求部队中人人充分尽职时,他们才会有信心跟随他。在枪林弹雨中,一个士兵的安危取决于部队中其他人能否尽职,士兵们绝不愿接受一个软弱无能的人当领导。巴顿的过错,如果发生在前线的一个突击排里,那就算不上是个罪过。它不过是战斗中的一个偶然事件,甚至没有人会注意它,至多使人产生这样一个转瞬即逝的想法:这个长官是不能容忍任何人逃避职责的。

但是巴顿的行动是发生在这个时间和这个地点,所以说他的过错是严重的,而他的地位和身份更加重了这一过错的性质。在医院殴打和侮辱一个士兵,如果不是用巴顿本人一时感情激动作解释,那简直可以说是一种暴行。巴顿感情容易激动,性情容易冲动，但正是他的这些品格，使他成了一位著名的、非凡的集团军将领。在追击敌人和利用战机时，我们需要的正是只知勇往直前的司令官；他越是驱使他的士兵向前，就越能挽救他们的生命。他必须不顾疲劳，无情地要求部下发挥出最后一点体力。

巴顿的这些品质我全都了解，因此，尽管我对他的这个行为感到恼火，但还是能谅解他的。我觉得应当挽救巴顿，以便在今后我们面临的欧洲大战中使用他。不过我必须想出办法，尽量减少因他的粗暴行为而产生的危害，还必须使我自己确信不再发生这种行为。我那时正在紧张地拟订进攻意大利的方案，不能立即到西西里去。因此，我派了三个人到那里去，我对他们的判断力、机智和诚实都很信得过。我派一人去见巴顿将军，另一人去访问出事的医院，还有一人到巴顿集团军所辖的各师，由他亲自确定这件事在部队中传布的范围以及他们的反应。我不但需要从几个来源得到的独立情报，而且要尽快完成整个调查工作。

结果是我决定保留巴顿。我先写给他一封严厉谴责的信，告诉他，如果再犯这类错误，就要立刻免他的职。我还告诉他，他能否在我的战区继续当一名司令官，还要看他是否向两个受辱者道歉。我又要他向出事时在场的所有医务人员道歉。最后我要求他当着军官和他所辖各师的士兵代表小组的面，保证不再为所欲为，并且尊重他们作为一个民主国家的战士的身份。

巴顿立即答应。我又通过一系列的观察者和检查员了解了结果。同时，我一决定措施，就立即召见那些告诉我这件意外事件的记者。我向他们详细解释了我所采取的办法以及这样做的理由。我把我写给巴顿的信念给他们听，另外还念了巴顿回信中的一部分内容。在我当时看来，这件事就算了结了。

艾森豪威尔在处理这件事的过程中，充分展现了他作为盟军统帅所具有的智慧、胸怀和魄力，这种处理复杂情况的干练特质，使得他在军队中屡屡获得迅速的提升，并且也基本奠定了他以后走向总统宝座的基石。而且，通过这次事件，艾森豪威尔虽然相信巴顿这员猛将对于盟国的胜利是一种不可缺少的因素，但是他同时也更看清了巴顿的弱点：他只是一个将才而非帅才，所以决定不把巴顿升到比集团军司令更高的地位。

尽管盟军内部有这些不愉快的插曲，但西西里之战毕竟顺利结束，意大利法西斯崩溃的日子就要来临了。

十三
尾　声

　　蒙哥马利是那种拿破仑宁愿选择的福将,他也的确知道如何利用其好运冷静地准备工作,制订简单可行的计划,慎重集中预备队,严密控制装甲兵力,在敌军的重压之下沉着应战等。他最擅长的本领就是像指挥一个交响乐团那样指挥一场有板有眼的大会战。因而,盟军在进军西西里和意大利其他地区的战役中选择了他做主将。

　　但不幸的是,蒙哥马利在运动战中明显缺乏控制能力,这与他在阵地战中的表现恰好相反。一遇到山地地形,他的指挥才能就不灵了,结果在西西里与在意大利其他地区的战役中,蒙哥马利几乎没有显示出自己的特色,使人常常容易忘记究竟是谁在指挥这场战役。不过,蒙哥马利仍然是一员福将,因为他面对的已是一个必死无疑的对手。到1943年下半年,意大利必将在战争中惨败这一点已毫无怀疑的余地。它不但没有达到它参战的任何目的,连它已有的殖民帝国也丧失了,它的海军已被逐出地中海,它的工业中心在盟军的空袭下逐渐被夷为平地,在西西里失守之后,整个半岛已经毫无遮掩,处于挨打地位。意大利倒霉的领袖墨索里尼的健康状况也

英国在北非战场的三任主帅合影：左边的是蒙哥马利，他此时已经荣任英帝国总参谋长；中间的是韦维尔，这时他担任印度"副王"（即英国驻印度总督）；右边的奥金莱克此时为英印军队总司令。这张合影摄于新德里的印度总督府邸花园

越来越糟,这位法西斯头目神经过敏,毫无斗志,对事物越来越麻木,对自己的处境和未来的命运都采取听天由命的态度。他把自己的失败全都怪在意大利人民头上,责骂他们非得"踢着屁股才肯去打仗"。

墨索里尼建立起来的政权也同样是一副破败景象,墨索里尼毫不掩饰他与一个青年女子的桃色事件,开了道德堕落的风气。在官员中间,最不识时务的人也已经从讥讽发展到怀疑,精神上已经离心离德,在盘算着如何及时离开这条正在下沉的船。一个法西斯头目也承认,"法西斯主义早在1943年以前很久就已经寿终正寝了。"

意大利人已经厌倦了这场战争,毫无作战的意志。而要想摆脱这场讨厌的战争,只有摆脱墨索里尼这个讨厌的人。7月25日,法西斯党内的反对派发动了一场政变,轻而易举地逮捕了毫无斗志的墨索里尼,他不但精神瘫痪,而且目光呆钝,已经完全形同一个废人。国王召见了墨索里尼,告诉他已被解除职务,由巴多利奥接替,墨索里尼驯顺地服从了决定。然而,盟军却未能及时地利用意大利反战政变所提供的机会。政变发生于7月25日,盟军却迟至6个多星期后才攻入意大利。推迟的原因主要是盟国在进军的目标上有分歧,美国主张应将重点放在从法国登陆,对意大利这一战场并未有过多的重视。要求"无条件投降"则是一个政治障碍,以巴多利奥元帅为首的意大利新政府当然急于知道同盟国政府谈判是否可能取得较有利的条件,但他发觉同他们接触十分困难。英美政府竟是如此缺乏远见,拖拖拉拉地搞了一个多月还未做出决断。

与此相反,希特勒对意大利新政府有可能与同盟国讲和以及放弃与德国所订的同盟,却及时采取了对策。7月25日,就在隆美尔前往希腊去担任指挥工作之时,他接到德军总部的电话,要他"奉命在阿尔卑斯山集结部队,并作好有可能进军意大利的准备"。隆美尔迅速地执行了命令,并于7月30日命令德军先头部队越过边境占领各主要制高点。意大利人由于尚未表示公开投降盟国,对隆美尔的行动几乎无法干预,于是,到9月初,隆美尔所率领的8个师便在意大利的阿尔卑斯山边疆内站住了脚,从而对意大利南部的凯塞林部队形成了有力的增援。

  与此同时,巴多利奥终于在8月5日同盟国开始了谈判。然而,盟国并没有因为墨索里尼的倒台而给予多少优惠条件,美英几乎完全按自己的意愿给意大利提出了一份44个条款的文件,并在8月31日以最后通牒的形式向意大利人提了出来。尽管条件比较苛刻,意大利人还是同意了。9月3日,蒙哥马利的第八集团军开始进攻,他们从西西里渡过狭窄的墨西拿海峡,在意大利的"脚尖"上登陆。同一天,意大利代表与盟军代表秘密在卡西比莱签订了停战条约,但双方约定,条件仍然保密,要在盟军进行大规模登陆作战时才予公布。至此,意大利已正式无条件投降,成为德意日轴心国中最先战败的一个。

  9月8日,盟军总部突然通知巴多利奥,他们就要在当天晚上宣布停战协定,并要意大利也立即这样做。与此同时,英国广播公司广播了关于意大利投降的正式文告,几小时后,英美第五集团军在马克·克拉克将军统率下开始在萨勒诺(Salerno)海湾登陆。意大利人没有料到登陆会来得这么快,搞得措手不及,不知该怎样与盟军配合。然而,德军的行动却是迅速而果断的,一听到意大利投降的广播公告,德军立即占领了罗马,巴多利奥本人就偕同国王逃到了布林迪西（Brindisi）。9月16日，一支受命于希特勒的党卫队突击队营救了墨索里尼，希特勒在德军控制的意大利北部替墨索里尼重新建立了一个傀儡政府。同时，德军在意大利各地采取了行动，士气涣散和被抛弃了的意大利部队，几乎在每一个地方都束手就擒。光在土伦，几个德国水兵就俘虏了几千名意大利士兵。但在一些海岛上，意大利军队与德军展开了较量，虽然最后归于失败，但牺牲得十分悲壮：在克法利尼亚岛上，3000多名意大利士兵在抵抗失败后全部踩地雷丧生。

当蒙哥马利的军队在意大利的"脚尖"登陆时，克拉克将军的美军第五集团军在更北面的萨勒诺开始了战斗。照理说，克拉克将军前面只会有已经不会抵抗的意大利部队，无论向哪个方向前进，都不会引起太大困难。可是此时德军已发现了海上的运输船队，并严阵以待。登陆部队遭到了猛烈的炮火射击，还没有进入阵地便遇到了反攻。但克拉克将军还是在9月10日攻占了萨勒诺市。可是由于德国空军的猛烈袭击，克拉克将军的部队一度有抵抗不住、不得不将登陆部队撤回船上去的情况，坎宁安海军上将的舰队不得不驶到非常近的地方去支援克拉克，并出动了他的全部海军航空兵。经过一番苦战，加上蒙哥马利的第八集团军在自己攻占的地方建立了机场，可以对德军展开全面的轰炸，终于迫使德军在10月1日撤离了那不勒斯。

在这一场登陆进攻作战中，盟军获取了许多进行大规模两栖作战的经验：如何使用空军，如何巩固滩头阵地，如何扩大战果等等，为第二年诺曼底登陆的成功作了一次有意义的试验。但是，盟军在意大利本土以后的进展却很缓慢，因为他们的计划是尽量牵制和吸引德国部队；但德军防守得也很巧妙，他们或以山岭为屏障，或藏身于深谷中，而深谷往往又有流向大海的湍急的河流。盟军在如此狡猾和顽强的敌手面前，可以选择的战术只有两种：要么是正面进攻，这就不能最大限度地发挥他们的坦克优势；要么从敌人的防线后面登陆，但由于海滩狭窄，沿海地势陡峭，他们很难大量展开部队和突破防线。无论采用哪种战术，他们的进展都很缓慢，只能逐步前进，不可能再创造出阿拉曼或突尼斯那样大规模全歼敌军的战绩，尽管盟军在数量和装备上占着5∶1的优势。经过一步一步的争夺战，第五集团军终于在10月14日占领了卡普亚，在那不勒斯北面30英里的沃尔图诺建立了防线，并同右面的英国第八集团军会师，从而巩固了意大利南部的阵地。

到1943年秋天，盟军已在意大利南部完全肃清了德军，但在那里进行治理的仍是已经投降了的意大利合法当局，即意大利国王和巴多利奥元帅的政府。这个政府尽量地向盟军表示了他们合作的诚意，很多事实也证明了这一点，于是他们得到的实际权力也就越来越大了。9月30日，盟国正式承认意大利新政府为"共同对德交战国"，苏联对这一点也很积极，因为它希望尽可能地孤立希特勒，集中一切力量打击这个主要的对手。在此情况下，1943年10月13日，意大利政府对德国宣战。这是一个重大的转变，自此，虽然地中海区域仍有战事，但其重要性已大大下降，盟军的进攻也显得拖泥带水，不那么卖力。其中，最引人注目的成就，就是法军趁德国人撤退时趁机解放了自己的领土科西嘉岛，这个岛在之前是由8万意大利军队侵占的。在战斗中，法军只死了270人，伤了270人，虽然军事意义不大但政治影响不小，因为这是法国人自己解放的第一块领土。

而在意大利战场上，枯燥无味的战斗仍在慢吞吞地进行着。在德黑兰会议上，盟国决定把主要的打击力量放在法国的诺曼底，其次是法国南部的登陆上，至于意大利，其目标仅限于占领罗马，尽可能把更多的德国师困在意大利而已。由于这样低的战略目标，盟军自然不可能在战场上有什么杰出的表现，而德军在凯塞林的指挥下，却显得从容不迫，进退有度。结果，在长达半年的时间里，盟军像一只蜗牛一样在意大利的"大腿"上缓慢地爬，直到1944年6月4日，美军才进占罗马，而两天之后，即6月6日，盟军便在诺曼底大规模登陆，意大利战役便退居于无足轻重的地位了。盟军在意大利发动的春季攻势中伤亡惨重，到占领罗马时，美军伤亡达1.6万人，英军为1.4万，法军为1万，而德军的伤亡是1万左右。事实证明，盟军在意大利的持续进攻，并不是一笔很好的战略投资，也没有把诺曼底的德军吸引过来，唯一的收获只是给德军的战略防卫增加了一点压力而已。

到1945年春，盟军在全面直捣希特勒大本营的形势下，加强了在意大利战线上的攻势。盟军此时已拥有绝对的空中优势，德军不仅数量上处于劣势，而且燃料不足，军心涣散，已不可能再有效地抵抗盟军的进攻。4月28日，墨索里尼和他的情妇在科摩湖（Lake Como）附近被抓获枪毙。4月29日，德国使节签署了一份文件，规定在5月2日中午12时在意大利战线无条件投降，就时间上看，德军在这一方向上的投降比德军在西方的投降早了6天。至此，这一战区的战事终于结束了。

德军与盟军在不同的战线上一共签订了三个投降书，而以在意大利战线签订的最为重要，因为这份停战书是在希特勒还活着时不顾他的权威而签字的。实际上，战争早在半年前就大局已定，德军很多将领已不愿再战，他们之所以勉强坚持，一半是因为对希特勒的恐惧，一半是因为对盟军的恐惧，因为盟军早就威胁说，在取得"无条件投降"的胜利后，就要收拾他们。可见，坚持"无条件投降"，对于迅速瓦解德国的抵抗产生了一些不利的影响，否则，战争可能结束得更早一些。这也就反证了为什么丘吉尔在先前的卡萨布兰卡会议期间，有关"无条件投降"这个说法进行了那么多解释和澄清了。

地中海区域的战事，在某种程度上讲，对第二次世界大战的最后结局是无关紧要的。然而，从纯粹战争史的角度看，它又是丰富多彩、十分引人注目的，从切断海上补给线的舰艇战到潜艇战，到大规模的空战，以及其他战场上没有出现过的沙漠上的坦克集群战，夺取海岛的伞兵战，大规模的两栖登陆战，以及各种现代武器装备配合下的立体战等，都常使军事爱好者们津津乐道，也为战争史研究专家们留下了一份可供长期研究的宝贵资料。

这场战争除了表明了正义的一方终将获胜这条普遍的历史规律外，还非常突出地表明了指挥官指挥艺术的重要性。交战双方在激烈的对抗中，产生出了隆美尔、蒙哥马利、巴顿等一系列著名的军事将领，无论后世的人们将怎样去评论他们的功过，他们的士兵都不会忘记他们的指挥官，战斗过程中的士兵绝不是一群傻瓜和白痴，他们能够辨别伟大的指挥官和满嘴花言语巧语、装腔作势的江湖骗子。因此，衡量一个指挥官是否称职的标准应该是士兵对他的信任，而不是上级对他的宠幸。这也许是我们在结束对这一战场史回顾所得到的最大的启示。

地中海与北非战场大事记

1935 年

1月7日　法意签订关于非洲的协定。

10月3日　意大利入侵埃塞俄比亚。

10月11日　国联对意大利实行制裁,11月18日生效。

11月—12月　西方强国制订以牺牲埃塞俄比亚为代价解决埃塞俄比亚危机的霍尔—赖伐尔计划。

1936 年

5月5日　意大利结束在埃塞俄比亚的战事。

1937 年

11月6日　意大利加入德日反共产国际公约。

12月11日　意大利退出国联。

1939 年

4月7日　意大利占领阿尔巴尼亚。

5月22日　意德签订政治军事盟约。

1940年

6月10日　意大利向法国和英国宣战。

9月27日　德意日三国公约在柏林签订。

10月28日　意大利入侵希腊。

1941年

2月14日　德国非洲军抵达的黎波里。

3月31日　隆美尔开始向英军进攻。

4月6日　德军入侵南斯拉夫和希腊。

5月20日　德军入侵克里特岛。

6月14日　罗斯福总统宣布冻结轴心国在美国的资金。

11月18日　英军发动"十字军"战役。

1942年

7月1日　隆美尔部队在阿拉曼受阻。

10月23日—11月10日　蒙哥马利将军率领第八集团军发动的攻势把隆美尔赶出了埃及。

11月8日　英美军队在法属北非登陆。

1943年

1月14日—24日　罗斯福与丘吉尔在卡萨布兰卡召开会议,确定对轴心国"无条件投降"的作战原则。

3月6日　隆美尔离开非洲。

5月8日—12日　盟军消灭突尼斯的轴心国部队，胜利结束北非战役。

7月10日　盟军进军西西里。

7月25日　巴多利奥元帅取代墨索里尼成为意大利首脑。

9月3日　蒙哥马利进军意大利南部。

9月8日　盟军和意大利方面正式宣布已于9月3日在阿尔及尔签订了无条件停战协定，意大利正式投降。

9月10日　德军占领罗马。

9月15日　墨索里尼被德国伞兵营救，在意大利北部重新建立法西斯政权。

1944年

6月4日　英美军队攻占罗马。

10月14日　盟军占领雅典。

10月20日　苏军和南斯拉夫军队占领贝尔格莱德。

12月25日　丘吉尔访问希腊并安排解决希腊内战。

1945年

4月29日　墨索里尼被游击队处决。

4月29日下午2时　德国使节在意大利战场上签署了文件，规定在5月2日中午12时无条件投降。

主要参考书目

1. [英] 李德·哈特著，钮先钟译：《第二次世界大战战史》，上海人民出版社 2009 年。

2. 胡德坤、罗志刚主编：《第二次世界大战史纲》，武汉大学出版社 2005 年。

3. 军事科学院军事历史研究部著：《第二次世界大战史（1~5卷)》，军事科学出版社 1999 年。

4. 钮先钟著：《第二次世界大战的回顾与省思》，广西师范大学出版社 2003 年。

5. [英] 阿德里安·吉尔伯特著，孔娅妮等译：《闪击战：巴尔干与北非》，北京大学出版社 2005 年。

6. [意] 加莱阿佐·齐亚诺著，[美] 休·吉布森编，武汉大学外文系译：《齐亚诺日记：1939 年—1943 年》，商务印书馆 1983 年。

7. [英] 李德·哈特编著，钮先钟译：《隆美尔战时文件："沙漠之狐"作战理念的完美体现》，陕西师范大学出版社 2005 年。

8. [英] 温斯顿·丘吉尔著，北京编译社译，李平沤校：《第二次世界大战回忆录·第二卷：最光辉的时刻》，南方出版社2005年。

9. ［英］温斯顿·丘吉尔著，韦凡译，白景泉、谢德风校：《第二次世界大战回忆录·第三卷：伟大的同盟》，南方出版社2005年。

10. ［英］温斯顿·丘吉尔著，北京编译社译，天津市历史研究所翻译室校：《第二次世界大战回忆录·第四卷：命运的关键》，南方出版社2005年。

11. ［英］温斯顿·丘吉尔编选，李阳译：《永不屈服：温斯顿·丘吉尔一生最佳演讲集》，世界知识出版社2009年。

12. ［英］亨利·佩林著，沈永兴等译：《丘吉尔（上下）》，国际文化出版社2000年。

13. ［英］伯纳德·劳·蒙哥马利著，郑北渭、刘同舜译：《蒙哥马利元帅回忆录》，上海译文出版社1982年。

14. ［美］巴顿著，卓夫译：《我所知道的战争：巴顿回忆录》，东方出版社2006年。

15. ［美］拉迪斯拉斯·法拉戈著，张志明、王蜀生等译，过家鼎校：《巴顿将军（上卷）：考验》，中国对外翻译出版公司1984年。

16. ［美］斯坦利·赫什森著，赵洪云、赵毅译：《巴顿将军》，中信出版社2005年。

17. ［美］德怀特·艾森豪威尔著，樊迪、静海等译：《艾森豪威尔回忆录（一）》，东方出版社2007年。

18. ［美］伊利奥·罗斯福著，李嘉译：《罗斯福见闻密录》，新群出版社1949年。